先秦诸子经典文选

蒋振江　编著

东南大学出版社
·南京·

图书在版编目（CIP）数据

先秦诸子经典文选 / 蒋振江编著. —南京：东南大学出版社，2019.9（2022.7重印）
　ISBN 978-7-5641-8456-8

Ⅰ.①先… Ⅱ.①蒋… Ⅲ.①先秦哲学－高等学校－教材 Ⅳ.①B22

中国版本图书馆 CIP 数据核字（2019）第 123003 号

先秦诸子经典文选
Xianqin Zhuzi Jingdian Wenxuan

编　　著	蒋振江
出版发行	东南大学出版社
地　　址	南京市四牌楼 2 号　邮编：210096
出 版 人	江建中
网　　址	http：//www.seupress.com
经　　销	全国各地新华书店
印　　刷	兴化印刷有限责任公司
开　　本	700 mm×1000 mm　1/16
印　　张	18
字　　数	303 千字
版　　次	2019 年 9 月第 1 版
印　　次	2022 年 7 月第 2 次印刷
书　　号	ISBN 978-7-5641-8456-8
定　　价	48.00 元

本社图书若有印装质量问题，请直接与营销部联系。电话：025-83791830

凡 例

一、中华优秀传统文化是中华民族的文化根脉。先秦诸子学说是中华传统文化的重要组成部分,其蕴含的思想观念、人文精神、道德规范,是中国人思想和精神的重要内核。阅读先秦诸子的经典作品,对弘扬传统文化的核心价值和思想精华,提升民族文化的自信心,提高个人的人文素养,有着积极的现实意义。

二、本书以兼具思想性和文学性为标准,选取儒家、墨家、道家、法家、兵家、杂家等六家学派13位作家的经典作品73篇(章),另有《孔子论"仁"》《孟子论"性善"》《老子论"道"》《庄子论"道"》《韩非子论"法"》等5篇集纳性文章,合计78篇。

三、本书选文采用中华书局版《新编诸子集成》,并参照前人校本,择善而从之。

四、本书选文的编排顺序,按照先儒家,其次墨家、道家、法家、兵家、杂家等依次排列,同一学派作家的作品,则按照时代先后为序。

五、本书正文结构由题解、选文、注释三部分组成。在每位作家的选文之前,有作家与作品介绍,概要叙述作家的主要思想和作品的总体情况;每篇文章的题解,主要归纳文章的主旨和文学特点。希望这些文字对读者阅读作品能有帮助。

六、本书的注释,力求准确简明,以便给读者留出足够的阅读理解空间;少量生僻字加以注音,难以理解的句子适当加以串讲,文字考订从略。

七、本书根据选文的内容,设计了相关的思考题目,作为附录,附于书后。

八、本书选文中包含了大量的成语、典故、名言。这些成语、典故、名言,人们至今耳熟能详,早已成为现代汉语的重要组成部分。编者对选文中的成语、典故、名言进行了粗略的统计,约320则,作为附录,附于书后,一并供读者参考。

目 录

《论 语》 ··· 1
 孔子论"仁" ·· 4
 颜渊季路侍 ·· 5
 长沮、桀溺耦而耕 ··· 6

《大 学》 ··· 8
 《大学》六章 ··· 9

《中 庸》 ·· 14
 《中庸》十四章 ··· 15

《孟 子》 ·· 22
 孟子论"性善" ··· 24
 孟子见梁惠王 ··· 25
 齐桓晋文之事 ··· 26
 四十不动心 ·· 32
 有为神农之言者许行 ··· 38
 外人皆称夫子好辩 ··· 43
 离娄之明 ·· 46
 桀纣之失天下也 ·· 48
 民为贵 ··· 49

孔子在陈 …………………………………… 50

《荀　子》………………………………………… 53
　　荣　辱 …………………………………… 55
　　议　兵 …………………………………… 64
　　天　论 …………………………………… 72
　　解　蔽 …………………………………… 79

《墨　子》………………………………………… 92
　　尚贤上 …………………………………… 93
　　兼爱上 …………………………………… 96
　　兼爱中 …………………………………… 98
　　非攻上 …………………………………… 102
　　非命上 …………………………………… 103

《老　子》………………………………………… 109
　　老子论"道" ……………………………… 110
　　天下皆知美之为美 ……………………… 111
　　曲则全 …………………………………… 112

《庄　子》………………………………………… 114
　　庄子论"道" ……………………………… 116
　　逍遥游 …………………………………… 117
　　养生主 …………………………………… 124
　　骈　拇 …………………………………… 127
　　胠　箧 …………………………………… 131
　　秋　水 …………………………………… 136
　　山　木 …………………………………… 147
　　外　物 …………………………………… 155

《管　子》………………………………………… 163

- 牧　民 164
- 重　令 168

《商君书》 174
- 更　法 175
- 农　战 178
- 开　塞 183
- 赏　刑 187

《韩非子》 192
- 韩非子论"法" 194
- 主　道 196
- 有　度 199
- 说　难 205
- 历山之农者侵畔 209
- 堂谿公谓韩子 211
- 定　法 213
- 五　蠹 216
- 显　学 228

《孙子兵法》 235
- 计　篇 236
- 谋　攻 238
- 形　篇 240
- 势　篇 242
- 虚　实 245

《吕氏春秋》 248
- 贵　公 249
- 荡　兵 252
- 应　同 254

察　今 …………………………………………………… 257
知　度 …………………………………………………… 259

参考书目……………………………………………………… 264
附录一　本书各章节思考题……………………………………… 266
附录二　本书选文中的成语、典故、名言……………………… 270
附录三　论六家要旨……………………………………………… 277

《论语》

孔子(公元前551—前479),名丘,字仲尼,鲁国昌平乡陬邑(今山东省曲阜东南)人,春秋末期政治家、思想家、教育家,中国儒家学派创始人。

孔子自幼在鲁国受到文化传统、宗法传统及贵族世家气氛的熏陶和影响。年轻时做过放牧管理员(乘田)和仓库管理员(委吏),30岁左右,已通晓"六经",并开始设帐授徒。50岁以后,先后做过鲁国的中都宰、大司寇,并摄相事。55岁时弃官离鲁,周游列国,在外奔走了14年,到处宣传自己的政治主张,始终未被采纳。68岁时又回到鲁国,把主要精力用于整理古代典籍。相传孔子整理了"六经",编写了《春秋》。

儒家学派源于从事文化教育的官员。《汉书·艺文志》说:"儒家者流,盖出于司徒之官。"司徒是上古官名,相传尧、舜时已经设置,主管教化民众和行政事务。到了春秋时代,"孔子修成、康之道,述周公之训,以教七十子,使服其衣冠,修其篇籍,故儒者之学生焉"(《淮南子·要略》)。

儒家学派的典籍,最早有"六经"之说,包括《诗》《书》《礼》《乐》《易》和《春秋》这六部经典,"《诗》以道志,《书》以道事,《礼》

以道行,《乐》以道和,《易》以道阴阳,《春秋》以道名分"(《庄子·天下》)。又有"四书五经"的说法。五经是六经中除去《乐经》之外的五种典籍,四书是《论语》《孟子》《大学》《中庸》的合称,由宋代的朱熹编定。其中,《大学》和《中庸》是《礼记》中的两篇,作者相传分别是曾参和子思。《大学》乃"初学入德之门也",《中庸》"乃孔门传授心法"(朱熹《四书集注》)。

作为儒家学派的第一人,孔子重视从历史传统中汲取精华,"游文于六经之中,留意于仁义之际,祖述尧舜,宪章文武"(《汉书·艺文志》)。孔子的思想核心是"仁"。"仁"的含义包括爱人、克己复礼等,是对人的德性的一种要求,主要用于调节人与人、人与社会的关系。和"仁"相对的是"义"。孔子说:"君子喻于义,小人喻于利。"(《论语·里仁》)儒家把重义轻利作为君子人格的一个重要内涵。在立德修身方面,孔子强调忠恕和中庸。忠恕是孔子待人处事的基本原则,"夫子之道,忠恕而已矣"(《论语·里仁》)。忠就是诚心,恕就是孔子说的"己所不欲,勿施于人"。中庸就是不偏不倚折中调和,"中庸之为德也,其至矣乎"(《论语·雍也》),是孔子在人格修养方面的最高追求。

孔子的政治理想是由小康社会进而实现社会大同,"大道之行也,天下为公,选贤与能,讲信修睦,故人不独亲其亲,不独子其子"(《礼记·礼运》)。为了实现这一理想,孔子提出"德治"的主张。他说:"为政以德,譬如北辰,居其所而众星共之。"(《论语·为政》)又说:"道之以政,齐之以刑,民免而无耻;道之以德,齐之以礼,有耻且格。"(《论语·为政》)他还提出"正名"的主张。他说:"必也正名乎。名不正则言不顺,言不顺则事不成,事不成则礼乐不兴。礼乐不兴则刑罚不中。刑罚不中则民无所措手足。"(《论语·子路》)

孔子是个教育家,相传有三千弟子,其中贤人七十二。孔子对学生"有教无类",不分贵贱,一视同仁;在教学方法上,孔子针对不同的学生"因材施教";在教学内容上,孔子按照德行、言语、政事、文学四科来进行教学,颜渊、闵子骞、冉伯牛、仲弓、宰我、子贡、冉有、子路、子游、子夏等十个人,是这四科最有名的学生,后人称之为"孔门十哲"。

司马迁评价孔子说:"诗有之:'高山仰止,景行行止。'虽不能至,然心向往之。余读孔氏书,想见其为人。……天下君王至于贤人众矣,当时则荣,没则已焉。孔子布衣,传十余世,学者宗之。自天子王侯,中国言六艺者折中于夫子,可谓至圣矣!"(《史记·孔子世家》)

《论语》的"论",是论纂、编辑的意思,"语"就是言语。《论语》一书由孔子弟子或再传弟子记录编纂而成,主要记载孔子及其弟子的言行。《汉书·艺文志》说:"《论语》者,孔子应答弟子、时人及弟子相与言而接闻于夫子之语也。当时弟子各有所记,夫子既卒,门人相与辑而论纂,故谓之《论语》。"

《论语》全书共二十篇,各篇一般取篇首二字或三字为篇名,如《学而篇》《为政篇》《公冶长篇》《卫灵公篇》等。篇名与内容没有意义上和逻辑上的内在联系。每篇分章,各篇章数不等。本书选文的标题除《孔子论"仁"》为编者所加外,其余的均以文章第一句为题。

《论语》较为通行的注本有:宋代朱熹《论语集注》、清代刘宝楠《论语正义》、今人杨伯峻《论语译注》等。

《论语》为语录体散文,文字简练朴实。

孔子论"仁"

"仁"是孔子思想的核心。《论语》中,"仁"字出现了109次。在《论语》中,孔子对"仁"的解释有不同的表述,其基本含义包括:爱人、克己复礼等。"仁"包含着儒家追求的君子人格的主要内涵。

本章选录了10节孔子有关"仁"的论述。

子曰:"克己复礼为仁。一日克己复礼,天下归仁焉[1]。为仁由己,而由人乎哉[2]?"(《颜渊篇》)

樊迟问仁[3]。子曰:"爱人。"(《颜渊篇》)

仲弓问仁[4]。子曰:"出门如见大宾,使民如承大祭[5]。己所不欲,勿施于人。在邦无怨,在家无怨。"(《颜渊篇》)

子曰:"富与贵,是人之所欲也;不以其道得之,不处也。贫与贱,是人之所恶也;不以其道得之,不去也。君子去仁,恶乎成名?君子无终食之间违仁,造次必于是,颠沛必于是[6]。"(《里仁篇》)

子曰:"巧言令色,鲜矣仁!"(《学而篇》)

子曰:"志士仁人,无求生以害仁,有杀身以成仁。"(《卫灵公篇》)

子张问仁于孔子[7]。孔子曰:"能行五者于天下,为仁矣。""请问之。"曰:"恭、宽、信、敏、惠。恭则不侮,宽则得众,信则人任焉[8],敏则有功,惠则足以使人。"(《阳货篇》)

子曰:"知者乐水,仁者乐山。知者动,仁者静。知者乐,仁者寿。"(《雍也篇》)

子曰:"知者不惑,仁者不忧,勇者不惧。"(《子罕篇》)

子曰:"夫仁者,己欲立而立人,己欲达而达人。能近取譬,可谓仁之方也已[9]。"(《雍也篇》)

注释:

[1]一日:一旦。克:克制。复:回归,符合。归仁:称仁。
[2]这两句话的意思是,实践仁德是自己的事,还靠别人吗?
[3]樊迟:孔子弟子。
[4]仲弓:冉雍的字,孔子弟子。
[5]见大宾、承大祭:指极其重大的工作,要非常严肃认真对待的。
[6]这一句是说,君子每时每刻都不会违背仁德,哪怕在匆忙窘迫之时,也与仁德同在,言君子须臾不离仁义。终食:一顿饭的工夫,短时间。造次:紧迫,匆忙。是:指仁德。
[7]子张:复姓颛孙,名师,字子张,孔子弟子。
[8]人任:被人任用。
[9]近取譬:在身边找到现实的例子。方:方家,深明大道的人,后多指精通某种学问、艺术的人。

颜渊季路侍

本章选自《论语·公冶长》篇。

本章记录了孔子和颜回、子路的一段对话,表现了三人不同的志向和境界。程子[1]曰:"夫子安仁,颜渊不违仁,子路求仁。"(朱熹《论语集注》)

颜渊季路侍[2]。子曰:"盍各言尔志?"子路曰:"愿车马、衣轻裘,与朋友共,敝之而无憾[3]。"颜渊曰:"愿无伐善,无施劳[4]。"子路曰:"愿闻子之志。"子曰:"老者安之,朋友信之,少者怀之[5]。"

注释:

[1]程子:指程颢、程颐兄弟,宋代理学家。本处"程子"是程颐。
[2]颜渊:名回,字子渊,孔子学生。季路:即子路,仲由的字,孔子学生。侍:站。孔子坐着,弟子站着。
[3]裘:皮服。敝:破,损坏。
[4]伐善:自称其善。施:与"伐"近,表白。
[5]怀:怀抱。本句言老者有所安,朋友使之信,少年被关爱。

长沮、桀溺耦而耕

本章选自《论语·微子》篇。

这篇短文,记录了孔子、子路和隐士的对话,反映了孔子和隐士截然不同的追求。与独善其身的隐士相比,孔子以拯救天下为己任,不敢有忘天下之心。这种积极有为的人生态度,正是儒家思想的价值核心。

长沮、桀溺耦而耕[1]。孔子过之,使子路问津焉[2]。

长沮曰:"夫执舆者为谁[3]?"子路曰:"为孔丘。"曰:"是鲁孔丘欤?"曰:"是也。"曰:"是知津矣!"

问于桀溺,桀溺曰:"子为谁?"曰:"为仲由。"曰:"是鲁孔丘之徒欤?"对曰:"然。"曰:"滔滔者,天下皆是也,而谁以易之[4]?且而与其从辟人之士也,岂若从辟世之士哉[5]?"耰而不辍[6]。

子路行以告，夫子怃然曰："鸟兽不可与同群！吾非斯人之徒与而谁与？天下有道，丘不与易也[7]。"

注释：

[1]长沮、桀溺：人名，或为当时的隐士。耦耕：古代耕田的一种方法，两人耕为耦。

[2]津：渡口。焉：语助词。

[3]执舆：拉马的缰绳，这事本来是子路做的，因为子路下车问路，故孔子代为驾车。

[4]以：与。易：变革，改变。

[5]而：你，指子路。辟人：就是官吏，指入世为官，《周书·武顺》说三卿一长曰辟。辟世：辟通"避"，避世即避开官场做隐士。

[6]耰(yōu)：播种之后用土覆盖。

[7]怃(wǔ)然：怅然失意的样子。斯人之徒：这样的人群，指天下之人。谁与：与谁。这一句说，因为天下无道，孔子要积极入世，改变这种社会状况，而不愿意做一个独善其身的隐士。

《大 学》

　　曾子（公元前505年—前436年），名参，字子舆，春秋末年鲁国南武城（今山东嘉祥县）人，孔子的晚期弟子，是配享孔庙的四配之一，被后世尊奉为"宗圣"。

　　《大学》本是《礼记》中的一篇，经由宋代理学家程颢、程颐重新编次，朱熹加以注疏，并将其列为"四书"之首。

　　所谓"大学"，有两层含义，一是博学，二是如朱熹所说："大学之书，古之大学所以教人之法也。"（朱熹《大学章句序》）古代天子、公卿、大夫之子弟，以及庶民百姓之俊秀，年十五入大学，而教之以"穷理、正心、修己、治人之道"（同上）。

　　《大学》分为经、传两部分，共十一章。第一章是"大学经"，其后十章为传，是对经的部分进行解释。朱熹认为第一章是"孔子之言而曾子述之，其传十章，则曾子之意而门人记之"（朱熹《大学章句》）。

　　《大学》体现了儒家教育思想和政治哲学。《大学》中提出的修己治人之道，概括起来就是三纲领八条目。三纲就是明明德、亲民、止于至善，八目就是格物、致知、诚意、正心、修身、齐家、治国、平天下。三纲中，"明明德"指的是君子的道德修养，是一切行为的根基；

"亲民"是儒家强烈社会责任感和社会担当的体现;"止于至善"是儒家的最高追求。八目中,"修身"是核心,格物、致知、诚意、正心都是修身的步骤,齐家、治国、平天下则是修身的效果体现。在儒学的传承中,曾子上承孔子学说,下传子思、孟子,在儒学发展史上占有重要的地位。

宋代理学家很重视《大学》。"子程子曰:'《大学》,孔氏之遗书,而初学入德之门也。'于今可见古人入学次第者,独赖此篇之存,而论、孟次之。学者必由是而学焉,则庶乎其不差矣。"(朱熹《大学章句》)宋、元以后,包括《大学》在内的四书,被作为科举考试的官方教科书和考试必读书。

《大学》的通行版本是朱熹的《大学章句》。

《大学》六章

本选文共六章。"大学之道"章提出了大学之培养目标和修己治人之道,即三纲八目,并指出"自天子以至于庶人,壹是皆以修身为本";"诚意"章以下五章,都是对三纲八目相关条目的解释。"诚意"章提出的君子"慎独","平天下"章提出的君子"絜矩之道",都是儒家有关思想修养的重要概念。

大学之道,在明明德,在亲民,在止于至善[1]。知止而后有定,定而后能静,静而后能安,安而后能虑,虑而后能得[2]。物有本末,事有终始,知所先后,则近道矣[3]。

古之欲明明德于天下者,先治其国,欲治其国者先齐其家,欲齐其家者先修其身，欲修其身者先正其心，欲正其心者先诚其意，欲诚其意者先致其知；致知在格物[4]。物格而后知至，知至而后意诚，意诚而后心正，心正而后身修，身修而后家齐，家齐而后国治，国治而后天下平[5]。

自天子以至于庶人，壹是皆以修身为本[6]。其本乱而末治者否矣；其所厚者薄，而其所薄者厚，未之有也[7]！（《经》第一章）

注释：

[1]明：使之明。明德：天赋予人的道德秉性。亲民：新民，革去旧习。止：至而不迁。至善：事理当然之极，以人伦言，即"为人君，止于仁；为人臣，止于敬；为人子，止于孝；为人父，止于慈；与国人交，止于信"。明明德、亲民、止于至善，为大学之三纲。大学首句是说，大学之道，明明德、亲民，皆当至于至善之地而不迁，人皆应当尽天理之极，而没有一丝一毫的人之私欲。

[2]止：止于至善之地。定：志有定向。静：静心，心不妄动。安：所处而安，言身安。虑：虑事周详，心静身安才能虑事。得：得其所止。

[3]本末：明德为本，新民为末。终始：知止为始，能得为终。

[4]诚：实。知：知识。格物：穷研事物之理。格物、致知、诚意、修身、正心、齐家、治国、平天下，此为大学之八目。

[5]物格：事物之理无不通达。知至：智能学识无所不尽，无所不知。修身以上，皆明明德之事，齐家以下皆新民之事。

[6]壹是：一切。修身为本：修身为根本。格物、致知、诚意、正心等均是修身的步骤，齐家、治国、平天下皆是修身之社会责任的体现。

[7]本：修身。末：指的是修身以下的事，即齐家、治国、平天下等。

所谓诚其意者：毋自欺也，如恶恶臭，如好好色，此之谓自谦，故君子必慎其独也[1]。小人闲居为不善，无所不至；见君子而后厌然，掩其不善，而著其善[2]。人之视己，如见其肺肝然，则何益矣[3]。此谓诚于中，形于外，故君子必慎其独也。曾子曰："十目所视，十手所

指,其严乎[4]!"富润屋,德润身,心广体胖,故君子必诚其意。(《传》第六章)

注释:

[1]诚其意:内心诚实,乃自修之首。自欺:知道为善可以去恶,但未能付诸行动,心不应手,口不应心,自己欺骗自己。自谦:自足。慎独:谨慎独处。

[2]闲居:独处。厌然:闭藏,躲闪。揜:同"掩"。著:显示。这一句说,小人见君子则躲躲闪闪,掩饰他们的不善,显示他们善的样子。

[3]这一句说,别人看你的作为,如同看你的肺肝一样清楚,(任何掩饰伪善)没有什么益处。

[4]这一句说,曾子认为,人虽然在幽暗独处之中,还是有很多眼睛看着,很多双手可及,还是要谨慎独处。

所谓修身在正其心者,身有所忿懥,则不得其正;有所恐惧,则不得其正;有所好乐,则不得其正;有所忧患,则不得其正[1]。心不在焉,视而不见,听而不闻,食而不知其味[2]。此谓修身在正其心。(《传》第七章)

注释:

[1]正其心:端正其心,不使心有所偏颇。忿懥(zhì):忿恨。忿懥、恐惧、好乐、忧患,这四种情绪,都会动摇人的性情,有所行为,就可能无法正心。

[2]这一句说,内心不端正,就没有是非善恶的标准,就无法察知自身作为是否合适。

所谓齐其家在修其身者,人之其所亲爱而辟焉,之其所贱恶而辟焉,之其所畏敬而辟焉,之其所哀矜而辟焉,之其所敖惰而辟焉[1]。故好而知其恶,恶而知其美者,天下鲜矣。故谚有之曰:"人莫知其

子之恶，莫知其苗之硕"[2]。此谓身不修不可以齐其家。(《传》第八章)

注释：

[1]辟：偏爱，不正。哀矜：同情、怜悯。敖惰：傲慢懈怠。这一节说，身不修则心必有所偏爱，心偏爱不正则家不能齐，故齐家在修身。

[2]谚：谚语。硕：壮大。这一句说，人因为爱其子，容易忽略其子的缺点，因为贪婪，希望自家田苗更好，容易忽视自家田苗已经很壮硕这个事实。

所谓治国必先齐其家者，其家不可教而能教人者，无之。故君子不出家而成教于国[1]：孝者，所以事君也；弟者，所以事长也；慈者，所以使众也[2]。《康诰》曰："如保赤子"[3]，心诚求之，虽不中，不远矣[4]。未有学养子而后嫁者也[5]！一家仁，一国兴仁；一家让，一国兴让；一人贪戾，一国作乱，其机如此[6]。此谓一言偾事，一人定国[7]。尧舜率天下以仁，而民从之；桀纣率天下以暴，而民从之；其所令反其所好，而民不从[8]。是故君子有诸己而后求诸人，无诸己而后非诸人。所藏乎身不恕，而能喻诸人者，未之有也[9]。故治国在齐其家。(《传》第九章)

注释：

[1]不出家而成教于国：不出家门就能把教化推行到国家。这一节说君子做好表率，坚守恕道，则家可齐国可治。

[2]弟：通"悌"。指弟弟对哥哥要尊重服从。慈：长辈对晚辈的爱。

[3]《康诰》:《尚书·周书·康诰》。赤子：婴儿。这一句是说，作为国君保护老百姓就要像保护自己的婴儿一样。

[4]中：指的是达到预期的目标。

[5]未有学养子而后嫁：没有先学习养育孩子然后出嫁的。意思是说，凡事

有先后,喻指齐家在治国之前。

[6]贪戾:贪婪暴戾。机:古代弓箭上的机关,这里指的是关键。

[7]偾(fèn):败坏之意。一人定国:一个君子安定国家。后文用尧舜、桀纣之事申述之。

[8]从:归顺。反其所好:和君主提倡的相反,言君主言行相反。这一句话说,尧舜行仁,百姓行仁,桀纣施暴政,百姓有暴行,如果君主言行不一,百姓就不听从君主了。

[9]恕:就是孔子说的己所不欲,勿施于人。意思是指自己不想做的,也不要让别人去做。这种推己及人的品德就是儒家所提倡的恕道。喻诸人:使人明白。

所谓平天下在治其国者:上老老而民兴孝,上长长而民兴弟,上恤孤而民不倍,是以君子有絜矩之道也[1]。所恶于上,毋以使下;所恶于下,毋以事上[2];所恶于前,毋以先后;所恶于后,毋以从前;所恶于右,毋以交于左;所恶于左,毋以交于右;此之谓絜矩之道。(《传》第十章)

注释:

[1]老老:尊敬老人之意。长长:敬重长辈之意。恤孤:体恤怜爱之意。倍:通"背",背离、背叛之意。絜(xié)矩之道:儒家的伦理准则,就是"己所不欲,勿施于人"的意思,指一言一行要合乎中庸之道。絜:度量之意。矩:画矩形所用的尺子,是规则、法度之意。

[2]"所恶于上"四句:厌恶上级对待下级的态度,你也不要用来对待下级,厌恶下级对待自己的态度,你也不要用来对待上级。这几句是解释"絜矩之道"。以下几句依此类推。

《中 庸》

子思（公元前483—前402），孔子的嫡孙，名伋，字子思，鲁国陬邑（今山东省曲阜）人，相传受教于曾参，被后人尊为"述圣"，受儒教祭祀。

《中庸》是《礼记》中的一篇，宋代朱熹作《中庸章句》，把《中庸》和《大学》《论语》《孟子》合并称为《四书》。

"《中庸》何为而作也？子思子忧道学之失其传而作也。"（朱熹《中庸章句序》）按照朱熹的说法，"人心惟危，道心惟微，惟精惟一，允执厥中"乃尧舜以来相传之意，孔子概括为"中庸"，"中庸之为德也，其至矣乎"（《论语·雍也》）。孔子所讲的"中庸"，既包含着道德内容，也包含着方法论内容。但儒家对这种美德没有作具体规定，只是指出应该在两个极端之间取其中项，执两用中，不要太过，也不要不及。

子思继承发扬了孔子的中庸思想，把"中庸"观念加以发挥，把它和人性问题联系起来，认为中庸这种美德是人性所固有的，并把中庸提到哲学的高度来考察。子思认为，"中"是天下最大的根本，"和"是天下普遍的准则，"中也者，天下之大本也；和也者，天下之达道也"；中庸之道，就是通过执中而达到中和，"致中和，天地位焉，万物育焉"。子思还把君子、圣人所坚守的中庸之道视为"诚",认为"诚"是天的本性,"诚者,天之道也";诚还是君子的一种道德品质,"诚者不勉而中,不思而得,从容中道";诚又是贯通天人关系的桥梁,"唯天下至诚,为能尽其性","可以赞天地之化育,则可以与天地参矣"。概括起来,"诚"既是天道,也是人道,尽心修养,就可以贯穿天人,天人合一。

《中庸》"乃孔门传授心法"(朱熹《中庸章句》),是儒家思想发展史上一部有着深远影响的重要著作。孔子的思想学说由曾参传子思,子思的门人再传孟子,子思上承孔子中庸之学,下开孟子心性之论,并由此对宋代理学产生了重要而积极的影响。《中庸》全文共三十三章,本书选取其中的十四章。

《中庸》宋代以来注家很多,比较通行的是朱熹的《中庸章句》。

《中庸》十四章

本选文共十四章,主要论述"中庸"和"诚"。"不偏之为中,不易之为庸。中者,天下之正道;庸者,天下之定理。"(朱熹《四书集注》)。"中庸"就是"执其两端,用其中",这既是君子的美德,也是君子行为的方法。"诚"就是真实勿欺,"诚者,天之道也;诚之者,人之道也"。致诚之道,在于"择善而固执之","博学之,审问之,慎思之,明辨之,笃行之"。诚的最高境界是"赞天地之化育,与天地参",就是贯通天人,天人合一,这是君子修养的最高追求。

天命之谓性,率性之谓道,修道之谓教[1]。道也者,不可须臾离也,可离非道也。是故君子戒慎乎其所不睹,恐惧乎其所不闻[2]。莫见乎隐,莫显乎微,故君子慎其独也[3]。喜怒哀乐之未发,谓之中;发而皆中节,谓之和[4]。中也者,天下之大本也;和也者,天下之达道也[5]。致中和,天地位焉,万物育焉[6]。(第一章)

注释:

[1]天命:天的意志和命令。性:指天赋予人的本性。率性:顺着本性,意思是扩充善端。修:修治,修养,实行。道:路,指规范、原则,这里主要是指封建社会中的君臣、父子、夫妇、昆弟、朋友五种伦理关系的准则。教:教化。

[2]这句是说,君子在别人看不见的地方特别小心谨慎,在别人听不到的地方特别惶恐畏惧,言君子谨慎守道,不可须臾离道。戒慎:戒惧谨慎。

[3]莫:莫不。隐:暗处。微:细微之事。这句是说,幽暗之处,细微之事,都是别人注意不到的地方,君子独处时,也要谨慎,不要出现违道之事,君子要律己而守道。

[4]中:中正不偏。喜怒哀乐是人的性情,其未发,无所偏倚,所以叫"中"。中节:合乎节度,即符合道德规范。和:平顺和谐。中和,是从人的性情角度来说的,中庸,是从人的德行的角度来说的。按照朱熹的说法,中庸的"中","实兼中和之意"。

[5]大本:根本,就是天命之性。达道:普遍的准则。人之性情发而中节,即是"达道"。

[6]致:达到。位:位置。这是说,能够达到中和的境界,天地就各得其位,万物也各自发育和繁荣。

仲尼曰:"君子中庸,小人反中庸[1]。君子之中庸也,君子而时中[2];小人之反中庸也,小人而无忌惮也[3]。"(第二章)

注释:

[1]中:不偏不倚、无过无不及。庸:常,常理,常规。中庸:即不偏不倚,无

过无不及的常理。反中庸：即下句"小人而无忌惮"。

[2]时中：时时保持"中庸"的原则。

[3]无忌惮：放肆，无所顾忌。

子曰："舜其大知也与[1]！舜好问而好察迩言，隐恶而扬善，执其两端，用其中于民，其斯以为舜乎[2]！"（第六章）

注释：

[1]知：智。这一段讲的是舜之智，与下文颜回之仁、子路之勇，称为"三达德"，是儒家的入道之门。

[2]迩言：浅近平凡的言论。执：把握。两端：矛盾对立的两头。中：指中庸之道。

子曰："回之为人也，择乎中庸，得一善，则拳拳服膺而弗失之矣[1]。"（第八章）

注释：

[1]回：孔子弟子颜渊名。拳拳：奉持的样子。服：顺从。膺：胸。拳拳服膺：奉持而牢记心间，意思是能守。

子曰："天下国家可均也，爵禄可辞也，白刃可蹈也，中庸不可能也[1]。"（第九章）

注释：

[1]均：治理，平定。爵禄：爵位俸禄。辞：放弃。蹈：踩。这一段是相比较而言的，意思是说，"天下国家、爵禄、白刃"等三者皆为至难之事，也可以为之，中庸虽易，做起来却很难。

子路问强[1]。子曰:"南方之强与?北方之强与?抑而强与[2]?宽柔以教,不报无道,南方之强也,君子居之[3]。衽金革,死而不厌,北方之强也,而强者居之[4]。故君子和而不流,强哉矫[5]!中立而不倚,强哉矫[6]!国有道,不变塞焉,强哉矫[7]!国无道,至死不变,强哉矫!"(第十章)

注释:

[1]这一段说子路尚勇,孔子告诫他要抑制自己的血气之刚,坚守君子的德义之勇。

[2]抑而强与:还是你自己要求的刚强呢?与:同"欤"。抑:还是。而:你,指子路。

[3]报:报复。宽柔以教,不报无道:用宽厚温柔的态度教导人,对于强暴无理的人不使用报复手段。这一句说,南方风气柔弱,以隐忍之力胜人为强,这是君子之道。

[4]衽:席子。金:兵器。革:盔甲。衽金革:以金革为席,睡在其中。衽金革,死而不厌:经常枕着兵器,穿着盔甲睡觉,肯拼性命,不怕死。这一句说,北方风气彪悍刚劲,以果敢之力胜人为强,这是强者之事,所以,强者居之。

[5]和:调协。流:同流合污。"和而不流",言君子秉持原则,不同流合污。矫:坚强壮大的样子。"君子和而不流"以下四个方面,言君子之强。

[6]这是说,他们中正独立,决不偏靠一面,那真是刚强壮大得很哪!"中立而不倚",言君子秉持公心,无偏不私。

[7]塞:时运不通,这里指穷困的时候。这是说,国家太平的时候,他们保持正直,不改变穷困时候的操守。"国有道,国无道"二句,言君子无论什么情况下,都会坚持自己的操守而不改变。

诚者,天之道也[1];诚之者,人之道也[2]。诚者不勉而中,不思而得,从容中道,圣人也[3]。诚之者,择善而固执之者也[4]。博学之,审问之,慎思之,明辨之,笃行之[5]。有弗学,学之弗能,弗措也[6];有弗问,问之弗知,弗措也;有弗思,思之弗得,弗措也;有弗辨,辨之弗明,弗措也;有弗行,行之弗笃,弗措也。人一能之己百之,人十能之己千之。果能此道矣,虽愚必明,虽柔必强。(第二十章)

注释:

[1]诚:原本是一个道德概念,其含义是真实无欺,《中庸》认为"诚"是贯通天人的绝对精神,把"诚"看作世界的本源。

[2]诚之者,人之道:做到诚,是为人的根本之道。

[3]不勉而中:不必勉强就符合理。从容:自然而然。中道:符合中庸之道。

[4]固执:坚持不懈地实行。之:指善。这是说,致诚有道,那就是要选择善行,坚持善行,坚持不懈地去做。

[5]"博学之"以下五句,言致诚之路径,就是说,致诚要广博地学习各种知识,详细地询问别人,谨慎地思考事理,清楚地分析是非,切实地实践真理。审:详尽。笃:切实。

[6]措:放弃。这是说,如果有不曾学习的东西,就要去学习,不学会,决不罢休。

自诚明,谓之性;自明诚,谓之教[1]。诚则明矣,明则诚矣[2]。(第二十一章)

注释:

[1]这一句说,由天生的诚而明白事理的叫做天性;由后天明白事理而达到诚的叫做教化。

[2]这一句说,真诚就可以明白事理,明白事理就会真诚。

唯天下至诚,为能尽其性[1];能尽其性,则能尽人之性;能尽人之性,则能尽物之性;能尽物之性,则可以赞天地之化育[2];可以赞

天地之化育,则可以与天地参矣[3]。(第二十二章)

注释:

[1]至诚:至诚的人,指圣人。只有天下至诚的人,才能够尽量发挥自己的本性。

[2]赞:赞助。化育:指化育万物。

[3]与天地参:与天地并立为三。

其次致曲,曲能有诚,诚则形,形则著,著则明,明则动,动则变,变则化[1]。唯天下至诚为能化。(第二十三章)

注释:

[1]其次:指次于圣人的人。致曲:致力于细小之事。形:表现在外部的行为。著:显著。明:光明。动:感动人。变:变化,指变恶为善。化:指由恶人化为善人。

至诚之道,可以前知[1]。国家将兴,必有祯祥;国家将亡,必有妖孽;见乎蓍龟,动乎四体[2]。祸福将至,善,必先知之;不善,必先知之。故至诚如神。(第二十四章)。

注释:

[1]前知:预先知道。这一段言至诚的效用。

[2]祯祥:福兆。妖孽:祸的预兆。蓍(shì):占筮所用的草。龟:卜卦所用的龟甲。动乎四体:从面貌动作上表现出来。

诚者自成也,而道自道也[1]。诚者物之终始,不诚无物[2]。是故君子诚之为贵[3]。诚者非自成己而已也,所以成物也[4]。成己,仁也;成物,知也。性之德也,合外内之道也,故时措之宜也[5]。(第

二十五章）

注释：

[1] 自成：自己修养完成。道自道：原则、规范要自己去实践遵循。
[2] 这一句说，诚贯串于一切事物的起点与终点，没有诚就没有万物。
[3] 诚之为贵：以做到诚为贵。
[4] 成己：成就自己。成物：成就万物。
[5] 合：符合。外内：外物和内心。时措之宜：无论何时的举措都是适宜的。

君子尊德性而道问学，致广大而尽精微，极高明而道中庸[1]（第二十七章）

注释：

[1] 德性：所受于天的秉性，就是人的善性。道：由，道问学就是致知。致广大：致力于（知识的）宽广博大。高明：高尚光明，言君子德性极高尚光明。道中庸：符合中庸之道。

唯天下至诚，为能经纶天下之大经，立天下之大本，知天地之化育[1]。夫焉有所倚[2]？肫肫其仁！渊渊其渊！浩浩其天[3]！苟不固聪明圣知达天德者，其孰能知之[4]？（第三十二章）

注释：

[1] 经纶：创制，治理。大经：大纲大法。大本：根本。
[2] 倚：偏倚。
[3] 肫（zhūn）肫：诚恳的样子。渊渊：深静的样子。浩浩：广大的样子。
[4] 苟：假如。不固：不是。达天德：通晓天德。

《孟 子》

孟子（约公元前372—前289），名轲，字子舆，邹邑（今山东省邹城）人，战国时期的政治家、思想家、教育家。

孟子受业于子思的门人，先后游历齐、梁、宋、滕、魏、楚等国，曾任齐宣王的客卿。"当是之时，秦用商君，富国彊兵；楚、魏用吴起，战胜弱敌；齐威王、宣王用孙子、田忌之徒，而诸侯东面朝齐。天下方务于合纵、连衡，以攻伐为贤，而孟轲乃述唐、虞、三代之德，是以所如者不合"（《史记·孟子荀卿列传》）。后退居故里，与弟子万章、公孙丑等一起著书立说，写成《孟子》一书。

孟子继承和发展了孔子创立的儒家学派。政治上，孟子发展了孔子的"仁爱"思想，提出"保民而王"的仁政思想。孟子认为，君主只要有仁心，再把仁爱之心推及百姓，"省刑罚，薄税敛"，让百姓有恒产，丰衣足食，再加上礼仪教化，就足以在诸侯中称王（见《齐桓晋文之事》《离娄之明》章）；在君主和百姓的关系上，提出"民为贵，社稷次之，君为轻"（见《民为贵》章）的民本思想；在人性问题上，孟子主张"性善"论，认为人的善性是与生俱来的，人的善性包含"仁义礼智"这四个方面（见《孟子论"性善"》章）；孟子大力提倡孔子的仁义学说，对当时流行的墨子之"兼爱"、杨朱之"为我"思想进行了激烈的批判（见《夫子好辩》章）；在义利关系上，孟子重义轻利。"义，人路也"，"生亦我所欲也，义亦我所欲也，二者不可得兼，舍生而取义者也"（《告子上》），强调"义"的价值甚至高于生命的价值。

在立身处世方面，孟子提出用义和道涵养浩然之气的"养气说"，"其为气也，至大至刚，以直养而无害，则塞于天地之间。其为气也，配义与道"（见《四十不动心》章）。"孟子此章，扩前圣所未发"（朱熹《孟子集注》）；孟子还提出了"尽心知性以知天，存心养性以事天"的心性学说。孟子所说的心、性、天就是人心、禀性、天理，这三个方面说辞不同，实际上是一致的，天理赋之人乃禀性，禀性内在谓之人心。尽心知性以知天，这个"天"，就是孟子所说的"善性"；存心养性以事天，就是坚持不懈地发挥人的善性。孟子的心性学说，对后来的宋明理学有很大的影响。

韩愈说："自孔子没，独孟轲氏之传得其宗。故求观圣人之道者，必自孟子始。"（韩愈《送王埙秀才序》）"孟子性善、养气之论，皆前圣所未发。"（朱熹《孟子集注》）

宋代朱熹把《论语》《孟子》《大学》和《中庸》合并为"四书"，并加以注解，即《四书集注》，《孟子》一书和孟子的地位由此空前地提高，《四书集注》则成为元、明、清三代科举考试的官方教科书。

《孟子》全书七篇，每篇又分为上下篇，共十四篇。每篇标题均以开头几个字为题。本书除《孟子论"性善"》为编者所加，其余各章均以开头一句或者孟子的一句话为题。

《孟子》一书的主要注本有：东汉赵岐《孟子章句》、宋代朱熹《孟子集注》、清代焦循《孟子正义》、今人杨伯峻《孟子译注》等。

孟子的文章长于辩论，文气充沛，语言流畅，富有文采和感染力，对后世的散文有很大影响。

孟子论"性善"

"性善论"是孟子思想中最著名的观点。孟子认为,人的善性是与生俱来的;人的善性包括仁、义、礼、智四种德行;只要尽心修养,发挥善性,人人皆可以为尧舜。"孟子有大功于世,以其言性善也。""孟子性善、养气之论,皆前圣所未发。"(朱熹《孟子集注》)

人性之善也,犹水之就下也。人无有不善,水无有不下。(《告子上》)

恻隐之心,仁之端也[1];羞恶之心,义之端也;辞让之心,礼之端也;是非之心,智之端也。人之有是四端也,犹其有四体也。(《公孙丑上》)

恻隐之心,仁也;羞恶之心,义也;恭敬之心,礼也;是非之心,智也。仁义礼智非由外铄我也,我固有之也[2],弗思耳矣。(《告子上》)

人之所不学而能者,其良能也;所不虑而知者,其良知也。(《尽心上》)

仁,人心也;义,人路也。(《告子上》)

尽其心者,知其性也,知其性,则知天矣[3]。存其心,养其性,所以事天也。(《尽心上》)

孟子道性善,言必称尧舜。(《滕文公上》)

尧舜之道,孝弟而已矣[4]。子服尧之服,诵尧之言,行尧之行,是尧而已矣。(《告子下》)

注释：

[1]恻隐：同情，不忍。
[2]外铄：犹外力。
[3]心、性、天：人心、禀性、天理。这三个方面说辞不同，实际上是一致的。天理赋之人乃禀性，禀性内在谓之人心。尽心知性而知天，这个"天"，就是孟子所说的"善性"；存心养性而事天，就是坚持不懈地发挥人的善性。
[4]孝弟：即孝悌，孝顺父母敬爱兄长。

孟子见梁惠王

本章选自《孟子·梁惠王上》。本章是《孟子》开篇第一章，孟子开宗明义，提出自己的义利观，主张要先义而后利，只有这样，国家才能长治久安。司马迁说："余读孟子书，至梁惠王问'何以利吾国'，未尝不废书而叹也。曰：嗟乎，利诚乱之始也！……自天子至于庶人，好利之弊何以异哉！"（司马迁《史记·孟子荀卿列传》）

孟子见梁惠王[1]。王曰："叟不远千里而来，亦将有以利吾国乎[2]？"

孟子对曰："王何必曰利？亦有仁义而已矣。王曰'何以利吾国'？大夫曰'何以利吾家'？士庶人曰'何以利吾身'？上下交征利而国危矣[3]。万乘之国弑其君者，必千乘之家；千乘之国弑其君者，必百乘之家。万取千焉，千取百焉，不为不多矣[4]。苟为后义而先利，不夺不餍[5]。未有仁而遗其亲者也，未有义而后其君者也[6]。王亦曰仁义而已矣，何必曰利？"

注释：

[1]梁惠王：即战国时魏惠王魏䓨，公元前362年魏国迁都大梁（今河南开封），故魏惠王也被称为梁惠王，"惠"是谥号。

[2]叟：对年长之人的称呼。利：指的是富国强兵之道。

[3]交征：相互索取，言诸侯大夫之间交互取利。

[4]"万取千焉"句：这一句说臣下从君主那里十分取一分，已经很多了。

[5]餍（yàn）：满足。

[6]遗：遗忘。

齐桓晋文之事

本章选自《孟子·梁惠王上》。

本章是体现孟子王道理想的重要篇目。在本章中，孟子向齐宣王提出实行仁政"保民而王"的主张，建议齐王把仁爱之心推及百姓，让百姓有恒产，丰衣足食，再加以礼仪教化，就足以在诸侯中称王。文中孟子反复劝说齐王"推恩足以保四海，不推恩无以保妻子"，恃力而霸无异于"缘木求鱼"，但"以孟子反复晓告，精切如此，而（齐王）蔽固已深终不能悟，是可叹也"（朱熹《孟子集注》）。本章善于用比喻、设喻，议论深入浅出，很有文采。

齐宣王问曰："齐桓、晋文之事可得闻乎[1]？"

孟子对曰："仲尼之徒无道桓、文之事者，是以后世无传焉。臣未之闻也。无以，则王乎[2]？"

曰："德何如，则可以王矣？"

曰:"保民而王,莫之能御也[3]。"

注释:

[1]齐宣王:田氏,名辟疆,公元前342年至前324年在位。齐桓、晋文:指齐桓公小白和晋文公重耳,春秋时先后称霸,为当时诸侯盟主。齐宣王有志效法齐桓、晋文,称霸于诸侯,故以此问孟子。

[2]无以:不得已。王:用作动词,指王天下,即用王道(仁政)统一天下。

[3]保民而王,莫之能御:爱护百姓,用王道统一天下,没有谁能够阻挡(抵御)的。

曰:"若寡人者,可以保民乎哉?"

曰:"可。"

曰:"何由知吾可也?"

曰:"臣闻之胡龁曰[1],王坐于堂上,有牵牛而过堂下者,王见之,曰:'牛何之?'对曰:'将以衅钟[2]。'王曰:'舍之!吾不忍其觳觫[3],若无罪而就死地。'对曰:'然则废衅钟与?'曰:'何可废也,以羊易之。'不识有诸?"

曰:"有之。"

曰:"是心足以王矣。百姓皆以王为爱也,臣固知王之不忍也[4]。"

注释:

[1]胡龁(hé):齐王的近臣。

[2]衅钟:古代新钟铸成,用牲畜的血涂在钟的缝隙中祭神求福,叫衅钟。衅,血祭。

[3]觳(hú)觫(sù):恐惧颤抖的样子。若:如此。就:接近,走向。

[4]爱:爱惜,这里含有吝啬之意。

王曰:"然,诚有百姓者。齐国虽褊小,吾何爱一牛[1]?即不忍其觳觫,若无罪而就死地,故以羊易之也。"

曰:"王无异于百姓之以王为爱也。以小易大,彼恶知之?王若隐其无罪而就死地,则牛羊何择焉[2]?"

王笑曰:"是诚何心哉?我非爱其财而易之以羊也,宜乎百姓之谓我爱也[3]。"

曰:"无伤也,是乃仁术也[4],见牛未见羊也。君子之于禽兽也,见其生,不忍见其死;闻其声,不忍食其肉。是以君子远庖厨也。"

注释:

[1]诚有百姓者:的确有这样(对我误解)的百姓。诚,的确,确实。褊(biǎn)小:土地狭小。

[2]隐:哀怜。何择:有什么分别。

[3]宜:应当。此句是主谓倒装句,顺序为"百姓之谓我爱也宜乎"。这一节对话,齐王没有听明白孟子谈话的重点。孟子关注的是齐王以羊易牛所体现出的善心,齐王关注的是百姓对他的误解,所以,才有下文孟子对善心的反复说明。

[4]无伤:没有什么妨害,此处意为没有什么关系。仁术:指仁爱之道,实施仁政的途径。

王说,曰:"《诗》云:'他人有心,予忖度之[1]。'夫子之谓也。夫我乃行之,反而求之,不得吾心;夫子言之,于我心有戚戚焉[2]。此心之所以合于王者何也?"

曰:"有复于王者曰:'吾力足以举百钧,而不足以举一羽;明足以察秋毫之末,而不见舆薪。'则王许之乎[3]?"

曰:"否!"

"今恩足以及禽兽,而功不至于百姓者,独何与?然则一羽之不举,为不用力焉;舆薪之不见,为不用明焉;百姓之不见保,为不用恩焉。故王之不王,不为也,非不能也[4]。"

注释:

[1]说:同"悦"。引诗见于《诗经·小雅·巧言》,意思是他人有心思,我能推测它。

[2]戚戚:心动的样子,指有同感。

[3]钧:古代以30斤为一钧。明:眼力。秋毫之末:鸟兽秋天生出的绒毛的尖端,喻极细小的东西。舆薪:一车薪柴。许:相信,赞同。

[4]不王:不能称王天下。

曰:"不为者与不能者之形,何以异?"

曰:"挟太山以超北海,语人曰:'我不能。'是诚不能也[1]。为长者折枝,语人曰:'我不能。'是不为也,非不能也[2]。故王之不王,非挟太山以超北海之类也;王之不王,是折枝之类也。老吾老,以及人之老;幼吾幼,以及人之幼;天下可运于掌[3]。诗云:'刑于寡妻,至于兄弟,以御于家邦[4]。'言举斯心加诸彼而已[5]。故推恩足以保四海,不推恩无以保妻子。古之人所以大过人者,无他焉,善推其所为而已矣。今恩足以及禽兽,而功不至于百姓者,独何与?权,然后知轻重;度,然后知长短。物皆然,心为甚。王请度之。抑王兴甲兵,危士臣,构怨于诸侯,然后快于心与[6]?"

注释:

[1]挟:夹在腋下。太山:泰山。超:跳过。北海:渤海。

[2]枝:替长者攀摘树枝做拐杖,指轻而易举之事。

[3]运于掌:运转在手掌上,比喻称王天下很容易办到。

[4]见于《诗经·大雅·思齐》。诗意是给妻子作好榜样,推及兄弟,以此德

行来治理国家。刑,同"型",这里作动词用,指以身作则,为他人示范。寡妻:国君的正妻。御,治理。家邦,国家。

[5]言举斯心加诸彼而已:孟子总结这三句诗的意思,就是说把你爱自家人的心,推广到爱他人罢了。

[6]抑:难道,副词,表反诘。危:危害。构怨:结仇。

王曰:"否,吾何快于是?将以求吾所大欲也。"

曰:"王之所大欲可得闻与?"

王笑而不言。

曰:"为肥甘不足于口与?轻暖不足于体与?抑为采色不足视于目与?声音不足听于耳与?便嬖不足使令于前与[1]?王之诸臣,皆足以供之,而王岂为是哉!"

曰:"否,吾不为是也。"

曰:"然则王之所大欲可知已:欲辟土地,朝秦、楚,莅中国而抚四夷也[2]。以若所为,求若所欲,犹缘木而求鱼也。"

王曰:"若是其甚与[3]?"

曰:"殆有甚焉。缘木求鱼,虽不得鱼,无后灾;以若所为,求若所欲,尽心力而为之,后必有灾。"

注释:

[1]便嬖:国王宠爱的近侍。

[2]辟:开辟,扩大。朝:使……称臣。莅:居高临下,引申为统治。中国:指中原地带。抚:安抚,使……归顺。四夷:四方的少数民族。

[3]若是:如此。甚:厉害。

曰:"可得闻与?"

曰:"邹人与楚人战,则王以为孰胜[1]?"

曰:"楚人胜。"

曰:"然则小固不可以敌大,寡固不可以敌众,弱固不可以敌强。海内之地,方千里者九,齐集有其一;以一服八,何以异于邹敌楚哉!盖亦反其本矣[2]!今王发政施仁,使天下仕者皆欲立于王之朝,耕者皆欲耕于王之野,商贾皆欲藏于王之市,行旅皆欲出于王之涂,天下之欲疾其君者,皆欲赴愬于王[3]。其若是,孰能御之?"

王曰:"吾惛,不能进于是矣[4]!愿夫子辅吾志,明以教我。我虽不敏,请尝试之!"

注释:

[1]邹:与鲁相邻的小国,在今山东邹城。楚:南方的大国。

[2]盍:同"盍",兼词,"何不"的合音。反其本:回到根本上来,指回到王道仁政上来。反:通"返"。

[3]涂:通"途"。疾:憎恨。赴愬:前来申诉。

[4]惛:同"昏",思想昏乱不清。进:前进。于:在。是:这。

曰:"无恒产而有恒心者,惟士为能[1]。若民,则无恒产,因无恒心。苟无恒心,放辟邪侈,无不为已[2]。及陷于罪,然后从而刑之,是罔民也[3]。焉有仁人在位,罔民而可为也[4]!是故明君制民之产,必使仰足以事父母,俯足以畜妻子,乐岁终身饱,凶年免于死亡[5];然后驱而之善,故民之从之也轻[6]。今也制民之产,仰不足以事父母,俯不足以畜妻子,乐岁终身苦,凶年不免于死亡;此惟救死而恐不赡,奚暇治礼义哉[7]?王欲行之,则盍反其本矣。五亩之宅,树之以桑,五十者可以衣帛矣[8];鸡豚狗彘之畜,无失其时,七十者可以食肉矣;百亩之田,勿夺其时,八口之家,可以无饥矣[9];谨庠序之教,申之以孝悌之义,颁白者不负戴于道路矣[10]。老者衣帛食肉,黎民不饥不寒,然而不王者,未之有也。"

注释:

[1]恒产:用以维持生活的固定的产业。恒心:安居守分之心。

[2]放辟邪侈:"放"和"侈"同义,都是纵逸、放荡的意思。"辟"和"邪"同义,都是行为不轨的意思。

[3]罔民:张开罗网陷害百姓。罔,同"网"。

[4]焉:哪里。

[5]制:规定。畜:同"蓄",养活,抚育。妻子:妻子儿女。乐岁:丰收的年头。终:一年。凶年:饥荒的年头。

[6]驱:督促,驱使。善:做好事。轻:容易。

[7]赡:足,及。奚:何。暇:空闲时间。

[8]五亩之宅:五亩大的住宅。传说古代一个男丁可以分到五亩土地建筑住宅。古时五亩合现在一亩二分多。

[9]百亩之田:传说古代实行井田制,每个男丁可以分到土地一百亩。

[10]谨:重视,谨慎地对待。庠序:古代学校的名称。周代叫庠,殷代叫序。申:反复教导。颁白者:头发半白半黑的老人。颁,同"斑"。负戴:负重。

四十不动心

本章选自《孟子·公孙丑上》。

本章孟子提出"我知言,我善养吾浩然之气"的"养气说"。所谓"知言",就是尽心知性,明白天道大义,对于天下之言无不洞察其理,于天下之事无所滞碍。所谓"养气",就是以义和道涵养自己,坚持原则,明辨是非,于世事无得失之患,与孔子"四十而不惑"之意相合。"孟子此章,扩前圣所未发,学者所宜潜心而玩索也。"(朱熹《孟

子集注》)

公孙丑问曰:"夫子加齐之卿相,得行道焉,虽由此霸王,不异矣。如此则动心否乎[1]?"

孟子曰:"否!我四十不动心。"

曰:"若是,则夫子过孟贲远矣[2]。"

曰:"是不难,告子先我不动心[3]。"

注释:

[1]公孙丑:孟子学生。不异:不足为怪。动心:言卿相之位的得失之心。

[2]孟贲:勇士。本句言孟子的不动心,超过孟贲的勇敢,以此来喻孟子不动心之强大。

[3]告子:名不害,曾与孟子辩论人性问题。

曰:"不动心有道乎?"

曰:"有。北宫黝之养勇也,不肤挠,不目逃,思以一豪挫于人,若挞之于市朝,不受于褐宽博,亦不受于万乘之君[1]。视刺万乘之君,若刺褐夫。无严诸侯。恶声至,必反之[2]。孟施舍之所养勇也,曰:'视不胜犹胜也。量敌而后进,虑胜而后会,是畏三军者也。舍岂能为必胜哉?能无惧而已矣[3]。'孟施舍似曾子,北宫黝似子夏。夫二子之勇,未知其孰贤,然而孟施舍守约也。昔者曾子谓子襄曰:'子好勇乎?吾尝闻大勇于夫子矣。自反而不缩,虽褐宽博,吾不惴焉;自反而缩,虽千万人,吾往矣。'孟施舍之守气,又不如曾子之守约也[4]。"

注释：

［1］北宫黝：勇士。肤挠：肌肤被刺而挠屈。目逃：眼睛受刺激而逃避。挫：受辱。褐宽博：地位低贱之人的服饰。北宫黝是刺客勇士之流，以必胜为目的，因此而不动心。

［2］严：以……威严。反：回敬。

［3］孟施舍：力战之士。孟施舍是个战士，面对强敌，充满必胜信心，以无惧为主，因此而不动心。

［4］子襄：曾子学生。自反：自我反省。缩：直，义。不惴：岂不忧惧。守气：守勇气。守约：守内心的原则。孟施舍凭自身勇气，不如曾子自我反省而循理。孟子之不动心似曾子。

曰："敢问夫子之不动心与告子之不动心，可得闻与？"

"告子曰：'不得于言，勿求于心；不得于心，勿求于气[1]。'不得于心，勿求于气，可；不得于言，勿求于心，不可。夫志，气之帅也[2]；气，体之充也。夫志至焉，气次焉[3]；故曰：'持其志，无暴其气[4]。'"

"既曰志至焉，气次焉，又曰持其志，无暴其气者，何也？"

曰："志壹则动气，气壹则动志也。今夫蹶者趋者，是气也，而反动其心[5]。"

注释：

［1］告子说，言辞上不通达，也不要求得内心的通达，内心里不通达，也不要求得心灵的通达。告子的不动心，是内心不为外物所动，接近于道家的虚静专一，孟子的不动心则不然，是内心有是非原则。本段中，告子把气作为心的主宰，孟子则把心作为气的主宰，两人对心气之主次理解并不同。得：明白，通达。气：心灵之气，心之主宰。

［2］志：心志。帅：主宰。

［3］志至、气次：心志为主，气为次。孟子认为，人以心志为主，气由心主宰。

[4]持：把握，坚定。暴：放任，滥用。今有"自暴自弃"一词。

[5]壹：专一。蹶：跌倒。趋：走。反动：反作用。这一句说，走路跌倒，是气体充盈身体，而不受心志控制的结果，孟子强调人的内心对行为的主宰作用。

"敢问夫子恶乎长？"

曰："我知言，我善养吾浩然之气。"

"敢问何谓浩然之气？"

曰："难言也。其为气也，至大至刚，以直养而无害，则塞于天地之间。其为气也，配义与道。无是，馁也。是集义所生者，非义袭而取之也[1]。行有不慊于心，则馁矣[2]。我故曰：告子未尝知义，以其外之也。必有事焉而勿正，心勿忘，勿助长也[3]。无若宋人然：宋人有闵其苗之不长而揠之者，芒芒然归，谓其人曰：'今日病矣。予助苗长矣！'其子趋而往视之，苗则槁矣。天下之不助苗长者寡矣。以为无益而舍之者，不耘苗者也；助之长者，揠苗者也，非徒无益，而又害之。"

"何谓知言？"

曰："诐辞知其所蔽，淫辞知其所陷，邪辞知其所离，遁辞知其所穷[4]。生于其心，害于其政；发于其政，害于其事。圣人复起，必从吾言矣。"

注释：

[1]集义：积善。袭：偶然，突然。这句的意思是，浩然之气，是长期积累的结果，不是一时做了某事就有了。

[2]慊于心：快于心，合于心。

[3]必有事：一定要培养"义"。勿正：不要人为地修正，即后文说的"勿助长"。

[4]诐(bì)：偏颇。蔽：遮蔽。淫：放荡。陷：沉溺。邪：邪僻。离：去。遁：逃避。穷：困窘。

"宰我、子贡善为说辞,冉牛、闵子、颜渊善言德行,孔子兼之,曰:'我于辞命则不能也。'然则夫子既圣矣乎[1]?"

曰:"恶!是何言也?昔者子贡问于孔子曰:'夫子圣矣乎?'孔子曰:'圣则吾不能,我学不厌而教不倦也。'子贡曰:'学不厌,智也;教不倦,仁也。仁且智,夫子既圣矣。'夫圣,孔子不居,是何言也?"

"昔者窃闻之:子夏、子游、子张皆有圣人之一体,冉牛、闵子、颜渊则具体而微[2]。敢问所安[3]?"

曰:"姑舍是。"

注释:

[1]宰我:宰予,字子我,亦称宰我。子贡:复姓端木,名赐,字子贡。冉牛:姓冉名耕,字伯牛。闵子:姓闵名损,字子骞。以上皆为孔子学生。下文子夏、子游、子张也都是孔子学生。子夏:姓卜名商,字子夏。子游:姓言,名偃,字子游。子张:复姓颛孙,名师,字子张。说辞:言说,指外交辞令。德行:行政事务。辞命:辞令。夫子:孟子。既圣:是圣人。因为孔子不善于辞令,孟子知言善辩,所以,孟子弟子认为,孟子已经是圣人了。

[2]圣人之一体:圣人的某一方面(长处)。具体而微:大体近似(孔子),但不够博大精深。

[3]安:处。这是弟子问孟子,你和孔子比怎么样。

曰:"伯夷、伊尹何如[1]?"

曰:"不同道。非其君不事,非其民不使;治则进,乱则退,伯夷也。何事非君,何使非民[2];治亦进,乱亦进,伊尹也。可以仕则仕,可以止则止,可以久则久,可以速则速,孔子也。皆古圣人也,吾未能有行焉。乃所愿,则学孔子也。"

"伯夷、伊尹于孔子,若是班乎?"

曰:"否!自有生民以来,未有孔子也。"

注释:

[1]伯夷:商孤竹君之子,与弟叔齐争让王位,被认为节义高尚之士。伊尹:商汤的相。

[2]可以侍奉不好的君主,可以使唤不好的百姓。

"然则有同与?"

曰:"有。得百里之地而君之,皆能以朝诸侯有天下;行一不义、杀一不辜而得天下,皆不为也。是则同。"

曰:"敢问其所以异?"

曰:"宰我、子贡、有若,智足以知圣人,汙,不至阿其所好[1]。宰我曰:'以予观于夫子,贤于尧、舜远矣[2]。'子贡曰:'见其礼而知其政,闻其乐而知其德,由百世之后,等百世之王,莫之能违也。自生民以来,未有夫子也。'有若曰:'岂惟民哉?麒麟之于走兽,凤凰之于飞鸟,泰山之于丘垤,河海之于行潦,类也[3]。圣人之于民,亦类也。出于其类,拔乎其萃,自生民以来,未有盛于孔子也。'"

注释:

[1]有若:孔子弟子,尊称有子。汙:下。阿其所好:迎合他们的偏好。这一句是说,宰我等人虽然不如孔子,但他们不会因为自己偏爱而空言孔子。实际上为下文引用三子之言铺垫。

[2]予:宰我的字。

[3]垤(dié):小土丘。潦:雨水积处。

有为神农之言者许行

本章选自《孟子·滕文公上》。

本章是孟子与"农家"学派思想的一次交锋。当时农家学派的代表人物是许行,他反对不劳而获,主张"贤者与民并耕而食"。孟子反对这种观点,认为社会分工是文明发展的结果,指农家的主张是社会的倒退,提出"劳心者治人,劳力者治于人"的观点,有进步意义。

本章是一篇精彩的驳论文。孟子和陈相九问九答,孟子先以归谬法反驳农家主张,再用历史事实证明社会分工的必然性。文章辩驳有力,文气畅达,体现了孟子文章义正辞严、长于雄辩的特点。

有为神农之言者许行,自楚之滕,踵门而告文公曰[1]:"远方之人闻君行仁政,愿受一廛而为氓[2]。"文公与之处[3]。其徒数十人,皆衣褐,捆屦、织席以为食[4]。

注释:

[1]为:研究。神农之言:先秦诸子中农家的学说。许行:战国时期农家人物,楚国人。之:往。滕:古国名,在今天山东省滕州市。踵:走到。文公:滕文公,名宏。

[2]廛(chán):平民所居的住所。氓:居住乡野之人,犹今言"草民"。

[3]与:给予。处:住所,田宅。

[4]褐:粗麻编织的短衣。捆:编织。屦:草鞋。

陈良之徒陈相与其弟辛,负耒耜而自宋之滕,曰:"闻君行圣人之政,是亦圣人也,愿为圣人氓[1]。"

陈相见许行而大悦,尽弃其学而学焉[2]。陈相见孟子,道许行之言曰:"滕君,则诚贤君也;虽然,未闻道也。贤者与民并耕而食,饔飧而治[3]。今也滕有仓廪府库,则是厉民而以自养也,恶得贤[4]?"

注释:

[1]陈良:楚国的儒者。耒(lěi)耜(sì):古代的农具。氓:百姓。

[2]这一句说,陈相放弃儒家学说,改学农家学说。他背弃师学,所以孟子很生气。

[3]饔(yōng)飧(sūn):早饭和晚饭,这里泛指做饭吃。

[4]厉:虐害,剥削。恶:何,哪里;疑问代词,表反问。

孟子曰:"许子必种粟而后食乎?"曰:"然。"

"许子必织布而后衣乎?"曰:"否。许子衣褐[1]。"

"许子冠乎?"曰:"冠。"

曰:"奚冠?"曰:"冠素[2]。"

曰:"自织之与?"曰:"否。以粟易之。"

曰:"许子奚为不自织?"曰:"害于耕。"

曰:"许子以釜甑爨,以铁耕乎[3]?"曰:"然。"

"自为之与?"曰:"否。以粟易之。"

"以粟易械器者,不为厉陶冶[4];陶冶亦以其械器易粟者,岂为厉农夫哉?且许子何不为陶冶,舍皆取诸其宫中而用之[5]?何为纷纷然与百工交易?何许子之不惮烦?"曰:"百工之事,固不可耕且为也。"

注释:

[1]褐:粗麻织成的粗布衣服,为贫民所穿。
[2]素:未染颜色的生丝。冠素:戴生丝绢制成的帽子。
[3]釜:金属制成的锅。甑(zēng):蒸食物用的瓦器。爨(cuàn):炊,做饭。
[4]厉:损害。陶:陶工,制陶器的人。冶:铁匠,制铁器的人。
[5]舍:同"啥",什么。宫:房子。

"然则治天下独可耕且为与?有大人之事,有小人之事[1]。且一人之身,而百工之所为备。如必自为而后用之,是率天下而路也[2]。故曰:或劳心,或劳力;劳心者治人,劳力者治于人;治于人者食人[3],治人者食于人:天下之通义也。

注释:

[1]大人:有地位的上层统治者。小人:下层老百姓,农工商等阶层。
[2]率:引导。路:奔忙,在路上往来奔波;用作动词。
[3]食(sì)人:(以食物)供养、奉养他人。

"当尧之时,天下犹未平,洪水横流,泛滥于天下。草木畅茂,禽兽繁殖,五谷不登,禽兽偪人,兽蹄鸟迹之道,交于中国[1]。尧独忧之,举舜而敷治焉[2]。舜使益掌火,益烈山泽而焚之,禽兽逃匿[3]。禹疏九河,瀹济、漯而注诸海,决汝、汉,排淮、泗而注之江,然后中国可得而食也[4]。当是时也,禹八年于外,三过其门而不入,虽欲耕,得乎?

注释:

[1]偪:同"逼"。交:交错。中国:古代中原地区。

[2]举：选拔。敷治：治理。
[3]益：舜臣名。掌火：管理火，古有掌火之官。
[4]九河：指黄河下游的九条支流。瀹（yuè）：疏导。济、漯：济水和漯河，黄河下游的两条重要支流，均在今河南境内。汝、汉：水名，汝水入淮河，汉水入长江。淮、泗：淮河与泗水。

"后稷教民稼穑[1]。树艺五谷，五谷熟而民人育。人之有道也，饱食、暖衣、逸居而无教，则近于禽兽。圣人有忧之，使契为司徒[2]，教以人伦：父子有亲，君臣有义，夫妇有别，长幼有序，朋友有信。放勋曰：'劳之来之，匡之直之，辅之翼之，使自得之，又从而振德之[3]'。圣人之忧民如此，而暇耕乎？

注释：

[1]后稷：周王朝的始祖，名弃，姓姬，帝尧时主管农事。
[2]契：殷王朝的祖先，姓子，舜的臣子。司徒：掌管教化之官。
[3]放勋：尧的称号。劳：慰问；来：安抚来归顺的人。匡：正。自得：自己心有体会，指对人伦等善行的自我觉悟。振德：提振勤劳的德行，使百姓不懈怠于生产。

"尧以不得舜为己忧，舜以不得禹、皋陶为己忧[1]。夫以百亩之不易为己忧者，农夫也。分人以财谓之惠，教人以善谓之忠，为天下得人者谓之仁。是故以天下与人易，为天下得人难。孔子曰：'大哉尧之为君！惟天为大，惟尧则之，荡荡乎民无能名焉！君哉舜也！巍巍乎有天下而不与焉[2]！'尧舜之治天下，岂无所用其心哉？亦不用于耕耳。

注释：

[1]皋陶(yáo)：舜的大臣，掌管刑法，被公认为中国司法鼻祖。

[2]则：遵从。荡荡：广大无际的样子。无能名：无法用言辞赞美。不与：言舜不以天下为自己的。孔子这段话，见于《论语·泰伯》。

"吾闻用夏变夷者，未闻变于夷者也。陈良，楚产也，悦周公、仲尼之道，北学于中国。北方之学者，未能或之先也[1]。彼所谓豪杰之士也。子之兄弟事之数十年，师死而遂倍之[2]。昔者孔子没，三年之外，门人治任将归，入揖于子贡，相向而哭，皆失声，然后归[3]。子贡反，筑室于场，独居三年，然后归。他日，子夏、子张、子游以有若似圣人，欲以所事孔子事之，强曾子[4]。曾子曰：'不可。江汉以濯之，秋阳以暴之，皜皜乎不可尚已[5]。'今也南蛮鴃舌之人，非先王之道，子倍子之师而学之，亦异于曾子矣[6]。吾闻出于幽谷迁于乔木者，未闻下乔木而入于幽谷者。鲁颂曰：'戎狄是膺，荆舒是惩[7]。'周公方且膺之，子是之学，亦为不善变矣。"

注释：

[1]未能或之先：没有谁能超过他。

[2]倍：同"背"，背叛。

[3]治：整理。任：负担，行李。子贡：孔子弟子，姓端木，名赐。

[4]强：勉强。

[5]濯：洗。暴：暴晒。皜皜：光明洁白的样子。尚：超过。

[6]南蛮：对南方落后地区人的鄙称，这里指许行，因为他是楚国人。鴃：伯劳鸟。鴃舌：鴃鸟语，说南方人讲话像鸟叫。

[7]引诗见《诗经·鲁颂·閟宫》。膺：抵御，击退。荆舒：春秋时的楚国和舒国。惩：惩治，惩罚。

"从许子之道,则市贾不贰,国中无伪[1]。虽使五尺之童适市,莫之或欺[2]。布帛长短同,则贾相若;麻缕丝絮轻重同,则贾相若;五谷多寡同,则贾相若;屦大小同,则贾相若。"

曰:"夫物之不齐,物之情也;或相倍蓰,或相什伯,或相千万[3]。子比而同之,是乱天下也。巨屦小屦同贾,人岂为之哉?从许子之道,相率而为伪者也,恶能治国家?"

注释:

[1]以下这一段是陈相的话。贾:同"价"。伪:欺骗。
[2]莫之或欺:没有谁欺骗他。
[3]倍:一倍。蓰:五倍。什伯、千万:皆言倍数。

外人皆称夫子好辩

本章选自《孟子·滕文公下》。

本章孟子尖锐批判当时流行的杨朱、墨翟思想,指他们的主张是歪理邪说,"杨、墨之道不息,孔子之道不著,是邪说诬民,充塞仁义也"。孟子以圣人之徒自居,"距杨墨,放淫辞",以期"正人心,息邪说"。

文章很好地体现了孟子匡正天下的使命感和舍我其谁的英雄气。

公都子曰[1]:"外人皆称夫子好辩,敢问何也?"

孟子曰："予岂好辩哉？予不得已也。天下之生久矣，一治一乱。当尧之时，水逆行，氾滥于中国，蛇龙居之，民无所定，下者为巢，上者为营窟[2]。《书》曰：'洚水警余[3]。'洚水者，洪水也。使禹治之。禹掘地而注之海，驱蛇龙而放之菹[4]。水由地中行，江、淮、河、汉是也。险阻既远，鸟兽之害人者消，然后人得平土而居之。

注释：

[1]公都子：孟子弟子。
[2]逆行：横行，乱行。巢：树上搭巢。营窟：挖洞穴而居。
[3]见《尚书·禹书·大禹谟》。洚水：大水，洪水。
[4]菹：多水草的沼泽地带。

"尧、舜既没，圣人之道衰。暴君代作，坏宫室以为汙池，民无所安息[1]；弃田以为园囿，使民不得衣食。邪说暴行又作，园囿、汙池、沛泽多而禽兽至。及纣之身，天下又大乱。周公相武王，诛纣伐奄，三年讨其君，驱飞廉于海隅而戮之[2]，灭国者五十，驱虎、豹、犀、象而远之，天下大悦。《书》曰：'丕显哉，文王谟！丕承哉，武王烈！佑启我后人，咸以正无缺[3]。'

注释：

[1]宫室：普通的房屋。安息：安静地休息。
[2]奄、飞廉：均为当时助纣的诸侯国。
[3]见《尚书·周书·君雅》。丕：大。显：明。谟：谋。佑启：佑助启发。缺：坏。

"世衰道微，邪说暴行有作，臣弑其君者有之，子弑其父者有之。孔子惧，作《春秋》。《春秋》，天子之事也。是故孔子曰：'知我者其惟《春秋》乎！罪我者其惟《春秋》乎！'

"圣王不作,诸侯放恣,处士横议,杨朱、墨翟之言盈天下[1]。天下之言,不归杨则归墨。杨氏为我,是无君也;墨氏兼爱,是无父也。无父无君,是禽兽也。公明仪曰:'庖有肥肉,厩有肥马;民有饥色,野有饿莩,此率兽而食人也。'杨、墨之道不息,孔子之道不著,是邪说诬民,充塞仁义也[2]。仁义充塞,则率兽食人,人将相食。吾为此惧,闲先圣之道,距杨墨,放淫辞,邪说者不得作[3]。作于其心,害于其事;作于其事,害于其政。圣人复起,不易吾言矣。

注释:

[1]盈:满。言杨朱、墨翟的学说是当时最有名的显学。杨朱:道家人物,主张为我。墨翟:墨子,主张兼爱。
[2]充塞:堵塞,闭塞。
[3]闲:防卫。放:驱除。作:起。

"昔者禹抑洪水而天下平,周公兼夷狄驱猛兽而百姓宁,孔子成《春秋》而乱臣贼子惧。《诗》云:'戎狄是膺,荆舒是惩,则莫我敢承[1]。'无父无君,是周公所膺也。我亦欲正人心,息邪说,距诐行,放淫辞,以承三圣者。岂好辩哉[2]?予不得已也。能言距杨墨者,圣人之徒也。"

注释:

[1]引诗见《诗经·鲁颂·閟宫》。膺:抵御,击退。荆舒:春秋时的楚国和舒国。惩:惩治,惩罚。莫我敢承:没有谁敢阻止我。
[2]诐(bì)行:偏斜不正的行为。三圣:大禹、文王、孔子。

离娄之明

本章选自《孟子·离娄上》。

在本章中，孟子提出效法先王之道，实行仁政的主张；同时，孟子指出，要实行仁政，就要选贤任能，"惟仁者宜在高位"。

"徒善不足以为政，徒法不能以自行"这一句，常被解释为孟子主张德治与法治并重。实际上孟子说的"法"，是先王之礼法，孟子的重点，还是强调先王仁政的重要性。

离娄之明，公输子之巧，不以规矩，不能成方员[1]；师旷之聪，不以六律，不能正五音[2]；尧、舜之道，不以仁政，不能平治天下。今有仁心仁闻而民不被其泽，不可法于后世者，不行先王之道也。故曰：徒善不足以为政，徒法不能以自行[3]。诗云："不愆不忘，率由旧章[4]。"遵先王之法而过者，未之有也。圣人既竭目力焉，继之以规矩准绳，以为方员平直，不可胜用也。既竭耳力焉，继之以六律，正五音，不可胜用也。既竭心思焉，继之以不忍人之政，而仁覆天下矣。故曰：为高必因丘陵，为下必因川泽。为政不因先王之道，可谓智乎？

注释：

[1]离娄：相传是黄帝时目力极强的人。公输子：名班，鲁国人，故亦称为鲁班，是春秋末年的著名巧匠。方员：方圆。

[2]师旷：春秋时晋国著名乐师，生而目盲，善辨音乐。六律：我国以律管确定乐音的标准音高，一套完整的律管共十二个，单数的六个管称"阳律"，简称

"律";双数的六个管称"阴吕",简称"吕"。此处的"六律"是概称定音律管。五音:古代以宫、商、角、徵、羽为音阶。

［3］善:善心。法:各种礼法行政制度。这句言治理国家仁心和制度缺一不可。

［4］见《诗经·大雅·假乐》。愆:过错。忘:疏漏。率:遵循。旧章:旧有的典章。

是以惟仁者宜在高位。不仁而在高位,是播其恶于众也。上无道揆也,下无法守也[1];朝不信道,工不信度[2];君子犯义,小人犯刑,国之所存者,幸也。故曰:城郭不完,兵甲不多,非国之灾也;田野不辟,货财不聚,非国之害也;上无礼,下无学,贼民兴,丧无日矣。

诗云:"天之方蹶,无然泄泄[3]。"泄泄,犹沓沓也。事君无义,进退无礼,言则非先王之道者,犹沓沓也。故曰:责难于君谓之恭,陈善闭邪谓之敬,吾君不能谓之贼[4]。

注释:

［1］揆:尺度,准则,这里是动词,守尺度的意思,与下文"法守"的"守"相对应。

［2］朝:朝廷。道:道义。工:手工业者。度:度量工具。

［3］见《诗经·大雅·板》。蹶:动。泄泄:多言。这里指对国君言说非义非礼的无用之词。

［4］吾君不能:这一句是"不言吾君不能"的省略。贼:害。这几句都是责臣应尽之道。

规矩,方员之至也;圣人,人伦之至也。欲为君尽君道,欲为臣尽臣道,二者皆法尧、舜而已矣。不以舜之所以事尧事君,不敬其君者也;不以尧之所以治民治民,贼其民者也。孔子曰:"道二:仁与不仁而已矣。"暴其民甚,则身弑国亡;不甚,则身危国削。名之曰"幽厉",虽孝子慈孙,百世不能改也。诗云:"殷鉴不远,在夏后之世[1]。"此之谓也。

注释:

[1]见《诗经·大雅·荡》。殷:商朝,以殷为都,又称殷。殷,在今河南安阳。鉴:铜镜。这里指借鉴。这一句说,殷商子孙应以夏的灭亡为鉴戒,指前人的教训就在眼前。

桀纣之失天下也

本章选自《孟子·离娄上》。

本章反映了孟子的民本思想。孟子认为,得民心则得天下,得民心之道,在于实行仁政,"民之归仁也,犹水之就下"。

孟子曰:"桀纣之失天下也,失其民也;失其民者,失其心也。得天下有道:得其民,斯得天下矣;得其民有道:得其心,斯得民矣;得其心有道:所欲与之聚之,所恶勿施尔也。民之归仁也,犹水之就下、兽之走圹也[1]。故为渊驱鱼者,獭也;为丛驱爵者,鹯也[2];为汤武驱民者,桀与纣也。今天下之君有好仁者,则诸侯皆为之驱矣。虽欲无王,不可得已。今之欲王者,犹七年之病求三年之艾也[3]。苟为不畜,终身不得。苟不志于仁,终身忧辱,以陷于死亡。诗云'其何能淑,载胥及溺[4]',此之谓也。"

注释:

[1]圹:广大之野。

[2]爵:同"雀"。鹯(zhān):鹯鹰。

[3]七年之病:指大病、难治之病。三年之艾:指三年以上的陈艾。这一句言凡事要平时准备,事到临头再想办法就来不及。

[4]见《诗·大雅·桑柔》。淑:善。载:则。胥:相互。这一句说,以(天下君主)今日的作为,何能为善,不过是相继陷于混乱亡国而已。

民为贵

本章选自《孟子·尽心下》。本章主要体现孟子的民本思想。

孟子曰:"民为贵,社稷次之,君为轻[1]。是故得乎丘民而为天子,得乎天子为诸侯,得乎诸侯为大夫[2]。诸侯危社稷,则变置[3]。牺牲既成,粢盛既洁,祭祀以时,然而旱干水溢,则变置社稷[4]。"

注释:

[1]社:土神。稷:谷神。古代帝王诸侯建国时,都要祭祀土谷之神。土地、粮食、百姓,是国之根本。国君之尊,系于百姓和社稷,所以,言"民为贵,社稷次之,君为轻"。

[2]丘民:山野之民,即平民百姓。这一句言百姓虽然地位卑微,然得民心才能得天下,是谓民为重。

[3]变置:变更置换。这一句说若诸侯危及社稷,将被贤君替换,是君轻于社稷。

[4]牺牲:供祭祀用的牛、羊、猪等祭品。粢(zī):稷,粟米。旱干水溢:旱灾

水灾。这一句说,如果祭祀以礼,社稷之神不能保民御灾,就毁其祭坛更置之,因此,社稷虽然重于君但轻于百姓。

孔子在陈

本章出自《孟子·尽心下》。

在本章中,孟子肯定了狂狷之士有所为有所不为的品格,强烈批评那些貌似忠厚,实际上媚俗于世、毫无是非原则的乡愿之人,称他们为"德之贼",主张"君子反经",回归正道,以仁、礼为原则,"经正则庶民兴",形成良好的社会道德。

万章问曰:"孔子在陈,曰:'盍归乎来!吾党之小子狂简,进取,不忘其初[1]。'孔子在陈,何思鲁之狂士?"孟子曰:"孔子不得中道而与之,必也狂狷乎[2]!狂者进取,狷者有所不为也。孔子岂不欲中道哉?不可必得,故思其次也。"

注释:

[1]党:乡党。盍:何不。狂简:志大而略于事。进取:指志向高远。不忘其初:言不能改变其旧有的。

[2]这一句说,孔子不能结交中道之人,只能退其次结交狂狷之人,有所守,有所不为。中道:中庸之道。与之:结交。獧:同"狷"。狂:有志。狷:有守。

"敢问何如斯可谓狂矣?"曰:"如琴张、曾晳、牧皮者,孔子之所谓狂矣[1]。"

"何以谓之狂也?"曰:"其志嘐嘐然,曰:'古之人,古之人。'夷考其行而不掩焉者也[2]。狂者又不可得,欲得不屑不絜之士而与之,是獧也,是又其次也[3]。孔子曰:'过我门而不入我室,我不憾焉者,其惟乡原乎!乡原,德之贼也[4]。'"

注释:

[1]琴张:名牢,字子张,孔子弟子。曾皙:字子皙,曾参之父,孔子弟子。牧皮:不详。

[2]嘐(xiāo)嘐:志大言大。夷考:考察。掩:覆,合。这一句说,考察这些人的行为,则行为不合于其言,言行不符,这就是狂。

[3]不屑不絜之士:不屑于肮脏之事的人,即洁身自好的人。不屑:认为不值得。不絜:不洁,指肮脏之事。

[4]原:即愿,指谨慎忠厚之人。乡愿:乡野的愿人。孔子以为这些人没有原则,似德而非德,所以称他们为德之贼。

曰:"何如斯可谓之乡原矣?"曰:"何以是嘐嘐也?言不顾行,行不顾言,则曰'古之人,古之人。'行何为踽踽凉凉?生斯世也,为斯世也,善斯可矣[1]。阉然媚于世也者,是乡原也[2]。"

注释:

[1]这两句是孟子引用乡愿讽刺狂狷者的话。踽踽凉凉:孤独冷清的样子。
[2]这一句是孟子评说乡愿的话。阉:闭藏。言乡愿深藏其意以媚于世。

万章曰:"一乡皆称原人焉,无所往而不为原人,孔子以为德之贼,何哉[1]?"曰:"非之无举也,刺之无刺也[2]。同乎流俗,合乎污世。居之似忠信,行之似廉洁,众皆悦之,自以为是,而不可与入尧、舜之道,故曰'德之贼'也。孔子曰:'恶似而非者:恶莠,恐其乱苗也;恶佞,恐其乱义也;恶利口,恐其乱信也;恶郑声,恐其乱乐也;恶紫,恐其乱朱也；恶乡原，恐其乱德也[3]。'君子反经而已矣[4]。经正则庶民兴，庶民兴，斯无邪慝矣[5]。"

注释：

[1]这一句是说，愿人为乡人所称，所到之处表现都像愿人，为何孔子称之为德之贼。往：所到之处。

[2]这一句是说，这些乡愿，看似老好人，实际上与世同流合污，你要批评指责他，好像也没有恶行事实。非之无举：批评他却无事实可举。刺：指责。

[3]莠：草。佞：才智。有才智但言语似义而非义。利口：能言而多虚词。郑声：淫乐。

[4]反：复归。经：常，指不变之常道，指儒家遵循的原则。

[5]邪慝(tè)：邪恶。

《荀 子》

荀子(约公元前313—前238)名况,又称荀卿或孙卿,战国末期赵国(今山西省南部)人,是先秦儒家最后一位大师,是杰出的唯物主义哲学家、无神论者。

荀子博学善辩,游历过不少国家,在齐国都城稷下学宫讲学多年,先后三次担任稷下学宫的祭酒,有很高的声望。后离齐去楚,楚国宰相春申君任命他为楚国的兰陵(今山东临沂兰陵县)令。春申君死后,荀子也被免官。后长期定居兰陵,从事著书讲学,直到终年。他的著作收在《荀子》一书中。

荀子推崇孔子倡导的礼乐政治,认为先王"制礼义以分之,使有贵贱之等,长幼之差,知愚、能不能之分,皆使人载其事而各得其宜"(见《荣辱》);主张礼法并用,王霸并举;对春秋以来的学派进行批判,尤其对子思、孟子的学说,进行了严厉的抨击,提出要"上则法舜、禹之制,下则法仲尼、子弓之义,以务息十二子之说"(《非十二子》);在天人关系上,荀子认为"天行有常,不为尧存,不为桀亡",提出要"制天命而用之",发挥人的主观能动性,这种人定胜天的唯物主义思想在那个时代是前所未有的(《天论》);对人性的认识,荀子反对孟子的性善论,提倡"性恶"论,"人之性恶,其善者伪也"(《性恶》)。荀子认为，人的天性是恶的，而人的善性是后天教育的结果，"伪"就是人为的意思，荀子主张"化性起伪"，即通过礼乐教化来改造人性。

荀子重视个人修养和君子人格的养成。《劝学》篇劝人向学，"学不可以已"，"君子博学而日参省乎己，则知明而行无过矣"，而"礼者，法之大分，类之纲纪也，故学至乎礼而止矣"；君子要明乎义利之辩，《荣辱》篇说，"先义而后利者荣，先利而后义者辱"；荀子特别强调君子要坚守独立人格，不随波逐流，"天下有中，敢直其身；先王有道，敢行其意；上不循于乱世之君，下不俗于乱世之民；仁之所在无贫穷，仁之所亡无富贵；天下知之，则欲与天下同苦乐之；天下不知之，则傀然独立天地之间而不畏"(《性恶》)。

《四库全书》评价说："况之著书，主于明周、孔之教，崇礼而劝学。""平心而论，卿之学源出孔门，在诸子之中最为近正，是其所长；主持太甚，词义或至于过当，是其所短。韩愈大醇小疵之说，要为定论。"(《四库全书提要·荀子》)

《荀子》一书，《汉书·艺文志》著录33篇，刘向《叙录》校定为32篇，与今本《荀子》同。《荀子》书自汉代以来注家很少。目前主要注本有：唐代杨倞注《荀子》、清代王先谦《荀子集解》、近人梁启雄《荀子简释》等。

荀子文章篇幅较长，长于论辩，逻辑周密，在先秦诸子说理文中别具一格。

荣 辱

本篇表达荀子的荣辱观。荀子论荣辱,以礼义修养为核心,"先义而后利者荣,先利而后义者辱"。荀子认为,"材性知能,君子、小人一也",或取荣或取辱,"其所以求之之道则异矣"。君子按照礼义要求修养自身,以"先王之道、仁义之统,以相群居,以相持养",就能远耻辱取光荣。

憍泄者,人之殃也[1]。恭俭者,偋五兵也[2]。虽有戈矛之刺,不如恭俭之利也。故与人善言,暖于布帛[3];伤人以言,深于矛戟[4]。故薄薄之地,不得履之。非地不安也,危足无所履者,凡在言也[5]。巨涂则让,小涂则殆,虽欲不谨,若云不使[6]。

注释:

[1]憍(jiāo)泄(yì):自大傲慢。殃:祸。
[2]偋五兵:指免除杀身之祸。偋:同"屏",屏除。五兵:五种兵器。
[3]布帛:麻布和丝织品,此指衣服。
[4]伤人以言:以言伤人。
[5]这一句说言语伤人的危害,言语不当,虽有大地,亦无法立足,会危及自身。薄薄:同"溥博"、"磅礴",广大无边的样子。危足:踮起脚跟。
[6]这一句继续申说言语伤人的危害,言语伤人,则大路小路都无法行走,自己想不小心谨慎都不行。涂:通"途"。让:通"攘",拥挤。殆:危险不安。言大路人车熙熙攘攘,小路人迹罕至,都充满危险。若云不使:意思是言语伤人,想不谨慎都不行。谨:谨慎。云:有。使:使唤。

快快而亡者,怒也;察察而残者,忮也[1];博而穷者,訾也;清之而俞浊者,口也[2];豢之而俞瘠者,交也[3];辩而不说者,争也[4];直立而不见知者,胜也[5];廉而不见贵者,刿也[6];勇而不见惮者,贪也[7];信而不见敬者,好剸行也[8]。此小人之所务而君子之所不为也。

注释:

[1]亡:败亡。察察:明察。残:伤害。忮:逞强。这一句说,明察而受伤害,是因为逞强。

[2]博:博辩。穷:穷困。訾:言辞之过。俞:同"愈"。求其清而愈浊,口舌之过。

[3]瘠:瘦。这一句说,以利相交,利尽则交绝,故曰豢之而俞瘠。

[4]说:通"悦"。争:争强好胜。

[5]直:方正。胜:气盛。

[6]廉:棱角。刿:伤害。这句说,过于克己会伤人,不受待见。

[7]惮:害怕。勇而不见惮:贪利,就会委曲求人,所以即使勇猛,人们也不会害怕他。

[8]剸:同"专",刚愎自用。

斗者,忘其身者也,忘其亲者也,忘其君者也。行其少顷之怒而丧终身之躯,然且为之,是忘其身也;室家立残,亲戚不免乎刑戮,然且为之,是忘其亲也;君上之所恶也,刑法之所大禁也,然且为之,是忘其君也。忧忘其身,内忘其亲,上忘其君,是刑法之所不舍也,圣王之所不畜也。乳彘不触虎,乳狗不远游,不忘其亲也[1]。人也,忧忘其身,内忘其亲,上忘其君,则是人也而曾狗彘之不若也。

注释:

[1]乳彘:哺乳的母猪。触虎:触犯老虎。乳狗:哺乳的母狗。

凡斗者,必自以为是而以人为非也。己诚是也,人诚非也,则是己君子而人小人也。以君子与小人相贼害也,忧以忘其身,内以忘其亲,上以忘其君,岂不过甚矣哉?是人也,所谓以狐父之戈钃牛矢也[1]。将以为智邪?则愚莫大焉;将以为利邪?则害莫大焉;将以为荣邪?则辱莫大焉;将以为安邪?则危莫大焉。人之有斗,何哉?我欲属之狂惑疾病邪,则不可,圣王又诛之。我欲属之鸟鼠禽兽邪,则不可,其形体又人,而好恶多同。人之有斗,何哉?我甚丑之。

注释:

[1]狐父:地名,在今安徽砀山附近,出产名戈。钃(zhú):砍,铲。这一句喻以贵用于贱。

有狗彘之勇者,有贾盗之勇者,有小人之勇者,有士君子之勇者。争饮食,无廉耻,不知是非,不辟死伤,不畏众强,恈恈然唯饮食之见,是狗彘之勇也[1]。为事利,争货财,无辞让,果敢而振,猛贪而戾,恈恈然唯利之见,是贾盗之勇也。轻死而暴,是小人之勇也。义之所在,不倾于权,不顾其利,举国而与之不为改视,重死持义而不桡,是士君子之勇也。

鯈𫚖者,浮阳之鱼也,胠于沙而思水,则无逮矣,挂于患而欲谨,则无益矣[2]。自知者不怨人,知命者不怨天;怨人者穷,怨天者无志[3]。失之己,反之人,岂不迂乎哉[4]?

注释：

[1]悻悻然：欲得之貌。

[2]鯈（tiáo）魾（bà）：白鲦鱼，一种浮于水面喜阳的鱼。胈：通"阺"，阻隔遮拦，搁浅。言鱼被沙遮拦而思念水，不得水也。挂：通"絓"，牵绊，阻碍。

[3]志：见识。

[4]反：反求。迂：远。

荣辱之大分，安危利害之常体：先义而后利者荣，先利而后义者辱。荣者常通，辱者常穷；通者常制人，穷者常制于人，是荣辱之大分也。材悫者常安利，荡悍者常危害[1]；安利者常乐易，危害者常忧险[2]；乐易者常寿长，忧险者常夭折，是安危利害之常体也。

注释：

[1]材悫：才性谨慎。安利：安全有利，言以安全为利。

[2]易：平易。

夫天生蒸民，有所以取之[1]。志意致修，德行致厚，智虑致明，是天子之所以取天下也。政令法，举措时，听断公，上则能顺天子之命，下则能保百姓，是诸侯之所以取国家也。志行修，临官治，上则能顺上，下则能保其职，是士大夫之所以取田邑也。循法则、度量、刑辟、图籍，不知其义，谨守其数，慎不敢损益也，父子相传，以持王公，是故三代虽亡，治法犹存，是官人百吏之所以取禄秩也[2]。孝弟愿悫，軥录疾力，以敦比其事业而不敢怠傲，是庶人之所以取暖衣饱食，长生久视，以免于刑戮也[3]。饰邪说，文奸言，为倚事，陶诞突盗，惕、悍、憍、暴，以偷生反侧于乱世之间[4]，是奸人之所以取危辱死刑也。其虑之不深，其择之不谨，其定取舍楛僈，是其所以危也[5]。

注释:

[1]蒸民:众民。取:得。

[2]不知其义:不以己智释法,就是后一句"谨守其数,慎不敢损益"的意思。数:法则,条文。损益:增删。

[3]弟:同"悌"。愿悫:诚实。鞠(qú)录:勤劳的意思。疾力:拼命用力。敦比:治,从事某事。怠傲:懈怠。

[4]饰:文饰。邪说、奸言:邪僻之学说,奸诈之言论。倚:通"奇"。陶:通"謟",流言蜚语。诞:欺骗,说谎。突盗:冲撞强夺。惕:同"荡"。骄:自大。反侧:辗转,指违背法度、不安于位。

[5]楛:粗劣,此指用心粗疏草率。僈:同"慢",怠慢,不在乎。

材性知能,君子、小人一也。好荣恶辱,好利恶害,是君子、小人之所同也,若其所以求之之道则异矣。小人也者,疾为诞而欲人之信己也,疾为诈而欲人之亲己也,禽兽之行而欲人之善己也[1]。虑之难知也,行之难安也,持之难立也,成则必不得其所好,必遇其所恶焉。故君子者,信矣,而亦欲人之信己也;忠矣,而亦欲人之亲己也;修正治辨矣,而亦欲人之善己也[2]。虑之易知也,行之易安也,持之易立也,成则必得其所好,必不遇其所恶焉;是故穷则不隐,通则大明,身死而名弥白。小人莫不延颈举踵而愿曰:"知虑材性,固有以贤人矣[3]!"夫不知其与己无以异也,则君子注错之当,而小人注错之过也[4]。故孰察小人之知能,足以知其有余,可以为君子之所为也[5]。譬之越人安越,楚人安楚,君子安雅,是非知能材性然也,是注错习俗之节异也[6]。

仁义德行,常安之术也,然而未必不危也;污僈突盗,常危之术也,然而未必不安也[7]。故君子道其常而小人道其怪。

注释:

[1]疾:极力。诞:谎言。
[2]辨:通"辨",治理。
[3]贤:胜过。
[4]注错:措置,安排处理。注:投。错:通"措",置。
[5]孰:同"熟"。知能:智能。
[6]雅:正,常道。安雅:安于正道。
[7]污慢:污秽卑鄙的意思。慢:通"漫",污。

凡人有所一同:饥而欲食,寒而欲暖,劳而欲息,好利而恶害,是人之所生而有也,是无待而然者也,是禹、桀之所同也;目辨白黑美恶,耳辨音声清浊,口辨酸咸甘苦,鼻辨芬芳腥臊,骨体肤理辨寒暑疾养,是又人之所常生而有也,是无待而然者也,是禹、桀之所同也。可以为尧、禹,可以为桀、跖,可以为工匠,可以为农贾,在势注错习俗之所积耳[1]。是又人之所生而有也,是无待而然者也,是禹、桀之所同也。为尧、禹则常安荣,为桀、跖则常危辱;为尧、禹则常愉佚,为工匠、农贾则常烦劳。然而人力为此而寡为彼,何也?曰:陋也[2]。尧、禹者,非生而具者也,夫起于变故,成乎修修之为,待尽而后备者也[3]。

注释:

[1]势:衍文,无实义。
[2]陋:人性之鄙陋。
[3]修修之为:修为。

人之生,固小人,无师无法则唯利之见耳[1]。人之生,固小人,又以遇乱世,得乱俗,是以小重小也,以乱得乱也。君子非得势以临之,则无由得开内焉[2]。今是人之口腹,安知礼义?安知辞让?安知廉耻、隅积[3]?亦呷呷而噍、乡乡而饱已矣[4]。人无师无法,则其心正其口腹也。今使人生而未尝睹刍豢稻粱也,惟菽藿糟糠之为睹,则以至足为在此也[5];俄而粲然有秉刍豢稻粱而至者,则瞁然视之曰[6]:"此何怪也?"彼臭之而无嗛于鼻,尝之而甘于口,食之而安于体,则莫不弃此而取彼矣[7]。今以夫先王之道、仁义之统,以相群居,以相持养,以相藩饰,以相安固邪[8]?以夫桀、跖之道?是其为相县也[9],几直夫刍豢稻粱之县糟糠尔哉[10]!然而人力为此而寡为彼,何也?曰:陋也。陋也者,天下之公患也,人之大殃大害也。故曰:仁者好告示人。告之示之,靡之儇之,鈆之重之,则夫塞者俄且通也,陋者俄且僴也,愚者俄且知也[11]。是若不行,则汤、武在上曷益?桀、纣在上曷损?汤、武存,则天下从而治;桀、纣存,则天下从而乱。如是者,岂非人之情固可与如此、可与如彼也哉[12]?

注释:

[1]生:通"性"。这一句言人性之恶,人性自私。

[2]内:内心。开内,即开内心之善道。

[3]隅积:与"礼仪""辞让""廉耻"并列合称,言人不可不知之道。

[4]呷呷:与"冉冉"同,慢慢地。噍:嚼。乡:通"芗",谷类的香气。

[5]刍豢:泛指食用的家畜,这里指肉食。粱:谷子。菽藿:豆和豆叶,泛指粗劣的杂粮。

[6]瞁(xué)然:惊奇的样子。

[7]臭:同"嗅"。嗛(qiàn):与"慊"、"歉"等同源,不足。

[8]相:辅助,帮助。藩饰:装饰。

[9]县:同"悬"。下同。

[10]几:通"岂"。直:只。

[11]靡之儇(xuān)之:言人之积习的养成。这里是动词活用,使之形成习惯。鈆(yán):通"沿",遵循。僴(xiàn):威猛,庄重有威仪。

[12]与:以。

人之情,食欲有刍豢,衣欲有文绣,行欲有舆马,又欲夫余财蓄积之富也;然而穷年累世不知不足,是人之情也[1]。今人之生也,方知蓄鸡狗猪彘,又畜牛羊,然而食不敢有酒肉;余刀布,有囷窌,然而衣不敢有丝帛[2];约者有筐箧之藏,然而行不敢有舆马。是何也?非不欲也,几不长虑顾后而恐无以继之故也?于是又节用御欲、收敛蓄藏以继之也,是于己长虑顾后,几不甚善矣哉!今夫偷生浅知之属,曾此而不知也,粮食大侈,不顾其后,俄则屈安穷矣[3]。是其所以不免于冻饿、操瓢囊为沟壑中瘠者也[4]。况夫先王之道,仁义之统,《诗》《书》《礼》《乐》之分乎[5]!彼固天下之大虑也,将为天下生民之属长虑顾后而保万世也;其流长矣,其温厚矣,其功盛姚远矣,非孰修为之君子,莫之能知也[6]。故曰:短绠不可以汲深井之泉,知不几者不可与及圣人之言[7]。夫《诗》《书》《礼》《乐》之分,固非庸人之所知也。故曰:一之而可再也,有之而可久也,广之而可通也,虑之而可安也,反鉛察之而俞可好也[8]。以治情则利,以为名则荣,以群则和,以独则足,乐意者其是邪!

注释:

[1]不知不足:当作"知不足"。

[2]囷(qūn):圆形的谷仓。窌(jiào):地窖。

[3]大侈:太多。屈:竭尽。安:语助词。

[4]瓢囊:瓢勺与食袋,特指行乞之具。瘠:通"胔",未腐烂的尸体。

[5]统:纲领。分:部分,指《诗》《书》等所含的道理。

[6]温:通"蕴"。姚:通"遥"。孰:同"熟",熟悉,精通。

[7]绠:绳索。知不几:知识不够。

[8]鉛(yán):通"沿",遵循。俞:同"愈"。

夫贵为天子,富有天下,是人情之所同欲也。然则从人之欲,则势不能容,物不能赡也[1]。故先王案为之制礼义以分之[2],使有贵贱之等,长幼之差,知愚、能不能之分,皆使人载其事而各得其宜,然后使悫禄多少厚薄之称,是夫群居和一之道也[3]。

注释:

[1]从:纵。赡:富足。
[2]案:语助词。分:区分,分别,指分等级。
[3]悫:通"穀",俸禄。群居和一:和谐相处,协调一致。

故仁人在上,则农以力尽田,贾以察尽财,百工以巧尽械器,士大夫以上至于公侯,莫不以仁厚知能尽官职,夫是之谓至平[1]。故或禄天下,而不自以为多;或监门、御旅、抱关、击柝,而不自以为寡[2]。故曰:斩而齐,枉而顺,不同而一[3]。夫是之谓人伦。《诗》曰:"受小共大共,为下国骏蒙[4]。"此之谓也。

注释:

[1]至平:极其公正有序。
[2]御:读为"迓"。迓旅:逆旅。抱关:做门卒。
[3]斩:通"儳(chán)",不整齐,指有等级差别。枉:曲,委曲,指人们受到礼义的约束。不同:指职分不同。一:指协调一致。
[4]见《诗·商颂·长发》。共:法。小共大共:小事之法度与大事之法度。下国:天子统治下的诸侯国。骏蒙:通"恂蒙",庇护。

议 兵

本篇是反映荀子军事思想的文章。荀子议兵,以仁义为本,反对争夺,反对权谋、势诈。荀子认为,"兵者,所以禁暴除害,非争夺也,仁义者,所以修政者也,政修则民亲其上,乐其君,而轻为之死"。因此,"用兵攻战之本在乎壹民","在乎善附民",要"附民",就必须隆礼贵义,好士爱民,政令信,赏重,刑威,权出一。只有这样,才能使"三军同力",从而取得战争的胜利。

临武君与孙卿子议兵于赵孝成王前[1]。王曰:"请问兵要[2]?"

临武君对曰:"上得天时,下得地利,观敌之变动,后之发,先之至,此用兵之要术也。"

孙卿子曰:"不然。臣所闻古之道,凡用兵攻战之本,在乎壹民[3]。弓矢不调,则羿不能以中微[4];六马不和,则造父不能以致远[5];士民不亲附,则汤、武不能以必胜也[6]。故善附民者,是乃善用兵者也。故兵要在乎善附民而已。"

注释:

[1]临武君:楚国将领,姓名不详。孙卿子:即荀况。赵孝成王:名丹,公元前265—前245年在位。

[2]兵要:用兵的要术。

[3]壹民:民心归附,即后文的"附民"。

[4]羿:又称夷羿、后羿,善于射箭。

[5]六马:指同拉一辆车的六匹马,古代帝王用六匹马驾车,所谓天子六驾。造父:周穆王的车夫,善于驾车。

[6]汤、武:汤,商汤,灭夏建立了商王朝。武,周武王,姓姬,名发,灭商建立了周王朝。

临武君曰:"不然。兵之所贵者埶利也,所行者变诈也[1]。善用兵者,感忽悠闇,莫知其所从出[2],孙、吴用之,无敌于天下[3],岂必待附民哉?"

注释:

[1]埶利:即势利,乘势争利。"埶":同"势"。
[2]感忽:恍惚,模糊不清。悠闇:神秘之意。这一句说,用兵迅速,计谋诡诈,使敌人莫测。与上句"所行者变诈"同。
[3]孙、吴:孙武、吴起,皆为春秋战国时军事家。

孙卿子曰:"不然。臣之所道,仁者之兵,王者之志也。君之所贵,权谋埶利也;所行,攻夺变诈也:诸侯之事也。仁人之兵,不可诈也。彼可诈者,怠慢者也,路亶者也,君臣上下之间滑然有离德者也[1]。故以桀诈桀,犹巧拙有幸焉,以桀诈尧,譬之若以卵投石,以指挠沸,若赴水火,入焉焦没耳[2]。故仁人上下,百将一心,三军同力,臣之于君也,下之于上也,若子之事父,弟之事兄,若手臂之扞头目而覆胸腹也,诈而袭之,与先惊而后击之,一也[3]。且仁人之用十里之国,则将有百里之听[4];用百里之国,则将有千里之听;用千里之国,则将有四海之听。必将聪明警戒,和传而一[5]。故仁人之兵,聚则成卒,散则成列,延则若莫邪之长刃,婴之者断[6];兑则若莫邪之利锋,当之者溃[7];圜居而方止,则若盘石然,触之者角摧,案角鹿埵、陇种、东笼而退耳[8]。且夫暴国之君,将谁与至哉?彼其所与至者,必其民也。而其民之亲我欢若父母,其好我芬若椒兰;彼反顾其上则若灼黥,若雠仇[9]。人之情,虽桀、跖,岂又肯为其所恶贼其所好者哉[10]?是犹使人之子孙自贼其父母也,彼必将来告之,夫又何可诈也?故仁人用,国日明,诸侯先顺者安,后顺者危,虑敌之者削,反之者亡[11]。诗曰:'武王载发,有虔秉钺,如火烈烈,则莫我敢遏[12]。'此之谓也。"

注释:

[1]怠慢:懈怠散漫。路亶(dàn):羸弱疲惫。滑然:涣散的样子。

[2]挠:搅。水火:这里指沸水。

[3]扞:即"捍"。先惊而后击之,一也:先惊动然后袭击之,效果是一样的。这句意思是说,诈袭与先惊而后击,都没有什么用,因为手臂都会救的。

[4]听:耳目,听用,言仁者影响所及,远人自为其耳目。

[5]和传而一:相和以传,团结如一,言人心齐一。

[6]卒:周代的军队组织,一百人为卒。延:延伸,伸展。莫邪:传说中的宝剑。婴:通"撄",碰,触犯。

[7]兑:通"锐",尖锐,引申为冲锋。

[8]圜:通"圆"。圜居而方止:圆形或方形的阵势。角:额角。鹿埵、陇种、东笼:皆形容摧败披靡的意思。

[9]灼黥:即墨刑。雠仇:仇敌。

[10]贼:伤害。

[11]敌之:敌对。削:削弱。反:反对。

[12]诗见《诗·商颂·长发》。载:戴。发:读为"旆",旌旗。载发:戴旗,旗帜在头顶上飘动,这是古代国君出征时的情景。有虔:威武貌。秉钺:执持长柄大斧。

孝成王、临武君曰:"善!请问王者之兵,设何道何行而可?"

孙卿子曰:"凡在大王,将率末事也[1]。臣请遂道王者诸侯强弱存亡之效、安危之埶。君贤者其国治,君不能者其国乱;隆礼贵义者其国治,简礼贱义者其国乱;治者强,乱者弱,是强弱之本也。上足卬,则下可用也,上不卬,则下不可用也[2]。下可用则强,下不可用则弱,是强弱之常也。隆礼效功,上也;重禄贵节,次也[3];上功贱节,下也:是强弱之凡也。好士者强,不好士者弱;爱民者强,不爱民者弱;政令信者强,政令不信者弱;民齐者强,民不齐者弱;赏重者强,赏轻者弱;刑威者强,刑侮者弱[4];械用兵革攻完便利者强,械用兵革窳楛不便利者弱[5];重用兵者强,轻用兵者弱;权出一者强,权出二者弱:是强弱之常也。

注释:

[1]率:同"帅"。
[2]卬:同"仰",仰赖。
[3]效:效验,检验。功:战功。
[4]威:严。侮:侮慢。
[5]攻:通"工"。完:完整,坚固。窳(yǔ)楛(kǔ):粗劣。

"齐人隆技击,其技也,得一首者则赐赎锱金,无本赏矣[1]。是事小、敌毳则偷可用也,事大、敌坚则焉涣离耳[2]。若飞鸟然,倾侧反覆无日,是亡国之兵也,兵莫弱是矣,是其去赁市、佣而战之几矣[3]。魏氏之武卒以度取之[4],衣三属之甲,操十二石之弩,负服矢五十个,置戈其上,冠䩅带剑,赢三日之粮,日中而趋百里,中试则复其户,利其田宅[5]。是数年而衰而未可夺也,改造则不易周也[6]。是故地虽大,其税必寡,是危国之兵也。秦人其生民陿阸,其使民也酷烈,劫之以埶,隐之以陋,忸之以庆赏,鰌之以刑罚,使天下之民所以要利于上者,非斗无由也[7]。陋而用之,得而后功之,功赏相长也,五甲首而隶五家,是最为众强长久,多地以正,故四世有胜,非幸也,数也[8]。

注释：

[1]赐赎：赏赐。锱：古代重量单位，六铢等于一锱，四锱等于一两。本赏：基本的奖赏。这是说，齐国以斩首多少为赏，不以胜败为赏，有点类似雇佣兵。

[2]毳（cuì）：通"脆"。偷：苟且。焉涣：涣然，涣散。

[3]无日：不用一日，言其快速。赁市：租赁。佣：雇佣。几：相近。

[4]度：标准，见下句。

[5]三属：三种。服：通"箙（fú）"，装箭的器具。冠轴（zhòu）：戴头盔。轴：同"胄"。赢：负担。日中：一日之中。趋：疾走。复其户：不负徭役。

[6]衰：衰弱，言武卒之气力。夺：言改变其优厚待遇。改造：重新选择。周：通"赒"，周济。这一句说，魏武卒数年力气就衰弱，但优厚待遇不易改变，后续另选武士则财力不济。

[7]陿陋：同"狭隘"，言生计穷蹙。劫：劫持。埶：即势，威势。隐：通"慇"，忧伤，痛苦。隐之以陋：用穷困使他们痛苦。这一句的意思是，秦国使百姓无出路而只能去打仗邀赏。忸：同"狃"，使习以为常。鰌：通"遒"，逼迫。

[8]功赏相长：功与赏互相促进。五甲首而隶五家：获得五甲首，可以役隶乡里五家。四世：指秦孝公、秦惠文王、秦武王、秦昭王四代君主。数：言必然性。

"故齐之技击，不可以遇魏氏之武卒，魏氏之武卒，不可以遇秦之锐士，秦之锐士，不可以当桓、文之节制，桓、文之节制，不可以敌汤、武之仁义，有遇之者，若以焦熬投石焉[1]。兼是数国者，皆干赏蹈利之兵也，佣徒鬻卖之道也，未有贵上、安制、綦节之理也[2]；诸侯有能微妙之以节，则作而兼殆之耳[3]。故招近募选，隆埶诈，尚功利，是渐之也[4]；礼义教化，是齐之也。故以诈遇诈，犹有巧拙焉；以诈遇齐，辟之犹以锥刀堕太山也，非天下之愚人莫敢试[5]。故王者之兵不试。汤武之诛桀、纣也，拱挹指麾而强暴之国莫不趋使，诛桀纣若诛独夫[6]。故《泰誓》曰'独夫纣'，此之谓也。故兵大齐则制天下，小齐则治邻敌。若夫招延募选、隆埶诈、尚功利之兵,则胜不胜无常,代翕代张,代存代亡,相为雌雄耳矣[7]。夫是之谓盗兵,君子不由也。

注释:

[1]焦熬投石:是前文"以卵投石,以指挠沸,若赴水火,入焉焦没"的省说,言强弱分明。

[2]干:求。安制:安于制度。綦(qí)节:很有节操,指仁义之属。

[3]微妙:精妙。兼殆:同时危及。这一句说,如果诸侯有行仁义之兵者,就能起而危及齐魏秦诸国。

[4]招近:招致。渐:欺诈。

[5]堕:毁。

[6]拱揖:两手相握作揖,比喻闲适、容易。强暴:强力。趋使:顺从,臣服。独夫:独自一人,言众叛亲离,通常指暴君。

[7]代:替。"代翕代张,代存代亡",指或强或弱,即上一句"无常"的意思。

"故齐之田单,楚之庄𫏋,秦之卫鞅,燕之缪虮,是皆世俗所谓善用兵者也[1];是其巧拙强弱,则未有以相君也,若其道一也,未及和齐也,掎契司诈,权谋倾覆,未免盗兵也[2]。齐桓、晋文、楚庄、吴阖闾、越句践是皆和齐之兵也,可谓入其域矣,然而未有本统也,故可以霸而不可以王[3]。是强弱之效也。"

注释:

[1]田单:战国时齐人。燕攻齐,下七十余城,田单使反间计,使燕撤换其名将乐毅,然后用火牛阵大破燕军,收复齐七十余城,因功封为安平君。庄𫏋(jiǎo):楚威王时为将,在楚怀王二十八年(公元前301年)起兵造反,割据今云南贵州一带。缪虮:人名,或以为即燕国大将乐毅。

[2]相君:或作"相若",相似。道一:言上述几人虽各不相同,但变诈则相同。和齐:指齐之以礼仪教化。掎契:即"掎挈",抓住敌人弱点,伺机行使诈术。盗兵:

以诈术取胜之兵。

[3]入其域：入礼仪教化之域。本统：言如汤、武。

孝成王、临武君曰："善！请问为将。"

孙卿子曰："知莫大乎弃疑，行莫大乎无过，事莫大乎无悔[1]。事至无悔而止矣，成不可必也[2]。故制号政令欲严以威，庆赏刑罚欲必以信，处舍收藏欲周以固[3]，徙举进退欲安以重，欲疾以速，窥敌观变欲潜以深，欲伍以参[4]，遇敌决战必道吾所明，无道吾所疑，夫是之谓六术。无欲将而恶废，无急胜而忘败，无威内而轻外，无见利而不顾其害，凡虑事欲孰而用财欲泰，夫是之谓五权[5]。所以不受命于主有三：可杀而不可使处不完，可杀而不可使击不胜，可杀而不可使欺百姓，夫是之谓三至。凡受命于主而行三军，三军既定，百官得序，群物皆正，则主不能喜，敌不能怒，夫是之谓至臣[6]。虑必先事而申之以敬，慎终如始，终始如一，夫是之谓大吉。凡百事之成也必在敬之，其败也必在慢之。故敬胜怠则吉，怠胜敬则灭；计胜欲则从，欲胜计则凶。战如守，行如战，有功如幸[7]。敬谋无圹，敬事无圹，敬吏无圹，敬众无圹，敬敌无圹，夫是之谓五无圹[8]。慎行此六术、五权、三至，而处之以恭敬无圹，夫是之谓天下之将，则通于神明矣。"

注释：

[1]弃疑：抛弃犹豫不定，言为将要果断。无悔：不后悔，言为将不要瞻前顾后。

[2]事至无悔而止：即事至止于无悔，做事不要后悔，言为将要果断，不要犹豫不决，瞻前顾后。成不可必：(也可能)不一定成功。必：一定。

[3]处舍：营垒。收藏：指财务。

[4]伍、参：即"叁、伍"，指多而错杂，引申为将多方面的情况放在一起，加以比照检验。

[5]欲将而恶废：想为将而怕被罢免。孰：同"熟"，精审。泰：宽裕。

[6]主不能喜,敌不能怒:君主不能使将领高兴,敌人不能使之愤怒。至臣:最好的臣子。

[7]幸:幸运。这里指对取得的胜利要视作一种幸运,不要骄傲。

[8]圹:通"旷",疏忽,大意。

临武君曰:"善!请问王者之军制。"

孙卿子曰:"将死鼓,御死辔,百吏死职,士大夫死行列[1]。闻鼓声而进,闻金声而退,顺命为上,有功次之。令不进而进,犹令不退而退也,其罪惟均[2]。不杀老弱,不猎禾稼,服者不禽,格者不舍,犇命者不获[3]。凡诛,非诛其百姓也,诛其乱百姓者也。百姓有扞其贼,则是亦贼也[4]。以故顺刃者生,苏刃者死,奔命者贡[5]。微子开封于宋,曹触龙断于军,殷之服民所以养生之者也,无异周人[6]。故近者歌讴而乐之,远者竭蹶而趋之,无幽闲辟陋之国莫不趋使而安乐之,四海之内若一家,通达之属莫不从服,夫是之谓人师[7]。诗曰:'自西自东,自南自北,无思不服[8]。'此之谓也。王者有诛而无战,城守不攻,兵格不击,上下相喜则庆之。不屠城,不潜军,不留众,师不越时[9]。故乱者乐其政,不安其上,欲其至也。"临武君曰:"善!"

注释:

[1]将死鼓:主将自掌旗鼓指挥三军,不离弃战鼓,言守其职守。士大夫:指战士。

[2]均:一样,言号令严厉。

[3]猎:通"躐",踩,践踏。格:斗,抵抗。犇命:奔命,言投降。不获:不做俘虏。

[4]扞:保护。

[5]苏刃:相向格斗。贡:或为"贳(shì)",赦免。

[6]微子开:名启,商纣的庶兄,周克商后被封于宋,是宋国的始祖。此文称"开",是刘向避汉景帝刘启讳而改。曹触龙:商纣王之将,荀子认为是奸臣。断:断命。

[7]竭蹶:颠仆倾跌,行步匆遽的样子。幽闲辟陋:遥远偏僻。人师:仁人之师。
[8]见《诗·大雅·文王有声》。思:语助词。
[9]潜:偷袭。越时:超越约定时间。

天 论

本篇主要论述天人关系的问题,是体现荀子唯物主义思想的重要篇章。

荀子认为"天行有常",不以人的意志为转移;决定社会治乱与人间祸福的是"人"而不是"天",所以必须"明于天人之分";君人要加强礼乐教化,"君人者,隆礼尊贤而王,重法爱民而霸"。荀子在文中发出"制天命而用之"的声音,这种人定胜天的思想,在那个时代是前所未有的。

天行有常,不为尧存,不为桀亡[1]。应之以治则吉,应之以乱则凶[2]。强本而节用,则天不能贫;养备而动时,则天不能病;修道而不忒,则天不能祸[3]。故水旱不能使之饥,寒暑不能使之疾,祅怪不能使之凶。本荒而用侈,则天不能使之富;养略而动罕,则天不能使之全;倍道而妄行,则天不能使之吉。故水旱未至而饥,寒暑未薄而疾,祅怪未至而凶。受时与治世同,而殃祸与治世异,不可以怨天,其道然也。故明于天人之分,则可谓至人矣[4]。

注释:

[1]行:道,规律。常:经久不变。"不为尧存"两句申述"天行有常",指天道

不因为人事的变化而变化。

[2]之:它,指代"天行"。治:指"强本而节用""养备而动时""修道而不贰"等导致安定的措施。

[3]道:兼指自然规律与社会规律。贰:差错。

[4]天人之分:天与人的区分。即自然与社会各有其独立性,社会上发生的事情往往取决于人而与天无关。

不为而成,不求而得,夫是之谓天职[1]。如是者,虽深,其人不加虑焉;虽大,不加能焉;虽精,不加察焉[2];夫是之谓不与天争职[3]。天有其时,地有其财,人有其治,夫是之谓能参[4]。舍其所以参,而愿其所参,则惑矣[5]!

注释:

[1]这句是说:没有人为的努力,自然而然地产生一切,这是大自然的职能。

[2]其人:指上文的"至人"。加:施加。能:力,指人为用力干预。

[3]这一句说,天人应各当其职,人只做其分内的事情。

[4]财:通"材"。参:并列。"天"、"地"、"人"各有其道,所以说"能参"。

[5]所以参:用来并列的东西,指前句的"治"。所参:被并列的东西,指上文的"天"、"地"。这两句是说:舍弃了人的治理,与天争职,那就不明智了。

列星随旋,日月递炤,四时代御,阴阳大化,风雨博施[1]。万物各得其和以生,各得其养以成。不见其事而见其功,夫是之谓神。皆知其所以成,莫知其无形,夫是之谓天。唯圣人为不求知天[2]。

注释:

[1]列星:排列位置固定而定时出现的星,即恒星,如二十八宿。炤:通"照"。代:与"递"同义,交替,轮流。御:驾驭,控制,指控制每一季中的节气。阴阳大化:古代认为世界万物由阴阳变化而生。

[2]不求知天：不追求了解天。荀子认为天道神妙莫测，所以圣人重在探究治理社会之途径。

天职既立，天功既成，形具而神生，好恶、喜怒、哀乐臧焉，夫是之谓天情。耳、目、鼻、口、形能，各有接而不相能也，夫是之谓天官。心居中虚以治五官，夫是之谓天君。财非其类，以养其类，夫是之谓天养[1]。顺其类者谓之福，逆其类者谓之祸，夫是之谓天政。暗其天君，乱其天官，弃其天养，逆其天政，背其天情，以丧天功，夫是之谓大凶[2]。圣人清其天君，正其天官，备其天养，顺其天政，养其天情，以全其天功。如是，则知其所为，知其所不为矣，则天地官而万物役矣，其行曲治，其养曲适，其生不伤，夫是之谓知天[3]。

注释：

[1]财：通"裁"，言万物与人异类，人裁之而用之。
[2]暗其天君：指使自己的内心昏乱糊涂。乱其天官：指纵情于感官享乐。弃其天养：指不事生产。逆其天政：指不能治理好臣民。背其天情：指喜乐无常，爱憎无度。
[3]曲：曲折周到，各个方面。

故大巧在所不为，大智在所不虑。所志于天者，已其见象之可以期者矣[1]；所志于地者，已其见宜之可以息者矣[2]；所志于四时者，已其见数之可以事者矣[3]；所志于阴阳者，已其见知之可以治者矣[4]。官人守天而自为守道也[5]。

注释：

[1]志：知，了解。已：止，不超过。此下几句都在申述"所不为"、"所不虑"，指圣人对于天地四时、阴阳的了解，仅止于此，其余的都属于所不为所不虑的范

围。
　　[2]宜:适宜,指适合农作物生长的条件。息:繁殖,指种植庄稼。
　　[3]数:规律,指历数,带有规律性的节气。事:从事,指安排农事。
　　[4]知:当作"和",阴阳和合孳生万物。
　　[5]官人:任用人。

　　治乱,天邪?曰:日月、星辰、瑞历,是禹、桀之所同也[1];禹以治,桀以乱;治乱非天也。时邪?曰:繁启蕃长于春夏,畜积收藏于秋冬,是又禹、桀之所同也[2];禹以治,桀以乱;治乱非时也。地邪?曰:得地则生,失地则死,是又禹、桀之所同也;禹以治,桀以乱;治乱非地也。《诗》曰:"天作高山,大王荒之;彼作矣,文王康之[3]。"此之谓也。

注释:

　　[1]星辰:星的总称。瑞历:记录年月日及时令节气的历书,历书是吉祥之书,所以称"瑞历"。
　　[2]繁:多。启:发。蕃:茂盛。
　　[3]见《诗·周颂·天作》。大王:太王,周之先人古公亶父。荒:开荒。这一句引用《诗经》里的话,说太王开荒山,文王继之,旨在说明吉凶由人不由天。

　　天不为人之恶寒也辍冬,地不为人之恶辽远也辍广,君子不为小人之匈匈也辍行[1]。天有常道矣,地有常数矣,君子有常体矣[2]。君子道其常而小人计其功。《诗》曰:"何恤人之言兮[3]?"此之谓也。

注释:

　　[1]匈匈:即汹汹,喧哗的意思。
　　[2]体:体统,规矩。
　　[3]引诗不见于今本《诗经》,是佚诗。恤:忧虑。

楚王后车千乘,非知也;君子啜菽饮水,非愚也,是节然也[1]。若夫心意修,德行厚,知虑明,生于今而志乎古,则是其在我者也。故君子敬其在己者,而不慕其在天者[2];小人错其在己者,而慕其在天者[3]。君子敬其在己者,而不慕其在天者,是以日进也;小人错其在己者,而慕其在天者,是以日退也。故君子之所以日进与小人之所以日退,一也。君子、小人之所以相县者,在此耳!

注释:

[1]后车千乘:跟随车辆成百上千,形容楚王奢华。啜菽饮水:以豆为食喝冷水,形容君子生活清苦。节:节制,指时势、命运的制约。

[2]在天者:指富贵。《论语·颜渊》:"死生有命,富贵在天。"

[3]错:通"措",搁置。言小人放弃努力,一心想上天所赐。

星队、木鸣,国人皆恐[1],曰:是何也?曰:无何也。是天地之变、阴阳之化、物之罕至者也。怪之可也,而畏之非也。夫日月之有蚀,风雨之不时,怪星之党见,是无世而不常有之[2]。上明而政平,则是虽并世起,无伤也;上闇而政险,则是虽无一至者,无益也。夫星之队、木之鸣,是天地之变、阴阳之化、物之罕至者也。怪之,可也;而畏之,非也。

注释:

[1]队:"坠"的古字。木鸣:言社树发出鸣声。

[2]怪星:指扫帚星之类。党:通"傥",或,这里是偶然的意思。

物之已至者,人祆则可畏也。楛耕伤稼,枯耘伤岁,政险失民,田秽稼恶,籴贵民饥,道路有死人,夫是之谓人祆[1];政令不明,举错不时,本事不理,夫是之谓人祅[2];礼义不修,内外无别,男女淫乱,则父子相疑,上下乖离,寇难并至,夫是之谓人祅。祅是生于乱,三者错,无安国,其说甚迩,其菑甚惨[3]。勉力不时,则牛马相生,六畜作祅。可怪也,而不可畏也。传曰:"万物之怪,书不说。无用之辩,不急之察,弃而不治。"若夫君臣之义,父子之亲,夫妇之别,则日切瑳而不舍也。

注释:

[1]楛耕:农活粗糙不精。枯耘:与"楛耕"义同。
[2]举错不时:举措不合于时。本事:农桑之事。
[3]错:错乱。迩:近,眼前。菑:通"灾"。

雩而雨,何也[1]?曰:无何也,犹不雩而雨也。日月食而救之,天旱而雩,卜筮然后决大事[2],非以为得求也,以文之也[3]。故君子以为文,而百姓以为神。以为文则吉,以为神则凶也。

注释:

[1]雩(yú):古代求雨的一种祭祀。
[2]古人以为日食、月食是"天狗"把日、月吞食了,所以敲盆击鼓来吓跑"天狗"以抢救日、月。卜筮:占卜,古人用占卜来决疑。
[3]文:文饰,这里有君子蒙蔽百姓的意思,所以下句说"君子以为文,而百姓以为神"。

在天者莫明于日月,在地者莫明于水火,在物者莫明于珠玉,在人者莫明于礼义。故日月不高,则光晖不赫;水火不积,则晖润不博;珠玉不睹乎外,则王公不以为宝;礼义不加于国家,则功名不白。故人之命在天,国之命在礼。君人者,隆礼尊贤而王,重法爱民而霸,好利多诈而危,权谋、倾覆、幽险而尽亡矣。

大天而思之,孰与物畜而制之?从天而颂之,孰与制天命而用之?望时而待之,孰与应时而使之?因物而多之,孰与骋能而化之?思物而物之,孰与理物而勿失之也?愿于物之所以生,孰与有物之所以成[1]?故错人而思天,则失万物之情[2]。

注释:

[1]以:通"已"。这两句意思是"掌握万物成长的规律"。
[2]错:通"措",搁置。失:违背,背离。万物之情:万物的实情。

百王之无变,足以为道贯[1]。一废一起,应之以贯。理贯不乱。不知贯,不知应变。贯之大体未尝亡也。乱生其差,治尽其详。故道之所善,中,则可从;畸,则不可为;匿,则大惑[2]。水行者表深,表不明则陷;治民者表道,表不明则乱。礼者,表也。非礼,昏世也;昏世,大乱也。故道无不明,外内异表,隐显有常,民陷乃去。

注释:

[1]贯:贯穿铜钱的绳索叫贯,引申为贯通古今的常规,这里的道,指礼义而言。
[2]中:不偏不倚。畸:不正。匿:通"慝",差错。

万物为道一偏,一物为万物一偏。愚者为一物一偏,而自以为知道,无知也[1]。慎子有见于后,无见于先[2];老子有见于诎,无见于信[3];墨子有见于齐,无见于畸[4];宋子有见于少,无见于多[5]。有后而无先,则群众无门;有诎而无信,则贵贱不分;有齐而无畸,则政令不施;有少而无多,则群众不化。《书》曰:"无有作好,遵王之道;

无有作恶,遵王之路。"此之谓也[6]。

注释:

[1]古人认为道是产生万物的总根源,所以万物为道一偏。偏:部分。

[2]慎子:慎到。后:指在后服从。先:指在前引导。慎子"蔽于法而不知贤",他只知道服从势,只是"上则取听于上,下则取从于俗",而不知道任用贤人,所以荀子说他"有见于后,无见于先",则群众无所适从(群众无门)。

[3]老子:即老聃。诎:同"屈",弯曲,指抑退、忍让。信:通"伸",伸直,指舒展抱负积极进取。老子主张虚静无为,"不敢为天下先","直而不肆",以柔胜刚。所以说他"有见于诎,无见于信"。

[4]墨子:即墨翟。畸:不齐,指等级差别。墨子提倡"尚同"、"兼爱"而"僈差等",主张平等而反对等级差别,所以说他"有见于齐,无见于畸"。

[5]宋子:即宋钘。少:指欲望寡少。多:指人多欲望。荀子认为,宋子寡欲,违反人性,无法教化百姓。

[6]见《尚书·洪范》。

解 蔽

"解蔽",解:解释、分析,蔽:蒙蔽,不通达明理。

荀子认为,人有认识客观事物的能力,但是,人容易犯片面性的错误,"凡人之患,蔽于一曲而闇于大理","万物异则莫不相为蔽,此心术之公患也"。荀子提出,解除内心壅蔽不明的方法,在于知"道",知"道"之要,在于内心要"虚壹而静","学者以圣王为师,案以圣王之制为法",这样才能达到"明参日月"的"大清明"的境界,才能正确认识自然规律和治国之道。

凡人之患,蔽于一曲而闇于大理[1]。治则复经,两疑则惑矣[2]。天下无二道,圣人无两心。今诸侯异政,百家异说,则必或是或非,或治或乱。乱国之君,乱家之人,此其诚心莫不求正而以自为也,妒缪于道而人诱其所迨也[3]。私其所积,唯恐闻其恶也;倚其所私,以观异术,唯恐闻其美也[4]。是以与治离走而是己不辍也,岂不蔽于一曲而失正求也哉[5]!心不使焉,则白黑在前而目不见,雷鼓在侧而耳不闻,况于蔽者乎[6]!德道之人,乱国之君非之上,乱家之人非之下,岂不哀哉[7]!

注释:

[1]蔽:壅蔽,不通达明理,蔽于一隅。闇:不明。

[2]复经:复于经,言归于大道。两疑:指有与"大理"相对的"一曲"之说,"大理"与"一曲"之说是为两疑。

[3]妒缪:迷惑,言乱君、乱人虽然求正理,然而被人投其所好而误导之。妒:同"妒"。迨:近,喜好。

[4]私:偏爱。唯恐:害怕,这里有不愿面对的意思。异术:不同的学术思想。这两句说,这些人虽有求正理之心,但蔽于自己所知,对于"异术"视而不见,听而不闻,即后文所说"蔽于一曲而失正求",不见白黑,不闻雷鼓。

[5]离走:离正道而走,言方向相反。是己:自以为是。辍:停止。

[6]不使:不用于(正道)。

[7]德:通"得"。

故为蔽[1]:欲为蔽,恶为蔽,始为蔽,终为蔽,远为蔽,近为蔽,博为蔽,浅为蔽,古为蔽,今为蔽。凡万物异则莫不相为蔽,此心术之公患也[2]。

《荀子》

注释：

[1]故：犹"胡"，何。
[2]相为蔽：交互造成蒙蔽（隔膜）。心术：内心认识事物的途径方法。

昔人君之蔽者，夏桀、殷纣是也。桀蔽于末喜、斯观，而不知关龙逢，以惑其心而乱其行[1]；纣蔽于妲己、飞廉，而不知微子启，以惑其心而乱其行[2]。故群臣去忠而事私，百姓怨非而不用，贤良退处而隐逃，此其所以丧九牧之地，而虚宗庙之国也[3]。桀死于鬲山，纣县于赤斾，身不先知，人又莫之谏，此蔽塞之祸也[4]。成汤监于夏桀，故主其心而慎治之，是以能长用伊尹而身不失道，此其所以代夏王而受九有也[5]。文王监于殷纣，故主其心而慎治之，是以能长用吕望而身不失道，此其所以代殷王而受九牧也[6]。远方莫不致其珍，故目视备色，耳听备声，口食备味，形居备宫，名受备号，生则天下歌，死则四海哭，夫是之谓至盛。诗曰："凤凰秋秋，其翼若干，其声若箫。有凤有凰，乐帝之心[7]。"此不蔽之福也。

注释：

[1]末喜：夏桀之妃。斯观：桀的佞臣。关龙逢：夏桀的忠臣。
[2]飞廉：纣王的佞臣。微子启：纣王庶兄，忠臣。
[3]九牧：指九州。虚宗庙之国：使国都成为废墟，指失去政权。虚：同"墟"。
[4]鬲山：即历山，又称历阳山，在今安徽和县西北，相传桀被流放于此。县：悬挂。赤斾：红色旗帜。周武王斩下纣头，悬之红旗。
[5]监：同"鉴"，借鉴，吸取教训。主其心：主宰、支配自己的思想，指自己拿定主意而不被奸臣所迷惑。伊尹：商汤的相。九有：九州。
[6]吕望：即姜子牙，名尚，吕氏，文王尊为"太公望"，故又称吕望。
[7]不见于今本《诗经》，是佚诗。秋秋：飞翔的样子。干：盾牌，言凤凰翅膀

飞行有力。

昔人臣之蔽者，唐鞅、奚齐是也[1]。唐鞅蔽于欲权而逐载子，奚齐蔽于欲国而罪申生，唐鞅戮于宋，奚齐戮于晋[2]。逐贤相而罪孝兄，身为刑戮，然而不知，此蔽塞之祸也。故以贪鄙、背叛、争权而不危辱灭亡者，自古及今，未尝有之也。鲍叔、宁戚、隰朋仁知且不蔽，故能持管仲而名利福禄与管仲齐[3]；召公、吕望仁知且不蔽，故能持周公而名利福禄与周公齐。传曰[4]："知贤之谓明，辅贤之谓能，勉之强之，其福必长。"此之谓也。此不蔽之福也。

注释：

[1]唐鞅：战国时宋康王的臣子，后被宋康王所杀。奚齐：晋献公的宠妃骊姬的儿子。

[2]载子：即"戴子"，指戴驩（huān），他曾任宋国太宰，后来被唐鞅驱逐而逃往齐国。申生：晋献公的太子，奚齐的异母兄。骊姬为了使奚齐继承君位，就在晋献公面前说申生的坏话，迫使申生自杀。献公一死，奚齐为继承人，但奚齐后被晋国大夫里克所杀。

[3]鲍叔、宁戚、隰朋：都是齐桓公的大臣。

[4]传：指古书。

昔宾孟之蔽者，乱家是也[1]。墨子蔽于用而不知文，宋子蔽于欲而不知得，慎子蔽于法而不知贤，申子蔽于埶而不知知，惠子蔽于辞而不知实，庄子蔽于天而不知人[2]。故由用谓之道，尽利矣[3]；由欲谓之道，尽嗛矣[4]；由法谓之道，尽数矣[5]；由埶谓之道，尽便矣；由辞谓之道，尽论矣；由天谓之道，尽因矣[6]。此数具者，皆道之一隅也。夫道者，体常而尽变，一隅不足以举之。曲知之人，观于道之一隅而未之能识也，故以为足而饰之，内以自乱，外以惑人，上以蔽下,下以蔽上,此蔽塞之祸也[7]。孔子仁知且不蔽,故学乱术足以为先王者也[8]。一家得周道,举而用之,不蔽于成积也[9]。故德与周公齐,名与三王并,此不蔽之福也。

注释:

[1]宾孟:对战国时往来于各诸侯国之间的游士的一种称呼。家:即百家之"家",指学派。

[2]墨子主张节用,反对礼乐等,故荀子说墨子不知文。宋子(宋钘)主张寡欲,反对个人欲望。慎子(慎到)、申子(申不害)主张法治、势(埶)治而不知用贤智。惠子(惠施)重视虚词而不知实际。庄子任自然而不知人。

[3]利:功利。此句言墨子以节用为道,节用实乃"道之一隅"。以下几句言诸子之道均是"道之一隅"。

[4]嗛:通"慊(qiè)",满足,指欲望少而知足,言宋子不知人是有欲望的。

[5]数:理,指法治规章。

[6]因:顺,指顺应自然。

[7]曲知:认识不全面。足:足够,指自己的主张近于道。饰:通"饬",整治,指研究。

[8]学乱术:指孔子无常师而无处不学,言孔子博学。乱:杂。

[9]一家:一派,指孔子一派。周道:周之大道,周礼。

圣人知心术之患,见蔽塞之祸,故无欲无恶,无始无终,无近无远,无博无浅,无古无今,兼陈万物而中县衡焉[1]。是故众异不得相蔽以乱其伦也[2]。何谓衡?曰:道。故心不可以不知道;心不知道,则不可道而可非道[3]。人孰欲得恣而守其所不可,以禁其所可?以其不可道之心取人,则必合于不道人,而不知合于道人[4]。以其不可道之心,与不道人论道人,乱之本也。夫何以知?曰:心知道,然后可道;可道,然后能守道以禁非道。以其可道之心取人,则合于道人,而不合于不道之人矣。以其可道之心,与道人论非道,治之要也。何患不知？故治之要在于知道。

注释：

[1]欲：善。衡：秤，指标准。县衡：挂秤，指用一定的标准进行权衡。
[2]异：差异，指偏于一端的对立面。伦：条理。
[3]可：认可。
[4]道人：体道之人。荀子的道，主要指儒家礼仪之道。

人何以知道？曰：心。心何以知？曰：虚壹而静[1]。心未尝不臧也，然而有所谓虚[2]；心未尝不两也，然而有所谓一[3]；心未尝不动也，然而有所谓静。人生而有知，知而有志，志也者，臧也，然而有所谓虚，不以所已臧害所将受，谓之虚。心生而有知，知而有异，异也者，同时兼知之。同时兼知之，两也，然而有所谓一，不以夫一害此一谓之壹[4]。心，卧则梦，偷则自行，使之则谋[5]。故心未尝不动也，然而有所谓静，不以梦剧乱知谓之静[6]。未得道而求道者，谓之虚壹而静。作之，则将须道者之虚则入，将事道者之壹则尽，尽将思道者静则察[7]。知道察，知道行，体道者也。虚壹而静，谓之大清明。万物莫形而不见，莫见而不论，莫论而失位。坐于室而见四海，处于今而论久远，疏观万物而知其情，参稽治乱而通其度，经纬天地而材官万物，制割大理而宇宙里矣[8]。恢恢广广，孰知其极？睪睪广广[9]，孰知其德？涫涫纷纷，孰知其形[10]？明参日月，大满八极，夫是之谓大人[11]。夫恶有蔽矣哉！

注释：

[1]虚壹：意思是内心谦虚，能接受他物，兼容他物。静：心不乱。
[2]臧：通"藏"。
[3]两：同时兼知。

[4]夫:彼。这一句说,要有兼容之心,谓之"壹"。

[5]偷:苟且。自行:言放纵自己。谋:谋虑。

[6]剧:烦杂,指胡思乱想。

[7]这一句解释求道者"虚壹而静"的功效。虚则能入,才能兼知,壹才能尽心于道,静才能洞察万物。将:语助词。须:等待,企求。道者:求道者。之:至。

[8]材官:尽物所能,谓区别各物的特性而加以利用,使物尽其能。制割:裁断。宇宙里:宇宙在心中,即认识了宇宙。

[9]睪(hào)睪:通"浩浩",广大的样子。

[10]涫(guàn)涫:通"滚滚",水沸腾的样子,形容极其活跃、千变万化。

[11]明参日月:和日月一样光明。参:并。八极:八方。

心者,形之君也,而神明之主也,出令而无所受令。自禁也,自使也,自夺也,自取也,自行也,自止也。故口可劫而使墨云,形可劫而使诎申,心不可劫而使易意,是之则受,非之则辞[1]。故曰:心容,其择也无禁,必自见,其物也杂博,其情之至也不贰[2]。诗云:"采采卷耳,不盈倾筐。嗟我怀人,寘彼周行[3]。"倾筐易满也,卷耳易得也,然而不可以贰周行。故曰:心枝则无知,倾则不精,贰则疑惑[4]。以赞稽之,万物可兼知也[5]。身尽其故则美,类不可两也,故知者择一而壹焉[6]。

注释:

[1]这一句说,外力可以劫持口或默或言,形体或屈或申,但心不可被劫持。劫:劫持。墨:同"默"。云:言。辞:拒绝。

[2]心容:心容受万物。自见:言心意有所壹。

[3]见《诗·周南·卷耳》。卷耳:又名"苍耳",菊科一年生草本植物,嫩苗可食。顷筐:一种类以畚箕的斜口筐。不盈顷筐:言采卷耳者心不在于采摘。寘彼周行:指无心采摘卷耳而把筐子放在路上。

[4]枝:分枝,言不专一。

[5]赞:助。稽:考核。
[6]故:事。类不可两:物有类,道则一,即"天下无二道"。

农精于田而不可以为田师,贾精于市而不可以为市师,工精于器而不可以为器师[1]。有人也,不能此三技,而可使治三官,曰:精于道者也,非精于物者也。精于物者以物物,精于道者兼物物[2]。故君子壹于道而以赞稽物。壹于道则正,以赞稽物则察,以正志行察论,则万物官矣[3]。

注释:

[1]田师、市师、器师:管理农业、市场、器具制造的官吏。
[2]物物:役使(管理)一物。兼:兼治。
[3]正志:"壹于道"之志。行察:即"以赞稽物",稽核万物。官:各当其任。

昔者舜之治天下也,不以事诏而万物成[1]。处一之危,其荣满侧;养一之微,荣矣而未知[2]。故《道经》曰:"人心之危,道心之微[3]。"危微之几,惟明君子而后能知之[4]。故人心譬如槃水,正错而勿动,则湛浊在下而清明在上,则足以见鬚眉而察理矣[5]。微风过之,湛浊动乎下,清明乱于上,则不可以得大形之正也。心亦如是矣。故导之以理,养之以清,物莫之倾,则足以定是非、决嫌疑矣[6]。小物引之则其正外易,其心内倾,则不足以决庶理矣。故好书者众矣,而仓颉独传者,壹也;好稼者众矣,而后稷独传者,壹也;好乐者众矣,而夔独传者,壹也[7];好义者众矣,而舜独传者,壹也。倕作弓,浮游作矢,而羿精于射[8];奚仲作车,乘杜作乘马,而造父精于御[9]。自古及今,未尝有两而能精者也。曾子曰:"是其庭可以搏鼠,恶能与我歌矣[10]!"

注释:

[1]不以事诏:指舜掌握了道而任用贤人,不亲自管理具体事务。

[2]一:专一,指专心于道。危:戒惧,言能戒惧,能兢兢业业。养一之微:指品德修养而言,它不容易被人感知,故曰"荣矣而未知"。

[3]《道经》:古代论述道的经典。引文又见于今传伪古文《尚书·大禹谟》,个别字句稍有不同。危:危险,言人心因为私欲而偏离正道,所以危险。微:幽深,看不清。

[4]几:隐微的苗头或预兆。

[5]槃水:盘中之水。槃:通"盘"。错:放置。湛(chén):通"沉",指沉淀的泥渣。

[6]大形:人的形体。倾:倒,改变。

[7]夔:尧、舜时的乐官,相传他奏乐能使鸟兽起舞。

[8]倕(chuí):尧、舜时的巧匠。传说他始造耒耜、规矩、准绳。浮游:黄帝时人,传说他创造了箭。

[9]奚仲:夏禹时掌管车服的官,相传他善于造车。乘杜:即相土,是商朝祖先契的孙子,发明了"乘马",所以称为"乘杜"。造父:周穆王的车夫,善于驾驭车马。

[10]曾子这句话的意思是,唱歌时要专心致志,不可三心二意,想着用打拍子的小棍打老鼠。是:通"睼(tí)",视。庭:通"筳(tíng)",唱歌时用来击节(打拍子)的小棍。

空石之中有人焉,其名曰觙,其为人也,善射以好思[1]。耳目之欲接则败其思,蚊虻之声闻则挫其精,是以辟耳目之欲,而远蚊虻之声,闲居静思则通[2]。思仁若是,可谓微乎?孟子恶败而出妻,可谓能自强矣[3];有子恶卧而焠掌,可谓能自忍矣,未及好也[4]。辟耳目之欲,可谓能自强矣,未及思也。蚊虻之声闻则挫其精,可谓危矣,未可谓微也。夫微者,至人也[5]。至人也,何强,何忍,何危?故浊明外景,清明内景[6]。圣人纵其欲,兼其情,而制焉者理矣[7]。夫何强,何忍,何危?故仁者之行道也,无为也[8];圣人之行道也,无强也。仁者之思也恭,圣者之思也乐。此治心之道也。

注释:

[1]空石:空穴。般:人名,不详。射:射覆,猜谜。
[2]欲:欲望。挫:扰乱,挫败。精:精神。辟:通"避",屏除。
[3]孟子:即孟轲。败:败坏(自己的名声)。出妻:休妻。
[4]有子:即有若,孔子的学生。卧:卧床,指打瞌睡。焠掌:用火烧灼手掌。这是形容有子夜以继日,刻苦读书。焠:烧灼。
[5]至人:惟精惟一如舜之人。
[6]浊明:明道不纯。景:光色。外景:在外表露出光彩。清明:明道而纯。清明内景:清明的人(至人)只在内部有所反映。
[7]兼:全,尽。制:控制。这一句说圣人纵情欲而以理制之。
[8]无为:无所作为,此指顺应自然,不勉强。

凡观物有疑,中心不定,则外物不清;吾虑不清,未可定然否也。冥冥而行者,见寝石以为伏虎也,见植林以为后人也,冥冥蔽其明也[1]。醉者越百步之沟,以为蹞步之浍也,俯而出城门,以为小之闺也,酒乱其神也[2]。厌目而视者,视一为两;掩耳而听者,听漠漠而以为哅哅,势乱其官也[3]。故从山上望牛者若羊,而求羊者不下牵也,远蔽其大也;从山下望木者,十仞之木若箸,而求箸者不上折也,高蔽其长也[4]。水动而景摇,人不以定美恶,水势玄也[5]。瞽者仰视而不见星,人不以定有无,用精惑也[6]。有人焉以此时定物,则世之愚者也。彼愚者之定物,以疑决疑,决必不当。夫苟不当,安能无过乎?

注释:

[1]冥冥:不明亮。后:作"從"(从),形近而误。
[2]蹞(kuǐ)步:同"跬步"。跬,半步。浍(kuài):小沟。闺:小门。
[3]厌:用手指按捺。漠漠:形容没有声音。哅哅:喧闹声。官:司主。
[4]仞:古代一仞为七尺。箸:筷子。
[5]玄:通"眩",眼花,看不清楚。
[6]精:通"睛",眼睛,视力。惑:迷乱。

夏首之南有人焉,曰涓蜀梁,其为人也,愚而善畏[1]。明月而宵行,俯见其影,以为伏鬼也,卬视其发,以为立魅也,背而走,比至其家,失气而死,岂不哀哉[2]!凡人之有鬼也,必以其感忽之间、疑玄之时正之[3]。此人之所以无有而有无之时也,而已以正事[4]。故伤于湿而击鼓鼓痹,则必有敝鼓丧豚之费矣,而未有俞疾之福也[5]。故虽不在夏首之南,则无以异矣。

注释:

[1]夏首:地名,即夏水分长江水的口子,因它是夏水之头,故名夏首,故址在今湖北沙市东南。涓蜀梁:人名。
[2]卬:同"仰",抬头。
[3]感忽:恍惚,指神志不清。疑玄:迷惑,迷乱。正:定,定其心而无疑。
[4]无有:以有为无。有无:以无为有。已:停止。正事:犹正理、正道。
[5]痹:由寒、湿等引起的肢体疼痛或麻木的病。敝鼓丧豚之费:破鼓杀猪祀鬼神求愈疾之花费。这一句是说,求神灵治病不得其法,比喻不可得也。俞:通"愈",病愈。

凡以知,人之性也;可以知,物之理也。以可以知人之性,求可以知物之理而无所疑止之,则没世穷年不能遍也[1]。其所以贯理焉虽亿万,已不足浃万物之变,与愚者若一[2]。学,老身长子而与愚者若一,犹不知错,夫是之谓妄人[3]。故学也者,固学止之也。恶乎止之?曰:止诸至足。曷谓至足?曰:圣王也。圣也者,尽伦者也;王也者,尽制者也。两尽者,足以为天下极矣。故学者以圣王为师,案以圣王之制为法,法其法,以求其统类,以务象效其人[4]。向是而务,士也;类是而几,君子也[5];知之,圣人也。故有知非以虑是,则谓之惧[6];有勇非以持是,则谓之贼;察孰非以分是,则谓之篡;多能非以修荡是,则谓之知;辩利非以言是,则谓之讪[7]。传曰:"天下有二:非察是,是察非。"谓合王制不合王制也。天下有不以是为隆正也,然而犹有能分是非治曲直者邪?若夫非分是非,非治曲直,非辨治乱,非治人道,虽能之无益于人,不能无损于人。案直将治怪说,玩奇辞,以相挠滑也[8];案强钳而利口,厚颜而忍诟,无正而恣睢,妄辨而几利[9];不好辞让,不敬礼节,而好相推挤,此乱世奸人之说也,则天下之治说者方多然矣[10]。传曰"析辞而为察,言物而为辨,君子贱之。博闻强志,不合王制,君子贱之。"此之谓也。

注释:

[1]疑止:定止,停止。

[2]贯:学习。浃(jiā):本义为湿透,引申为周遍,通透。

[3]老身长子:身已老,子已长,意指终身。错:通"措",搁置,放弃。妄人:愚妄之人。

[4]统类:法纪大纲,指礼法。象效:效法。其人:圣王。

[5]几:接近。

[6]是:指圣王之制,以下四句中的"是"同义。惧:同"攫",攫取。

[7]贼:害。篡:改变。修荡:涤荡。知:智巧。讪:多言。这五句是说,智、勇、察、能、辨,必用于圣王之制才可以,否则就是攫、贼、篡、知、讪。

[8]案:语助词。直:只,不过。挠:扰。滑(gǔ):乱。

[9]强钳:强行钳制,恶行。忍诟:忍受耻辱。几:通"冀"、"觊",希望得到。
[10]治说者:指墨子、庄子、申子、惠子等人。

  为之无益于成也,求之无益于得也,忧戚之无益于几也,则广焉能弃之矣[1]。不以自妨也,不少顷干之胸中[2]。不慕往,不闵来,无邑怜之心,当时则动,物至而应,事起而辨,治乱可否,昭然明矣[3]。

注释:

[1]几:事之微者。广焉:广泛地。
[2]自妨:妨碍自己,干扰自己。少顷:短时间。干之胸中:干扰内心。
[3]闵:忧闵。邑:通"悒",愁闷不安。辨:通"辦",治理。

  周而成,泄而败,明君无之有也[1]。宣而成,隐而败,闇君无之有也[2]。故君人者,周则谗言至矣,直言反矣,小人迩而君子远矣[3]!诗云:"墨以为明,狐狸而苍[4]。"此言上幽而下险也。君人者,宣则直言至矣,而谗言反矣,君子迩而小人远矣!诗云:"明明在下,赫赫在上[5]。"此言上明而下化也。

注释:

[1]周:周密,言不明示昭告。无之有:无有,没有。
[2]宣:昭告,明示。闇:暗昧不明。
[3]反:通"返",回去。
[4]佚诗,不见于今本《诗经》。这一句说,以暗为明,以黄为苍,指颠倒黑白之事。
[5]引诗见《诗·大雅·大明》。赫赫:显著盛大的样子。

《墨　子》

墨子(约公元前468—前376),姓墨,名翟,鲁国人,是先秦继孔子之后第二个影响很大的哲学家、政治家。

墨子出身于下层,其思想代表了小生产者的利益。他早年亲自参加生产劳动,精通机械制造,是一名出色的工匠,对于力学、光学和几何学都有相当丰富的知识。墨子曾受过儒家的教育,"学儒者之业,受孔子之术,以为其礼烦扰而不说,厚葬靡财而贫民,故节财、薄葬、闲服生"(《淮南子·要略》),与儒家分道扬镳,开创了墨家学派。

墨家学派是一个有组织、有纪律的民间社团。这个社团的首领称为"钜子",墨子是这个社团的第一代"钜子"。他们对自身要求很严,生活很艰苦。墨子为了实现自己的主张,"游楚"、"使卫"、"救宋",在列国间奔波,扶弱抗强,制止战争。

墨子的思想包括:主张兼爱,"兼相爱、交相利",反对儒家的爱有差等(见《兼爱》);因为兼爱,所以反对一切不义的战争(见《非攻》);提倡尚贤,反对世袭,主张"官无常贵而民无终贱,有能则举之,无能则下之"(见《尚贤》);主张尚同,"天子唯能壹同天下之义,是以天下治也";认为天是有意志的,相信鬼神,"察仁义之本,天之意不可不顺也。顺天之意者,义之法也",反对儒家的不事鬼神;反对天命论,不承认命有定,"夫安危治乱,存乎上为政也,则夫岂可谓有命哉?"(见《非命》);提倡节葬节用,反对儒家的厚葬,"去无用之费,圣王之道,天下之大利也"(《节用》);用非乐反对儒家的礼乐,把矛头指向上层贵族。

后人评墨家,肯定了兼爱、节用等思想的价值,同时也指出了其中的不足。孟子评墨家说:"墨子兼爱,摩顶放踵利天下,为之。"(《孟子·尽心上》)《庄子·天下》篇评墨家"不侈于后世,不靡于万物,不晖于数度,以绳墨自矫,而备世之急",又说"腓无胈,胫无毛……使后世之墨者,多以裘褐为衣,以跂蹻为服,日夜不休,以自苦为极",然而,"其行难为也,恐其不可以为圣人之道,反天下之心,天下不堪"。荀子说:"墨子蔽于用而不知文。"(《荀子·解蔽》)司马谈说:"墨者俭而难遵,是以其事不可遍循;然其强本节用,不可废也。"(《论六家要旨》)

《墨子》一书是墨子的弟子们根据墨子平日讲学内容编纂而成,《汉书·艺文志》著录有71篇,今存15卷53篇。各篇写作时间不一,作者也非一人。

《墨子》主要注本有:清代孙诒让《墨子闲诂》、近代吴毓江《墨子校注》等。

墨子文章质朴,议论反复,较少文采,但逻辑性很强。

尚贤上

《尚贤》分上中下三篇。"尚贤",以贤德为上,尊贤。

上篇主要探讨尚贤对国家的重要性。墨子提出尚贤乃为政之本,主张统治者打破等级界限,从各阶层中选拔真才实学之人,发出"官无常贵而民无终贱,有能则举之,无能则下之"的时代强音。在阶级等级森严的时代,墨子的呐喊,确实不同凡响。

子墨子言曰:今者王公大人为政于国家者,皆欲国家之富,人民之众,刑政之治。然而不得富而得贫,不得众而得寡,不得治而得乱,则是本失其所欲,得其所恶,是其故何也?

子墨子言曰:是在王公大人为政于国家者,不能以尚贤事能为政也。是故国有贤良之士众,则国家之治厚;贤良之士寡,则国家之治薄。故大人之务,将在于众贤而已。

曰:然则众贤之术将奈何哉?

子墨子言曰:譬若欲众其国之善射御之士者,必将富之贵之,敬之誉之,然后国之善射御之士,将可得而众也。况又有贤良之士,厚乎德行,辩乎言谈,博乎道术者乎!此固国家之珍而社稷之佐也,亦必且富之贵之,敬之誉之,然后国之良士,亦将可得而众也。

是故古者圣王之为政也,言曰:"不义不富,不义不贵,不义不亲,不义不近。"是以国之富贵人闻之,皆退而谋曰:"始我所恃者,富贵也。今上举义不辟贫贱,然则我不可不为义[1]。"亲者闻之,亦退而谋曰:"始我所恃者,亲也。今上举义不辟疏,然则我不可不为义。"近者闻之,亦退而谋曰:"始我所恃者,近也。今上举义不辟远,然则我不可不为义。"远者闻之,亦退而谋曰:"我始以远为无恃,今上举义不辟远,然则我不可不为义。"逮至远鄙郊外之臣、门庭庶子、国中之众、四鄙之萌人,闻之皆竞为义[2]。是其故何也?曰:上之所以使下者,一物也;下之所以事上者,一术也[3]。譬之富者,有高墙深宫,墙立既,谨上为凿一门,有盗人入,阖其自入而求之,盗其无自出[4]。是其故何也?则上得要也。

注释:

[1]辟:通"避"。
[2]庶子:此指诸侯之同族与卿大夫之子。萌人:民人。
[3]一物:指义。"一术"义同。
[4]谨:通"仅"。阖:关闭。

故古者圣王之为政,列德而尚贤。虽在农与工肆之人,有能则举之。高予之爵,重予之禄,任之以事,断予之令[1]。曰:爵位不高,则民弗敬;蓄禄不厚,则民不信;政令不断,则民不畏。举三者授之贤者,非为贤赐也,欲其事之成。故当是时,以德就列,以官服事,以劳殿赏,量功而分禄[2]。故官无常贵而民无终贱,有能则举之,无能则下之。举公义,辟私怨,此若言之谓也。

注释:

[1]高予之爵:即"予之高爵"。断:判断,指法令的裁定。
[2]以德就列:按照德才以就其位。殿:定。

故古者尧举舜于服泽之阳,授之政,天下平[1]。禹举益于阴方之中,授之政,九州成[2]。汤举伊尹于庖厨之中,授之政,其谋得。文王举闳夭、泰颠于置罔之中,授之政,西土服[3]。故当是时,虽在于厚禄尊位之臣,莫不敬惧而施[4];虽在农与工肆之人,莫不竞劝而尚意[5]。故士者,所以为辅相承嗣也。故得士则谋不困,体不劳,名立而功成,美章而恶不生,则由得士也[6]。

是故子墨子言曰:得意,贤士不可不举;不得意,贤士不可不举。尚欲祖述尧舜禹汤之道,将不可以不尚贤。夫尚贤者,政之本也。

注释：

[1]服泽：古地名，不详。
[2]益：伯益，舜的臣子。阴方：古地名，不详。
[3]闳夭、泰颠：周文王臣子。罝(jū)：捕兽的网。西土：西方。
[4]施：通"惕"。
[5]尚意：尚德。
[6]章：通"彰"。

兼爱上

《兼爱》分上中下篇。

墨子认为，仁人要"兴天下之利，除天下之害"，就要实行"兼爱"。所谓兼爱，就是没有等级差别和亲疏远近的爱，就是"视人之国，若视其国；视人之家，若视其家；视人之身，若视其身"。这一点和儒家的"仁爱"是不同的。儒家的"仁爱"是有差等的，由爱自己父母亲人，推及爱别人的父母亲人，这种爱是有远近亲疏之分的。

本篇墨子指出，天下之乱的根由是人不相爱，不相爱导致亏人自利，因此提出要劝人相爱，"天下兼相爱则治"。文章议论透彻，文风质朴。

圣人以治天下为事者也，必知乱之所自起，焉能治之[1]；不知乱之所自起，则不能治。譬之如医之攻人之疾者然，必知疾之所自起，焉能攻之[2]；不知疾之所自起，则弗能攻。治乱者何独不然，必知乱之所自起，焉能治之；不知乱之所自起，则弗能治。

圣人以治天下为事者也，不可不察乱之所自起。当察乱何自起？起不相爱。臣子之不孝君父，所谓乱也。子自爱不爱父，故亏父而自利；弟自爱不爱兄，故亏兄而自利；臣自爱不爱君，故亏君而自利，此所谓乱也。虽父之不慈子，兄之不慈弟，君之不慈臣，此亦天下之所谓乱也。父自爱也不爱子，故亏子而自利；兄自爱也不爱弟，故亏弟而自利；君自爱也不爱臣，故亏臣而自利。是何也？皆起不相爱。虽至天下之为盗贼者亦然，盗爱其室不爱其异室，故窃异室以利其室；贼爱其身不爱人，故贼人以利其身[3]。此何也？皆起不相爱。虽至大夫之相乱家，诸侯之相攻国者亦然。大夫各爱其家，不爱异家，故乱异家以利其家；诸侯各爱其国，不爱异国，故攻异国以利其国，天下之乱物具此而已矣[4]。察此何自起？皆起不相爱。

注释：

[1]焉：乃，才。
[2]攻：治。然：相似，一样。
[3]贼人：伤害别人。
[4]乱物：乱事之义。具：同"俱"。具此，尽此。

若使天下兼相爱，爱人若爱其身，犹有不孝者乎？视父兄与君若其身，恶施不孝[1]？犹有不慈者乎？视弟子与臣若其身，恶施不慈？故不孝不慈亡有，犹有盗贼乎？故视人之室若其室，谁窃？视人身若其身，谁贼？故盗贼亡有。犹有大夫之相乱家、诸侯之相攻国者乎？视人家若其家，谁乱？视人国若其国，谁攻？故大夫之相乱家、诸侯之相攻国者亡有。若使天下兼相爱，国与国不相攻，家与家不相乱，盗贼无有，君臣父子皆能孝慈，若此则天下治。故圣人以治天下为事者，恶得不禁恶而劝爱[2]？故天下兼相爱则治，交相恶则乱。故子墨子曰：不可以不劝爱人者，此也。

注释：

［1］恶（wū）：何。施：行。
［2］第一个"恶"，疑问代词，作"何"解；第二个"恶"，名词，仇恨。

兼爱中

本篇墨子提出要"兼相爱交相利"，关键是为政者的提倡与施行。墨子的"兼爱"，是没有差等的爱，"交相利"则是"爱人者，人亦从而爱之，利人者，人亦从而利之"，是一种功利主义的学说，这一点和儒家的重义轻利有所不同。

子墨子言曰：仁人之所以为事者，必兴天下之利，除去天下之害，以此为事者也。然则天下之利何也？天下之害何也？子墨子言曰：今若国之与国之相攻，家之与家之相篡，人之与人之相贼，君臣不惠忠，父子不慈孝，兄弟不和调，此则天下之害也[1]。

注释：

［1］篡：夺取。惠忠：君惠臣忠。慈孝：父慈子孝。

然则察此害亦何用生哉，以相爱生邪？子墨子言：以不相爱生。今诸侯独知爱其国，不爱人之国，是以不惮举其国，以攻人之国。今家主独知爱其家，而不爱人之家，是以不惮举其家，以篡人之家。今人独知爱其身,不爱人之身,是以不惮举其身,以贼人之身。是故诸侯不相爱,则必野战;家主不相爱,则必相篡;人与人不相爱,则必相贼;君臣不相爱,则不惠忠;父子不相爱,则不慈孝;兄弟不相爱,则不和调。天下之人皆不相爱,强必执弱,众必劫寡,富必侮贫,贵必敖贱,诈必欺愚[1]。凡天下祸篡怨恨,其所以起者,以不相爱生也,是以仁者非之。

注释:

[1]侮:欺负,轻慢。敖:通"傲"。诈:奸诈者。

既以非之,何以易之?子墨子言曰:以兼相爱、交相利之法易之。然则兼相爱、交相利之法将奈何哉?子墨子言:视人之国,若视其国;视人之家,若视其家;视人之身,若视其身。是故诸侯相爱,则不野战;家主相爱,则不相篡;人与人相爱,则不相贼;君臣相爱,则惠忠;父子相爱,则慈孝;兄弟相爱,则和调。天下之人皆相爱,强不执弱,众不劫寡,富不侮贫,贵不敖贱,诈不欺愚。凡天下祸篡怨恨可使毋起者,以相爱生也。是以仁者誉之。

然而今天下之士君子曰:"然,乃若兼则善矣;虽然,天下之难物于故也[1]。"子墨子言曰:天下之士君子,特不识其利、辩其故也。今若夫攻城野战,杀身为名,此天下百姓之所皆难也。若君说之,则士众能为之。况于兼相爱、交相利,则与此异。夫爱人者,人必从而爱之;利人者,人必从而利之;恶人者,人必从而恶之;害人者,人必从而害之。此何难之有?特上弗以为政,士不以为行故也。

注释:

[1]乃若:至于。难物于故:难物即迂故,是重复语,意思是很难做到,言兼爱

之难。于：同"迁"。

昔者晋文公好士之恶衣，故文公之臣，皆牂羊之裘，韦以带剑，练帛之冠，入以见于君，出以践于朝[1]。是其故何也？君说之，故臣为之也。昔者楚灵王好士细要，故灵王之臣，皆以一饭为节，胁息然后带，扶墙然后起[2]。比期年，朝有黧黑之色。是其故何也？君说之，故臣能之也。昔越王句践好士之勇，教驯其臣，和合之，焚舟失火，试其士曰："越国之宝尽在此！"越王亲自鼓其士而进之，士闻鼓音，破碎乱行，蹈火而死者，左右百人有余，越王击金而退之[3]。

注释：

[1]恶衣：粗制衣服。牂(zāng)羊：母羊。韦：熟牛皮。练帛：谓粗疏之丝帛。

[2]细要：细腰。节：节制。胁息：敛缩气息。扶墙然后起：言群臣因为节食细腰，扶墙才能站起。

[3]碎：同"萃"，聚集。破碎乱行：言众多士兵争先向前。

是故子墨子言曰：乃若夫少食、恶衣、杀人而为名，此天下百姓之所皆难也。若苟君说之，则众能为之；况兼相爱、交相利与此异矣！夫爱人者，人亦从而爱之；利人者，人亦从而利之；恶人者，人亦从而恶之；害人者，人亦从而害之。此何难之有焉？特上不以为政而士不以为行故也。

然而今天下之士君子曰："然！乃若兼则善矣；虽然，不可行之物也。譬若挈太山越河、济也。"子墨子言：是非其譬也。夫挈太山而越河、济，可谓毕劫有力矣[1]，自古及今，未有能行之者也；况乎兼相爱交相利则与此异，古者圣王行之。何以知其然？古者禹治天下，西为西河、渔窦，以泄渠、孙、皇之水[2]。北为防、原、泒，注后之邸、嘑池之窦[3]，洒为底柱，凿为龙门，以利燕、代、胡貉与西河之民[4]。东方漏之陆[5]，防孟诸之泽，洒为九浍，以楗东土之水，以利冀州之民[6]。南为江、汉、淮、汝，东流之，注五湖之处，以利荆楚、干越与南夷之民[7]。此言禹之事，吾今行兼矣[8]。昔者文王之治西土，若日若月，乍光于四方，于西土。不为大国侮小国，不为众庶侮鳏寡，不为暴势夺穑人黍稷狗彘。天屑临文王慈，是以老而无子者，有所得终其寿[9]；连独无兄弟者，有所杂于生人之间，少失其父母者，有所放依而长[10]。此文王之事，则吾今行兼矣。昔者武王将事泰山，隧传曰："泰山，有道曾孙周王有事[11]。大事既获，仁人尚作，以祗商、夏、蛮夷丑貉[12]。虽有周亲，不若仁人。万方有罪，维予一人。"此言武王之事，吾今行兼矣。

是故子墨子言曰：今天下之君子，忠实欲天下之富，而恶其贫；欲天下之治，而恶其乱，当兼相爱、交相利。此圣王之法，天下之治道也，不可不务为也。

注释：

[1]毕劫：敏捷强劲。

[2]西河：在今山西陕西之界。渔窦：渔，"滹"字之误。滹窦，即滹水，源出山西，东流入海。渠、孙、皇：水名，皆在西河滹水流域。

[3]防、原、泒（gū）：水名。后之邸：水名，在今山西太原祁县东。嘑池之窦：漳沱河。

[4]底柱：底柱山，在今山西平陆县东五十里三门山东。代：代国，商周诸侯之一。胡貉：北方民族的泛称。

[5]方："为"字之误。漏之陆：言水漏而为陆地。

[6]孟诸之泽：在今山东虞城西北四十里。洒：分。洒为九浍：分为九河。楗：限。

[7]五湖：太湖。干越：吴越。南夷：南方少数民族。

[8]此言禹之事，吾今行兼矣：这说的是大禹的事，我们今天（也）实行兼爱。

[9]屑：顾。
[10]独：无子女者。杂：夹杂，言共养。放依：傍依。
[11]隧：掘地通路之意。有道曾孙：言自己有道，祭祀山川祈福，自称曾孙。
[12]祗：拯救。蛮夷丑貉：泛指四方少数民族。

非攻上

《非攻》分上、中、下篇。非攻就是反对战争，"非攻"思想是墨子的反战理论。

上篇中，墨子批评当时的"君子"不辨是非，指出诸侯兼并战争本质上都是损人利己的不义战争。文章由浅入深，层层设喻，通过反诘质疑，使结论不言自明。

今有一人，入人园圃，窃其桃李，众闻则非之，上为政者得则罚之。此何也？以亏人自利也。至攘人犬豕鸡豚者，其不义，又甚入人园圃窃桃李[1]。是何故也？以亏人愈多，其不仁兹甚，罪益厚。至入人栏厩、取人牛马者，其不仁义，又甚攘人犬豕鸡豚。此何故也？以其亏人愈多。苟亏人愈多，其不仁兹甚，罪益厚。至杀不辜人也，扡其衣裘[2]，取戈剑者，其不义，又甚入人栏厩，取人牛马。此何故也？以其亏人愈多。苟亏人愈多，其不仁兹甚矣，罪益厚。当此，天下之君子皆知而非之，谓之不义。今至大为攻国，则弗知非，从而誉之，谓之义。此可谓知义与不义之别乎？

注释：

[1]攘：侵夺，偷窃。
[2]扡（tuō）：同"拖"，抢夺。

杀一人，谓之不义，必有一死罪矣。若以此说往，杀十人，十重不义[1]，必有十死罪矣；杀百人，百重不义，必有百死罪矣。当此，天下之君子皆知而非之，谓之不义。今至大为不义攻国，则弗知非，从而誉之，谓之义。情不知其不义也，故书其言以遗后世；若知其不义也，夫奚说书其不义以遗后世哉？

今有人于此，少见黑曰黑，多见黑曰白，则以此人不知白黑之辩矣[2]；少尝苦曰苦，多尝苦曰甘，则必以此人为不知甘苦之辩矣。今小为非，则知而非之，大为非攻国，则不知非，从而誉之，谓之义。此可谓知义与不义之辩乎？是以知天下之君子也，辩义与不义之乱也。

注释：

[1]十重：十倍。
[2]少见黑曰黑，多见黑曰白：见黑色次数少，就说是黑色，见黑色此说多，就不觉得黑，就说是白了。此句为后文批评当今之人不知大是大非做铺垫。

非命上

本篇的主旨是反对命定思想。墨子认为命定论使人不能努力治理国家，从事生产，容易使人放纵自己，走向坏的一面；命定论是那些暴君、坏人为自己辩护的根据。

值得注意的是,在本篇中,墨子提出了关于检验言论的"三表"法,并用"三表"法,有力地批驳了命定论,阐述了唯物主义的认识论。

子墨子言曰:古者王公大人为政国家者,皆欲国家之富,人民之众,刑政之治[1]。然而不得富而得贫,不得众而得寡,不得治而得乱,则是本失其所欲,得其所恶,是故何也?

子墨子言曰:执有命者以杂于民间者众[2]。执有命者之言曰:"命富则富,命贫则贫;命众则众,命寡则寡;命治则治,命乱则乱;命寿则寿,命夭则夭;命,虽强劲,何益哉[3]?"以上说王公大人,下以驵百姓之从事,故执有命者不仁[4]。故当执有命者之言,不可不明辨。

注释:

[1]刑政之治:政治清明。
[2]执有命者:主张命定的人。杂:夹杂。
[3]命,虽强劲,何益哉:言凡事有命,虽然你强劲,有什么益处呢。
[4]驵:同"阻",阻挠。

然则明辨此之说,将奈何哉?子墨子言曰:必立仪[1]。言而毋仪,譬犹运钧之上,而立朝夕者也,是非利害之辨,不可得而明知也[2]。故言必有三表[3]。何谓三表?子墨子言曰:有本之者,有原之者,有用之者[4]。于何本之?上本之于古者圣王之事。于何原之?下原察百姓耳目之实。于何用之?废以为刑政,观其中国家百姓人民之利[5]。此所谓言有三表也。

注释：

［1］仪：表准。
［2］运：运转。钧：制陶用的转轮。立朝夕：立杆测日影。喻指不立标准，就像在运转的转轮上测量日影，难以测定。
［3］表：标准。
［4］本：根本，言理之根本。原：推断、考察。
［5］废：通"发"。

然而今天下之士君子，或以命为有，盖尝尚观于圣王之事[1]。古者桀之所乱，汤受而治之；纣之所乱，武王受而治之。此世未易，民未渝，在于桀、纣，则天下乱，在于汤、武，则天下治[2]。岂可谓有命哉？

注释：

［1］尚：通"上"。
［2］渝：明白。这一句说，治乱在于人不在于命。

然而今天下之士君子，或以命为有，盖尝尚观于先王之书。先王之书，所以出国家、布施百姓者，宪也，先王之宪亦尝有曰"福不可请而祸不可讳，敬无益、暴无伤"者乎[1]？所以听狱制罪者，刑也，先王之刑亦尝有曰"福不可请，祸不可讳，敬无益、暴无伤"者乎[2]？所以整设师旅进退师徒者，誓也，先王之誓亦尝有曰"福不可请，祸不可讳，敬无益、暴无伤"者乎[3]？

是故子墨子言曰：吾当未尽数，天下之良书不可尽计数，大方论数，而三者是也[4]。今虽毋求执有命者之言，不必得，不亦可错乎[5]？

注释:

[1]出国家:由国家定出。宪:即法。请:求。讳:避。无伤:无害。敬无益、暴无伤:善良无用,残暴不受惩罚。

[2]听狱:审判狱讼。

[3]整设师旅:整顿军队。师徒:士卒。誓:命令。

[4]三者:即上面这三类。意谓在先王之宪、先王之刑(刑律)、先王之誓的文献中,都没有说幸福不可求得,灾难不可避免,善良无用,残暴不受惩罚,一切早已由命安排好了的话。

[5]错:为"措"之假借字,搁置,废弃。

今用执有命者之言,是覆天下之义[1]。覆天下之义者,是立命者也,百姓之谇也[2]。说百姓之谇者,是灭天下之人也。然则所为欲义人在上者,何也?曰:义人在上,天下必治,上帝、山川、鬼神,必有干主,万民被其大利[3]。何以知之?子墨子曰:古者汤封于亳,绝长继短,方地百里,与其百姓兼相爱,交相利,移则分,率其百姓,以上尊天事鬼[4]。是以天鬼富之,诸侯与之,百姓亲之,贤士归之,未殁其世,而王天下,政诸侯。昔者文王封于岐周,绝长继短,方地百里,与其百姓兼相爱,交相利,移则分。是以近者安其政,远者归其德。闻文王者,皆起而趋之;罢不肖、股肱不利者,处而愿之,曰:"奈何乎使文王之地及我,则吾岂不亦犹文王之民也哉[5]!"是以天鬼富之,诸侯与之,百姓亲之,贤士归之。未殁其世,而王天下,政诸侯。乡者言曰:义人在上,天下必治,上帝、山川、鬼神,必有干主,万民被其大利。吾用此知之。

注释:

[1]覆:颠覆,违背。

［2］谇：依俞樾说读为"悴"，忧愁之意。

［3］干主：宗主。

［4］亳：古地名，在今河南郑州商城故址。绝长继短：用长处补短处。移：为"利"之误。

［5］罢不肖、股肱不利者：指体弱无力，或手脚不健全的人。罢：通"疲"。奈何：怎么办。

是故古之圣王，发宪出令，设以为赏罚以劝贤。是以入则孝慈于亲戚，出则弟长于乡里，坐处有度，出入有节，男女有辨。是故使治官府，则不盗窃；守城，则不崩叛；君有难则死，出亡则送。此上之所赏，而百姓之所誉也。执有命者之言曰："上之所赏，命固且赏，非贤故赏也；上之所罚，命固且罚，不暴故罚也。"是故入则不慈孝于亲戚，出则不弟长于乡里，坐处不度，出入无节，男女无辨。是故治官府，则盗窃；守城，则崩叛；君有难则不死，出亡则不送。此上之所罚，百姓之所非毁也。执有命者言曰："上之所罚，命固且罚，不暴故罚也；上之所赏，命固且赏，非贤故赏也。"以此为君则不义，为臣则不忠，为父则不慈，为子则不孝，为兄则不良，为弟则不弟。而强执此者，此特凶言之所自生，而暴人之道也！

然则何以知命之为暴人之道？昔上世之穷民，贪于饮食，惰于从事，是以衣食之财不足，而饥寒冻馁之忧至。不知曰："我罢不肖，从事不疾[1]。"必曰："我命固且贫。"昔上世暴王，不忍其耳目之淫，心涂之辟[2]，不顺其亲戚，遂以亡失国家，倾覆社稷。不知曰："我罢不肖，为政不善。"必曰："吾命固失之。"于《仲虺之告》曰："我闻于夏人矫天命，布命于下。帝伐之恶，龚丧厥师[3]。"此言汤之所以非桀之执有命也。于《太誓》曰："纣夷处，不肯事上帝鬼神，祸厥先神禔不祀[4]，乃曰：'吾民有命。'无廖排漏，天亦纵弃之而弗葆[5]。"此言武王所以非纣执有命也。

注释：

[1]不知：不知有命的人，下一句的"必曰"，指的是知命的人。罢：通"疲"，疲惫。

[2]不忍：不能克制。涂：当为"途"。心途，即心计。辟：通"僻"。

[3]《仲虺(huǐ)之告》：《尚书》篇名。仲虺：商汤王的左丞相。矫：假托。龏丧厥师：因而丧失了他的民众。龏：为"用"之音近假借字，因此之意。

[4]《泰誓》：《尚书》篇名。夷处：平日。祸：丢弃。禔：同"祇"。

[5]无廖排漏：不可解，据《非命中》篇改"毋僇其务"，意谓不要努力做事。

今用执有命者之言，则上不听治，下不从事。上不听治，则刑政乱，下不从事，则财用不足。上无以供粢盛酒醴祭祀上帝鬼神，下无以降绥天下贤可之士，外无以应待诸侯之宾客，内无以食饥衣寒，将养老弱[1]。故命上不利于天，中不利于鬼，下不利于人。而强执此者，此特凶言之所自生，而暴人之道也！

是故子墨子言曰：今天下之士君子，忠实欲天下之富而恶其贫，欲天下之治而恶其乱，执有命者之言不可不非。此天下之大害也。

注释：

[1]粢(zī)盛：盛在祭祀器中供祭祀的谷物。降绥：安抚。

《老子》

老子(生卒年不详),姓李名耳,字聃,楚国苦县(今河南省鹿邑东)厉乡曲仁里人,是道家学派的创始人,曾任周朝"守藏室之史"(管理藏书的史官)。"老子修道德,其学以自隐无名为务。居周久之,见周之衰,乃遂去。至关,关令尹喜曰:'子将隐矣,强为我著书。'于是老子乃著书上下篇,言道德之意五千余言而去,莫知其所终。"(《史记·老子韩非列传》)

道家学派源于史官。班固《汉书·艺文志》说:"道家者流,盖出于史官,历记成败存亡祸福古今之道,然后知秉要执本,清虚以自守,卑弱以自持。"

老子第一次提出了关于"道"的学说,把"道"作为最高的实体范畴,用来说明世界万物产生的根源及运动变化的规律问题。老子认为,"道"为客观自然规律,"常无为而无不为"(《老子》,下同),同时道又具有"独立不改,周行而不殆"的永恒意义。老子认为,"反者道之动",一切事物均具有正反两面,并能由对立而转化,具有朴素辩证法思想。

老子的理想社会是民风朴实的原始社会,"邻国相望,鸡犬之声相闻,民至老死不相往来",要实现这个愿望,君主治国最好是无为而治。

　　老子思想中充满着人生智慧。老子主张以无为谦下自处，"以柔弱胜刚强"；要寡欲知足，"少私寡欲"，"知足不辱"；要不争，"知其雄守其雌，为天下溪；知其白守其黑，为天下式"；要清虚自守，"静胜躁，寒胜热，清静为天下正"；要抱朴，"绝圣弃知，见素抱朴"。

　　司马谈《论六家要旨》一文，最推崇道家。他说："道家使人精神专一，动合无形，赡足万物。其为术也，因阴阳之大顺，采儒墨之善，撮名法之要，与时迁移，应物变化，立俗施事，无所不宜，指约而易操，事少而功多。"

　　《老子》又叫《道德经》，分《道经》和《德经》两部分，共81章，约5000言。《老子》一书，文字简约，用韵文形式写成，是研究老子思想的重要文献资料。

　　《老子》书历来注家众多，通行版本有：今人朱谦之《老子校释》，陈鼓应《老子今译今注》等。

老子论"道"

　　"道"是老子思想的核心。"道"在《老子》书中出现77次。"道"包含几层含义：第一，道生万物，道是万物之源；第二，道是宇宙和人类的最高法则；第三，道是宇宙之本体。本篇共选取了八章老子关于"道"的论述。

　　道冲，而用之或不盈。渊兮，似万物之宗[1]。（第四章）
　　有物混成，先天地生；寂兮寥兮，独立不改；周行而不殆，可以为

天下母[2]。(第二十五章)

道生一,一生二,二生三,三生万物。(第四十二章)

道者,万物之奥[3]。(第六十二章)

人法地,地法天,天法道,道法自然。(第二十五章)

道之出口,淡乎其无味,视之不足见,听之不足闻,用之不足既[4]。(第三十五章)

道之为物,惟恍惟惚。惚兮恍兮,其中有象;恍兮惚兮,其中有物;窈兮冥兮,其中有精;其精甚真,其中有信;自古及今,其名不去,以阅众甫[5]。(第二十一章)

道常无为而无不为。(第三十七章)

注释:

[1]冲:虚。宗:根本。

[2]寥:寂静。殆:停止。

[3]奥:核心,主宰。

[4]既:尽。

[5]恍、惚:浑沌。象:形象。精:精华,本质。信:实际存在。阅:览,看。众甫:同"众父",万物的开始。

天下皆知美之为美

本章选自《老子》第二章。

本章第一节,指事物都有自身的对立面,都是以对立的方面为自己存在的前提。第二节,提出圣人应效法自然"无为"处事,不居功而有功。

天下皆知美之为美,斯恶已[1]。皆知善之为善,斯不善已。故有无相生,难易相成,长短相形,高下相倾,音声相和,前后相随[2]。

是以圣人处无为之事,行不言之教[3];万物作焉而不辞,生而不有,为而不恃,功成而弗居[4]。夫唯弗居,是以不去[5]。

注释:

[1]恶:丑,与美相对。已:句末语气词。

[2]倾:偏斜,这里指因偏斜分出高下。音:有节奏的声音。声:自然的发音。和:和谐。

[3]处无为之事:用无为去处事。

[4]作:生长。辞:开始。生而不有:生养万物而不据为己有。恃:依仗。推动万物而不自以为尽了力。

[5]去:离开,失去。

曲则全

本章选自《老子》第二十二章。

本章老子认为"不争",则"天下莫能与之争"。实际上,老子的"不争之争",不过是提出了"争"的更巧妙的方法而已。

曲则全,枉则直,洼则盈,敝则新,少则多,多则惑[1]。

是以圣人抱一为天下式[2]。不自见,故明;不自是,故彰[3];不自伐,故有功;不自矜,故长[4]。

夫唯不争,故天下莫能与之争。古之所谓'曲则全'者,岂虚言哉[5]！诚全而归之[6]。

注释：

[1]这几句是古代的成语。曲：委屈。枉：屈枉。弊：破旧。惑：迷惑。

[2]一：道。式：工具。言圣人用道来管理天下。

[3]自见：固执己见。自是：自以为是。彰：显著。

[4]矜：自大。长：领导。

[5]虚言：假话。

[6]诚：实在。全：保全。归之：归于此。这一句说能使人得到保全实在归于此言(曲则全)。

《庄 子》

庄子（约公元前369—前286），名周，宋国蒙（今河南省商丘市东北）人，是战国时期的哲学家、文学家，是老子之后道家学派的代表人物。

《史记·老子韩非列传》："庄子者，蒙人也，名周。周尝为蒙漆园吏，与梁惠王、齐宣王同时。其学无所不窥，然其要本归于老子之言。故其著书十余万言，大抵率寓言也。作《渔父》《盗跖》《胠箧》，以诋訿孔子之徒，以明老子之术。《畏累虚》《亢桑子》之属，皆空语无事实。然善属书离辞，指事类情，用剽剥儒、墨，虽当世宿学不能自解免也。其言洸洋自恣以适己，故自王公大人不能器之。楚威王闻庄周贤，使使厚币迎之，许以为相。庄周笑谓楚使者曰：'千金，重利；卿相，尊位也。子独不见郊祭之牺牛乎？养食之数岁，衣以文绣，以入大庙。当是之时，虽欲为孤豚，岂可得乎？子亟去，无污我。我宁游戏污渎之中自快，无为有国者所羁，终身不仕，以快吾志焉。'"

庄子继承了老子"道法自然"的观点，认为道是万物的根本，"自本自根，未有天地，自古以固存；神鬼神帝，生天生地；在太极之先而不为高，在六极之下而不为深，先天地生而不为久，长于上古而不为老"（《大宗师》）。道也是不可名不可说的，"道不可言，言而非也！

知形形之不形乎！道不当名"(《知北游》)。但庄子认为,这个"道",人是很难预知的,一切是非辩论,都是无意义的,最好是不执己见,泯灭是非,顺其自然。

庄子反对儒家的仁义礼法思想,认为这不是治世之道。《马蹄》篇说,"毁道德以为仁义,圣人之过也"。《胠箧》篇说,"窃钩者诛,窃国者为诸侯,诸侯之门而仁义存"。又说,"圣人不死,大盗不止"。庄子无法改变现实,所以,采取游世的态度,"不谴是非,以与世俗处"(《天下》),委心任运,顺其自然,"安时而处顺"(见《养生主》),无己无功无名(见《逍遥游》),由此,"逍遥于天地之间,而心意自得"(《让王》)。

《庄子·天下》篇评庄子说:"上与造物者游,而下与外死生、无终始者为友","独与天地精神往来,而不敖倪于万物。"荀子则说:"庄子蔽于天而不知人。"(《解蔽》)

《庄子》一书由晋人郭象编定,共三十三篇,包括内篇七、外篇十五、杂篇十一。一般认为内篇是庄子自作,代表了庄子思想,外、杂篇是庄子的门人和后学所撰。内篇有标题,外、杂篇无题,一般取文章首句几个字为题。

《庄子》书的注家众多,较为通行的版本有:清代郭庆藩《庄子集释》,王先谦《庄子集解》,今人陈鼓应《庄子今译今注》,曹础基《庄子浅注》等。

在先秦诸子中,庄子的文章最富有文采。鲁迅说:"其文则汪洋捭阖,仪态万方,晚周诸子之作,莫能先也。"(《汉文学史纲要》)庄子的文章大都想象丰富,构思精巧,文笔恣肆,词藻瑰丽,多采用寓言形式,善作连类比喻,富有浪漫色彩。《庄子》一书,对后人的人生观、价值观、文艺观和文艺创作,都有着深刻的影响。

庄子论"道"

庄子的"道"观,与老子相近。庄子认为,"道"是宇宙的最高准则和根本法则。道的特点包括:道无所不在,道不可闻、不可见、不可言,道无名、无私、无为。修道的途径在于凝神一志,离形去知。

夫道,有情有信,无为无形[1];可传而不可受,可得而不可见[2];自本自根,未有天地,自古以固存;神鬼神帝,生天生地[3];在太极之先而不为高,在六极之下而不为深,先天地生而不为久,长于上古而不为老[4]。(《大宗师》)

东郭子问于庄子曰:"所谓道,恶乎在?"庄子曰:"无所不在。"东郭子曰:"期而后可[5]。"庄子曰:"在蝼蚁。"曰:"何其下邪?"曰:"在稊稗。"曰:"何其愈下邪?"曰:"在瓦甓。"曰:"何其愈甚邪?"曰:"在屎溺。"东郭子不应。(《知北游》)

道不可闻,闻而非也;道不可见,见而非也;道不可言,言而非也!知形形之不形乎[6]!道不当名。(《知北游》)

有天道,有人道。无为而尊者,天道也;有为而累者,人道也。(《在宥》)

万物殊理,道不私,故无名。(《则阳》)

无思无虑始知道,无处无服始安道,无从无道始得道[7]。(《知北游》)

若一志,无听之以耳而听之以心,无听之以心而听之以气[8]。耳止于听,心止于符。气也者,虚而待物者也。唯道集虚。虚者,心

斋也。(《人间世》)

若正汝形,一汝视,天和将至[9];摄汝知,一汝度,神将来舍[10]。德将为汝美,道将为汝居。(《知北游》)

仲尼曰:"何谓坐忘?"颜回曰:"堕肢体,黜聪明,离形去知,同于大通,此谓坐忘[11]。"仲尼曰:"同则无好也,化则无常也[12]。而果其贤乎!丘也请从而后也。"(《大宗师》)

注释:

[1]情:真实。信:可信,可验证。
[2]这一句是说,道可以心传而不可以口授,可以心得而不可以自见。
[3]神:生。神鬼神帝:言道生鬼和帝。
[4]太极:阴阳未分之前。六极:六合,指上下东西南北。
[5]期而后可:言一定要说具体一些才行。
[6]形形:形成形状,指道生万物这个事情。不形:无形,言道不可见。
[7]无处无服:没有居住、没有行为,言安身处世。无从无道:没有途径、方法。
[8]气:内心空明澄澈,故能虚以待物。
[9]天和:天然和气。
[10]度:意度,忖度。舍:汇集,凝聚。
[11]堕肢体,黜聪明:忘掉肢体、聪明(听觉和视觉)。离形去知:(神志)忘掉形骸和智力,言不受形骸和智力之束缚。大通:没有窒碍。
[12]无好:没有偏好。化:变化。无常:永恒。

逍遥游

逍遥,即漫步徘徊,优游自得。

《逍遥游》是《庄子》的第一篇,主要论述自在无为之道,是体现庄子思想的重要篇章。庄子认为，人所以不逍遥，在于有己，有功名之心。所以，"无己无功无名"，才能无为，才能"彷徨乎无为其侧，逍遥乎寝卧其下"，"逍遥于天地之间，而心意自得"（《庄子·让王》）。文章先破后立，用寓言、神话、传说、故事等，以人、物相喻，旁敲侧击，正喻反衬，来说明无为之道，富有想象力和表现力，在庄子文章中最有代表性。

北冥有鱼，其名为鲲。鲲之大，不知其几千里也。化而为鸟，其名为鹏。鹏之背，不知其几千里也。怒而飞[1]，其翼若垂天之云。是鸟也，海运则将徙于南冥[2]。南冥者，天池也。

注释：

[1]怒：振奋。
[2]海运：海波的动荡。

《齐谐》者，志怪者也。《谐》之言曰："鹏之徙于南冥也，水击三千里，抟扶摇而上者九万里[1]，去以六月息者也[2]。"野马也，尘埃也，生物之以息相吹也。天之苍苍，其正色邪[3]？其远而无所至极邪？其视下也，亦若是则已矣。

注释：

[1]抟：一本作"搏"，拍击。扶摇：飓风，旋风。
[2]息：风。
[3]正色：本来的颜色。

且夫水之积也不厚，则其负大舟也无力。覆杯水于坳堂之上[1]，则芥为之舟。置杯焉则胶,水浅而舟大也[2]。风之积也不厚,则其负大翼也无力。故九万里则风斯在下矣,而后乃今培风[3];背负青天而莫之夭阏者,而后乃今将图南[4]。

注释:

[1]坳堂:室内地面的低洼之处。
[2]胶:粘住不动。
[3]培:凭。
[4]夭:挫折。阏(è):阻止。

蜩与学鸠笑之曰:"我决起而飞,抢榆枋,时则不至而控于地而已矣[1],奚以之九万里而南为?"适莽苍者[2],三餐而反,腹犹果然;适百里者,宿舂粮[3];适千里者,三月聚粮。之二虫又何知!

注释:

[1]控:投,落下。
[2]莽苍:这里指郊外。
[3]宿:一宿,这里是隔一宿的意思。舂(chōng)粮:捣米。宿舂粮:准备一晚上的干粮。

小知不及大知,小年不及大年。奚以知其然也?朝菌不知晦朔[1],蟪蛄不知春秋[2],此小年也。楚之南有冥灵者,以五百岁为春,五百岁为秋;上古有大椿者,以八千岁为春,八千岁为秋。而彭祖乃今以久特闻,众人匹之,不亦悲乎[3]!

注释:

[1]晦:夜。朔:旦。晦朔:一天一夜。

[2]蟪蛄：寒蝉，一般是春生夏死或夏生秋死。春秋：一年。
[3]匹：比。

汤之问棘也是已[1]：穷发之北，有冥海者，天池也。有鱼焉，其广数千里，未有知其修者，其名为鲲。有鸟焉，其名为鹏，背若泰山，翼若垂天之云，抟扶摇羊角而上者九万里，绝云气，负青天，然后图南，且适南冥也。

斥鴳笑之曰："彼且奚适也？我腾跃而上，不过数仞而下，翱翔蓬蒿之间，此亦飞之至也，而彼且奚适也？"此小大之辩也。

注释：

[1]棘：人名，相传为商汤时的大夫。

故夫知效一官，行比一乡[1]，德合一君，而征一国者[2]，其自视也，亦若此矣。而宋荣子犹然笑之。且举世而誉之而不加劝[3]，举世而非之而不加沮，定乎内外之分，辨乎荣辱之境，斯已矣。彼其于世，未数数然也[4]。虽然，犹有未树也。

注释：

[1]知：智力。效：胜任。一官：一种工作。比：庇，庇护。
[2]而：能，才能。征：信。而征一国，言才能可以取信一国之人。
[3]劝：勉励。
[4]数数然：急急忙忙，汲汲追求的样子；一说频频，常常见，"未数数然"，指不常见。

夫列子御风而行，泠然善也[1]，旬有五日而后反。彼于致福者，未数数然也。此虽免乎行，犹有所待者也。若夫乘天地之正，而御六气之辩[2]，以游无穷者，彼且恶乎待哉！故曰：至人无己，神人无功，圣人无名。

注释：

[1]列子：名列御寇，战国时道家人物。泠然，轻妙的样子。
[2]乘：顺，顺应。正：天地自然之性。御：掌握，驾驭。六气，阴阳晦明风雨。辩：变化。

尧让天下于许由，曰："日月出矣，而爝火不息，其于光也，不亦难乎[1]！时雨降矣，而犹浸灌，其于泽也，不亦劳乎[2]！夫子立而天下治，而我犹尸之，吾自视缺然[3]。请致天下。"许由曰："子治天下，天下既已治也，而我犹代子，吾将为名乎？名者，实之宾也。吾将为宾乎？鹪鹩巢于深林，不过一枝；偃鼠饮河，不过满腹。归休乎君，予无所用天下为[4]！庖人虽不治庖，尸祝不越樽俎而代之矣[5]。"

注释：

[1]爝火：小火，言微光。
[2]浸灌：灌溉。
[3]尸：古代祭祖的神主，引申为徒居名位。缺然：不足。
[4]归休乎君："君归休"的倒装句。
[5]尸祝：执掌祭祀的官。樽俎：青铜器，同"尊"、"俎"，古代盛酒肉的器皿。

肩吾问于连叔曰："吾闻言于接舆，大而无当，往而不返。吾惊怖其言，犹河汉而无极也，大有径庭，不近人情焉[1]。"连叔曰："其言谓何哉？"曰："藐姑射之山，有神人居焉。肌肤若冰雪，淖约若处子[2]；不食五谷，吸风饮露；乘云气，御飞龙，而游乎四海之外；其神凝，使物不疵疠而年谷熟[3]。吾以是狂而不信也。"连叔曰："然，瞽者无以与乎文章之观[4]，聋者无以与乎钟鼓之声。岂唯形骸有聋盲哉？夫知亦有之。是其言也，犹时女也[5]。之人也，之德也，将旁礴万物以为一[6]，世蕲乎乱，孰弊弊焉以天下为事[7]！之人也，物莫之伤，大浸稽天而不溺，大旱金石流、土山焦而不热。是其尘垢秕糠，将犹陶铸尧舜者也[8]，孰肯以物为事！"

注释：

[1]肩吾、连叔、接舆：虚构人物。径庭：悬殊，相距很远。
[2]藐姑射：庄子虚构的仙山。淖约：同"绰约"，美好的样子。处子：处女。
[3]疵疠：疾病。熟：成熟，丰收。
[4]瞽者：盲人。文章：有文采的东西。
[5]时：当下。女：汝。
[6]旁礴：广被万物，言无所不包，无所不及。
[7]蕲：求。乱：治。弊弊：劳苦的样子。
[8]大浸稽天：大水至天际，言水势浩大。秕糠：指琐碎的东西。陶：制瓦器。铸：制金器，这里用作动词。这句言神人用琐屑尘垢都能陶铸出尧舜来。

宋人资章甫而适诸越，越人断发文身，无所用之[1]。
尧治天下之民，平海内之政。往见四子藐姑射之山，汾水之阳，窅然丧其天下焉[2]。

注释：

[1]资：采购。章甫，一种冠，帽子。
[2]四子：传说中的四位神人。窅然：怅然。丧：忘。

惠子谓庄子曰："魏王贻我大瓠之种，我树之成而实五石[1]。以盛水浆，其坚不能自举也。剖之以为瓢，则瓠落无所容。非不呺然大也,吾为其无用而掊之[2]。"庄子曰:"夫子固拙于用大矣。宋人有善为不龟手之药者,世世以洴澼絖为事[3]。客闻之,请买其方百金。聚族而谋之曰:'我世世为洴澼絖,不过数金。今一朝而鬻技百金,请与之。'客得之,以说吴王。越有难,吴王使之将。冬与越人水战,大败越人,裂地而封之。能不龟手一也,或以封,或不免于洴澼絖,则所用之异也。今子有五石之瓠,何不虑以为大樽而浮乎江湖,而忧其瓠落无所容[4]?则夫子犹有蓬之心也夫[5]!"

注释:

[1]惠子:惠施,战国时宋人,曾为梁惠王相。瓠:葫芦。实五石:容纳五石。
[2]呺然:虚大的样子。掊:同"剖"。
[3]龟(jūn):同"皲"。洴澼:在水中漂洗。絖,细棉絮。
[4]虑:挖空。大樽:一名腰舟,形如酒器,缚在身上,可以渡水。
[5]蓬:蓬蒿,指学鸠般跃于蓬蒿之上的心态。

惠子谓庄子曰:"吾有大树,人谓之樗[1]。其大本臃肿而不中绳墨,其小枝卷曲而不中规矩。立之涂,匠者不顾。今子之言,大而无用,众所同去也。"庄子曰:"子独不见狸狌乎[2]?卑身而伏,以候敖者[3];东西跳梁,不避高下;中于机辟,死于罔罟[4]。今夫斄牛,其大若垂天之云[5]。此能为大矣,而不能执鼠。今子有大树,患其无用,何不树之于无何有之乡,广莫之野,彷徨乎无为其侧,逍遥乎寝卧其下。不夭斤斧,物无害者,无所可用,安所困苦哉[6]!"

注释:

[1]樗(chū):臭椿。
[2]狸狌:黄鼠狼。
[3]敖:游。敖者:出游的动物。

[4]机辟:机关。罔罟(gū):渔网,指陷阱。罔,即"网"。
[5]氂(lí)牛:牦牛。
[6]夭:夭折。斤:斧子。

养生主

"养生主",即养生的主宰。

本篇的主旨是谈养生之道。庄子认为,人无论为善为恶,都要用智;用智则官知不能停止,这足以撄乱人之心神,不是养生之道。善养生者,不以有限的生命去追逐无穷的欲望(即知),"缘督以为经",顺应自然,安时处顺,由此则可以"保身、全生、养亲、尽年"。

文章首段表明观点,后文依次用5段故事喻证其旨,形象生动,有很好的表达效果。

吾生也有涯,而知也无涯[1]。以有涯随无涯,殆已;已而为知者,殆而已矣[2]!为善无近名,为恶无近刑[3]。缘督以为经,可以保身,可以全生,可以养亲,可以尽年[4]。

注释:

[1]涯:边际,极限。知:知识,包括人的各种欲望,如善恶美丑功名等。
[2]随:追随,索求。殆:疲惫,困顿,言劳神。已:如此。
[3]这一句是说,为善无不近乎名誉,为恶无不近乎刑戮,忘善恶而居中,刑名远己而全生。
[4]缘:顺着,遵循。督:中,正道。中医有奇经八脉之说,所谓督脉即身背之中脉,具有总督诸阳经之作用;"缘督"就是顺从自然之中道的含意。全生:保全

天性。尽年：终享天年，不使夭折。

庖丁为文惠君解牛，手之所触，肩之所倚，足之所履，膝之所踦[1]，砉然向然，奏刀騞然[2]，莫不中音，合于桑林之舞，乃中经首之会[3]。

注释：

[1]履：踏、踩。踦(yǐ)：用膝抵住。
[2]砉(huā)然：皮肉分离的声音。向：通"响"，声响。"向然"，多种声音相互响应的样子。奏：进。騞(huò)然：以刀快速割牛的声音。
[3]桑林：传说中的殷商时代的乐曲名。"桑林之舞"意思是用桑林乐曲伴奏的舞蹈。经首：传说中帝尧时代的乐曲名。会：乐律，节奏。

文惠君曰："嘻，善哉！技盖至此乎？"庖丁释刀对曰："臣之所好者道也，进乎技矣。始臣之解牛之时，所见无非全牛者。三年之后，未尝见全牛也。方今之时，臣以神遇而不以目视，官知止而神欲行[1]。依乎天理，批大郤，导大窾，因其固然[2]；技经肯綮之未尝，而况大軱乎[3]！良庖岁更刀，割也；族庖月更刀，折也。今臣之刀十九年矣，所解数千牛矣，而刀刃若新发于硎。彼节者有间，而刀刃者无厚。以无厚入有间，恢恢乎其于游刃必有余地矣，是以十九年而刀刃若新发于硎[4]。虽然，每至于族，吾见其难为，怵然为戒，视为止，行为迟，动刀甚微[5]。謋然已解，如土委地[6]。提刀而立，为之四顾，为之踌躇满志，善刀而藏之。

文惠君曰："善哉！吾闻庖丁之言，得养生焉。"

注释：

[1]官：器官，这里指眼。知：知觉，这里指视觉。

[2]批：击。郤(xì)：通作"隙"，指筋腱骨骼间的空隙。导：引导。窾(kuǎn)：空，指牛体骨节间较大的空处。因：依，顺着。固然：本然，原本的样子。

[3]技(zhī)：通作"枝"，指支脉。经：经脉。"技经"指经络结聚的地方。肯：附在骨上的肉。綮：骨肉连接很紧的地方。未：不曾。尝：尝试。軱(gū)：大骨。

[4]恢恢：宽广。游刃：运转的刀刃。

[5]族：指骨节、筋腱聚结交错的部位。怵然：小心谨慎的样子。

[6]謋(huò)：牛体分解的声音。委：堆积。

公文轩见右师而惊曰[1]："是何人也？恶乎介也？天与，其人与[2]？"曰："天也，非人也。天之生是使独也，人之貌有与也。以是知其天也，非人也"。

泽雉十步一啄，百步一饮，不蕲畜乎樊中[3]。神虽王，不善也[4]。

注释：

[1]公文轩：宋国人，复姓公文，名轩。右师：官名，古人常有借某人之官名称谓其人的习惯。

[2]介：独，只有一只脚。天与，其人与：天生的呢，还是人为的呢。

[3]蕲：祈求，希望。畜：养。樊：笼。本句言鸟在泽自在，在笼则不自在。

[4]神虽王：鸟自在自主。不善：不以为善。本句言鸟在泽中自在自主而不自知也，这是自然之态而已。

老聃死，秦失吊之，三号而出[1]。弟子曰："非夫子之友邪？"曰："然"。"然则吊焉若此，可乎？"曰："然。始也吾以为其人也，而今非也[2]。向吾入而吊焉，有老者哭之，如哭其子；少者哭之，如哭其母。彼其所以会之，必有不蕲言而言，不蕲哭而哭者[3]。是遁天倍情，忘其所受，古者谓之遁天之刑[4]。适来，夫子时也；适去，夫子顺也[5]。安时而处顺，哀乐不能入也，古者谓是帝之县解[6]。"

指穷于为薪，火传也，不知其尽也[7]。

注释

[1]老聃:即老子。秦失(yì):亦作"秦佚",老聃的朋友。

[2]其人:指世俗之人。本句言开始以为老聃为世俗之人,现在看来不是。

[3]蕲:希望。本句言吊者之哭不当,所以下句说"遁天倍情"。

[4]遁:逃避,违反。倍:通作"背",背弃的意思。刑:过失。"遁天之刑"是说感伤过度,伤生损性,就像受天之刑。

[5]适:偶然。来:来到世上,与下一句的"去"讲作离开人世相对立;这里的"来"、"去",实指人的生和死。

[6]帝:天帝,万物的主宰。县:同"悬"。"帝之县解",犹言"自然解脱",哀乐不能入,死生不能系,做到"安时而处顺",就自然地解除了困缚,犹如解脱了倒悬之苦。

[7]这一句说,薪火燃烧,有时而尽却不自知,来去皆是自然而然的过程,与文章开头顺其自然之旨相合。或者认为,以薪火燃尽喻个体生命的终结,以火续传比喻知识的接续,意指精神永存。指穷于为薪:薪柴燃尽。指:脂薪,薪柴。穷:尽。

骈　拇

《骈拇》出自《庄子》外篇,"骈拇",骈生的足趾。

本篇认为,人的行为要顺应自然,合于人的天性。文章以"骈拇枝指"为喻,批评儒家"招仁义以挠天下也,天下莫不奔命于仁义","自三代以下者,天下莫不以物易其性矣",指仁义之行是违背人情的行为,认为天下"至正"之道,在于"任其性命之情而已矣"。

骈拇枝指,出乎性哉!而侈于德[1]。附赘县疣,出乎形哉!而侈于性[2]。多方乎仁义而用之者,列于五藏哉!而非道德之正也[3]。

是故骈于足者，连无用之肉也；枝于手者，树无用之指也；多方骈枝于五藏之情者，淫僻于仁义之行，而多方于聪明之用也[4]。

注释：

[1]骈拇枝指：旁生的指头，六指。性：本性天然。侈：多余。德：得。这一句话说，骈拇枝指，虽是多余无用的，却是生来就有的。与下文的"仁义"不出于自然形成对比。

[2]附赘县疣：附悬的赘疣。赘疣是身上的肉瘤。县：通"悬"。

[3]多方：多。列于五藏：(仁义礼智等)比列于人之五脏。道德之正：自然之性。

[4]淫僻：沉湎。聪明：听觉和视觉。

是故骈于明者，乱五色，淫文章，青黄黼黻之煌煌非乎？而离朱是已[1]。多于聪者，乱五声，淫六律，金、石、丝、竹、黄钟、大吕之声非乎？而师旷是已[2]。枝于仁者，擢德塞性以收名声，使天下簧鼓以奉不及之法非乎？而曾、史是已[3]。骈于辩者，累瓦结绳窜句，游心于坚白同异之间，而敝跬誉无用之言非乎？而杨、墨是已[4]。故此皆多骈旁枝之道，非天下之至正也。

注释：

[1]文章：花纹，用青、红两色线绣称之为"文"，用红、白两色线绣称之为"章"。黼黻：黑和白两色为黼，黑和青两色为黻。煌煌：光彩夺目的样子。离朱：古代的明目者，《孟子》书中称为"离娄"。

[2]五声：即宫、商、角、徵、羽。六律：指黄钟、太簇、姑洗、蕤宾、夷则、无射六个音律。金、石、丝、竹：泛指各种乐器，也形容各种声音。黄钟、大吕：古代音调。师旷：晋平公的乐师。

[3]擢：拔取。簧鼓：喧嚷鼓动。不及之法：不能及的法式。曾、史：曾参、史鱼。

[4]累瓦结绳：比喻无用之语，如瓦之累，绳之结。游心：潜心，留心。坚白同异：离坚白、合同异，为名家著名的辩题。敝：疲敝。跬誉：一时的名誉。杨、墨：杨朱、

墨翟。

彼至正者,不失其性命之情。故合者不为骈,而枝者不为跂[1];长者不为有余,短者不为不足。是故凫胫虽短,续之则忧[2];鹤胫虽长,断之则悲。故性长非所断,性短非所续,无所去忧也。意!仁义其非人情乎[3]!彼仁人何其多忧也。

注释:

[1]跂:多生的脚趾。
[2]凫胫:鸭子小腿。
[3]意:噫,叹词。人情:人之性命之情,即人的本来面目。

且夫骈于拇者,决之则泣;枝于手者,龁之则啼[1]。二者或有余于数,或不足于数,其于忧一也。今世之仁人,蒿目而忧世之患[2];不仁之人,决性命之情而饕贵富[3]。故意仁义其非人情乎!自三代以下者,天下何其嚣嚣也[4]。

注释:

[1]龁(hē):咬断。
[2]蒿目:半闭其目,忧世的样子。
[3]决:溃乱。饕(tāo):贪婪。
[4]嚣嚣:喧嚣。

且夫待钩绳规矩而正者,是削其性者也;待绳约胶漆而固者,是侵其德者也[1];屈折礼乐,呴俞仁义,以慰天下之心者,此失其常然也[2]。天下有常然。常然者,曲者不以钩,直者不以绳,圆者不以规,方者不以矩,附离不以胶漆,约束不以缠索[3]。故天下诱然皆生而不知其所以生，同焉皆得而不知其所以得[4]。故古今不二，不可亏也[5]。则仁义又奚连连如胶漆缠索而游乎道德之间为哉！使天下惑也！

注释：

[1]绳约：用绳索约束。
[2]屈折：周旋。呴(xǔ)俞：爱抚。这两句说，仁者用礼乐来周旋，用仁义来劝勉。
[3]附离：依附。离：同"丽"，依附。缠索：绳索。
[4]诱然：自然。诱：导，由自然而生，如诱导之也。
[5]不二：一理。亏：减损。

夫小惑易方，大惑易性[1]。何以知其然邪？自虞氏招仁义以挠天下也，天下莫不奔命于仁义[2]。是非以仁义易其性与[3]？故尝试论之，自三代以下者，天下莫不以物易其性矣。小人则以身殉利，士则以身殉名，大夫则以身殉家，圣人则以身殉天下。故此数子者，事业不同，名声异号，其于伤性以身为殉，一也。臧与谷，二人相与牧羊而俱亡其羊[4]。问臧奚事，则挟策读书，问谷奚事，则博塞以游[5]。二人者，事业不同，其于亡羊均也。伯夷死名于首阳之下，盗跖死利于东陵之上[6]。二人者，所死不同，其于残生伤性均也。奚必伯夷之是而盗跖之非乎[7]？天下尽殉也。彼其所殉仁义也，则俗谓之君子；其所殉货财也，则俗谓之小人。其殉一也，则有君子焉，有小人焉；若其残生损性，则盗跖亦伯夷已，又恶取君子小人于其间哉[8]！

注释：

[1]惑：迷惑。易方：迷失方向。易：改变。
[2]虞氏：舜。挠：搅动。

[3]非：不是。这一句说，这难道不是用仁义改变人的本性吗。
[4]臧：仆人。谷：童仆。
[5]博塞：掷骰子，俗称掷色子，即赌博。
[6]首阳：在河东蒲坂，今山西省永济县南。东陵：在今济南境内。
[7]奚必：何必。伯夷之是：认为伯夷是对的。
[8]已：而已，罢了。恶：哪里。间：区别。

且夫属其性乎仁义者，虽通如曾、史，非吾所谓臧也[1]；属其性于五味，虽通如俞儿，非吾所谓臧也[2]；属其性乎五声，虽通如师旷，非吾所谓聪也；属其性乎五色，虽通如离朱，非吾所谓明也。吾所谓臧者，非仁义之谓也，臧于其德而已矣；吾所谓臧者，非所谓仁义之谓也，任其性命之情而已矣；吾所谓聪者，非谓其闻彼也，自闻而已矣；吾所谓明者，非谓其见彼也，自见而已矣。夫不自见而见彼，不自得而得彼者，是得人之得而不自得其得者也，适人之适而不自适其适者也。夫适人之适而不自适其适，虽盗跖与伯夷，是同为淫僻也。余愧乎道德，是以上不敢为仁义之操，而下不敢为淫僻之行也[3]。

注释：

[1]属其性：从属其本性。通：通达。曾、史：曾参、史墨，二人以孝著称。臧：善。
[2]俞儿：古之善味者。
[3]愧：惭愧，谦辞。操：操行，行为。

胠 箧

《胠箧》出自《庄子》外篇。胠箧，意思是打开箱子。

本篇严厉抨击礼法制度的虚伪性,揭露"窃钩者诛,窃国者为诸侯,诸侯之门而仁义存"的现实,发出"圣人不死,大盗不止"的时代强音,显示出作者愤世嫉俗的态度,提倡"绝圣弃智",回归自然原始的社会生活状态。

本篇语言犀利,充满强烈的批判精神。

将为胠箧、探囊、发匮之盗而为守备[1],则必摄缄縢,固扃鐍[2],此世俗之所谓知也。然而巨盗至,则负匮、揭箧、担囊而趋,唯恐缄縢扃鐍之不固也。然则乡之所谓知者,不乃为大盗积者也[3]?

注释:

[1]胠:从旁打开。箧(qiè):箱子一类盛物器具。匮:通"柜"。
[2]摄:打结,收紧。缄、縢:均为绳索。扃(jiōng):插闩。鐍(jué):锁钥。
[3]乡:同"向",先前。

故尝试论之,世俗之所谓知者,有不为大盗积者乎?所谓圣者,有不为大盗守者乎?何以知其然邪?昔者齐国,邻邑相望,鸡狗之音相闻,罔罟之所布,耒耨之所刺,方二千余里,阖四境之内,所以立宗庙社稷,治邑、屋、州、闾、乡曲者,曷尝不法圣人哉[1]?然而田成子一旦杀齐君而盗其国[2]。所盗者岂独其国邪?并与其圣知之法而盗之。故田成子有乎盗贼之名,而身处尧、舜之安,小国不敢非,大国不敢诛,十二世有齐国[3]。则是不乃窃齐国,并与其圣知之法以守其盗贼之身乎?

注释:

[1]罔罟(gǔ):渔网。耒耨(nòu):犁与锄,代指农具。阖:全。宗庙:国

君祭祀祖先的地方。邑、屋、州、闾、乡曲：古代不同行政区划的名称。

[2] 田成子：即田常，本为陈国人，故又称陈恒，其先祖田完从陈国来到齐国，成了齐国的大夫，为田氏。田常于鲁哀公十四年杀了齐简公，齐国大权落入田氏之手，后来田常的曾孙又废齐自立，仍称"齐"。一旦：某一天。

[3] 非、诛：议论。十二世有齐国：田成子杀简公至齐宣王时是六世，上推田完入齐到田成子时也是六世。

尝试论之，世俗之所谓至知者，有不为大盗积者乎？所谓至圣者，有不为大盗守者乎？何以知其然邪？昔者龙逢斩，比干剖，苌弘胣，子胥靡，故四子之贤而身不免乎戮[1]。故跖之徒问于跖曰："盗亦有道乎？"跖曰："何适而无有道邪"夫妄意室中之藏，圣也[2]；入先，勇也；出后，义也；知可否，知也；分均，仁也。五者不备而能成大盗者，天下未之有也。"由是观之，善人不得圣人之道不立，跖不得圣人之道不行；天下之善人少而不善人多，则圣人之利天下也少而害天下也多。故曰：唇竭而齿寒，鲁酒薄而邯郸围，圣人生而大盗起[3]。掊击圣人，纵舍盗贼，而天下始治矣[4]！

注释：

[1] 龙逢：夏桀时的贤人，为夏桀杀害。比干：殷纣王的庶出叔叔，被纣王剖心。苌弘：周灵王时的贤臣。胣（chī）：剖开肚腹掏出肠子。子胥：即伍员，吴王夫差时被杀害，子胥死后被抛尸江中而至腐烂。靡：同"糜"，腐烂。

[2] 妄意：凭空推测。

[3] 鲁酒薄而邯郸围：这句是借历史故事说明，事有关联，常常出乎预料。楚王大会诸侯，赵与鲁均献酒，鲁酒味薄而赵酒味浓。楚王之酒吏向赵国索酒而赵不给，酒吏怀恨易换赵、鲁之酒，于是楚王以酒薄的缘故兵围邯郸。

[4] 掊：抨击。纵：放宽。舍：放弃。

夫川竭而谷虚，丘夷而渊实[1]。圣人已死，则大盗不起，天下平而无故矣。圣人不死,大盗不止。虽重圣人而治天下,则是重利盗跖也[2]。为之斗斛以量之,则并与斗斛而窃之,为之权衡以称之,则并与权衡而窃之,为之符玺以信之,则并与符玺而窃之,为之仁义以矫之,则并与仁义而窃之[3]。何以知其然邪?彼窃钩者诛,窃国者为诸侯,诸侯之门而仁义存焉,则是非窃仁义圣知邪?故逐于大盗,揭诸侯,窃仁义并斗斛、权衡、符玺之利者,虽有轩冕之赏弗能劝,斧钺之威弗能禁[4]。此重利盗跖而使不可禁者,是乃圣人之过也。

注释:

[1]川竭而谷虚:河流干竭而山谷空虚。夷:平。渊实:深渊充实。
[2]重利盗跖:使盗跖获得厚利。
[3]权衡:秤锤和秤杆。符玺:印信。矫:纠正。
[4]逐:竞逐,追随。揭:举;"揭诸侯",即高居于诸侯之位。轩:古代大夫以上的人所乘坐的车子。冕:古代大夫或诸侯所戴的礼帽。"轩冕"连用,指代高官厚禄。劝:劝勉,鼓励。

故曰:鱼不可脱于渊,国之利器不可以示人。彼圣人者,天下之利器也,非所以明天下也。故绝圣弃知,大盗乃止;擿玉毁珠,小盗不起;焚符破玺,而民朴鄙;掊斗折衡,而民不争;殚残天下之圣法,而民始可与论议[1]。擢乱六律,铄绝竽瑟,塞瞽旷之耳,而天下始人含其聪矣;灭文章,散五采,胶离朱之目,而天下始人含其明矣[2]。毁绝钩绳而弃规矩,擺工倕之指,而天下始人有其巧矣[3]。故曰:大巧若拙。削曾、史之行,钳杨、墨之口,攘弃仁义,而天下之德始玄同矣[4]。彼人含其明,则天下不铄矣,人含其聪,则天下不累矣,人含其知,则天下不惑矣,人含其德,则天下不僻矣[5]。彼曾、史、杨、墨、师旷、工倕、离朱,皆外立其德,而以爚乱天下者也,法之所无用也[6]。

注释：

[1]擿：通"掷"。鄙：固陋无知。掊：破，打碎。殚残：毁尽。

[2]擢：拔掉。铄：销毁。绝：折断。瞽旷：即师旷。离朱：即离娄，是上古明目者，能百步之外视秋毫之末。

[3]攦(lì)：折断。工倕：传说中的能工巧匠。

[4]曾、史：曾参与史鱼，二人是孝忠的代表。杨、墨：杨朱、墨翟。玄同：混同。

[5]铄：被渗入，渐被影响。僻：偏僻，古怪。

[6]外立：在自然之德之外树立。爚(yuè)：炫耀。"爚乱"就是迷乱的意思。法：这里指圣智之法。

　　子独不知至德之世乎？昔者容成氏、大庭氏、伯皇氏、中央氏、栗陆氏、骊畜氏、轩辕氏、赫胥氏、尊卢氏、祝融氏、伏牺氏、神农氏[1]，当是时也，民结绳而用之，甘其食，美其服，乐其俗，安其居，邻国相望，鸡狗之音相闻，民至老死而不相往来。若此之时，则至治已。今遂至使民延颈举踵，曰"某所有贤者"，赢粮而趣之，则内弃其亲而外去其主之事，足迹接乎诸侯之境，车轨结乎千里之外，则是上好知之过也[2]。

注释：

[1]容成氏、大庭氏、伯皇氏、中央氏、栗陆氏、骊畜氏、轩辕氏、赫胥氏、尊卢氏、祝融氏、伏牺氏、神农氏：皆为传说中的古代帝王或部落首领。

[2]赢：裹，担负。趣：通"趋"，快步走。

　　上诚好知而无道，则天下大乱矣。何以知其然邪？夫弓弩、毕弋、机变之知多，则鸟乱于上矣[1]；钩饵、罔罟、罾笱之知多，则鱼乱于水矣；削格、罗落、罝罘之知多，则兽乱于泽矣[2]；知诈渐毒、颉滑坚白、解垢同异之变多，则俗惑于辩矣[3]。故天下每每大乱，罪在于好知。故天下皆知求其所不知而莫知求其所已知者，皆知非其所不善而莫知非其所已善者，是以大乱。故上悖日月之明，下烁山川之精，中堕四时之施，惴耎之虫，肖翘之物，莫不失其性[4]。甚矣夫好知之乱天下也！自三代以下者是已。舍夫种种之民而悦夫役役之佞，释夫恬淡无为而悦夫啍啍之意，啍啍已乱天下矣[5]！

注释：

[1]毕：一种带柄的网。弋：系有丝绳可以回收的箭。机变："机辟"之误，即捕鸟兽的机关。

[2]削：竹桩。格：木桩。"削"、"格"都是用来支撑兽网的桩子。罗落：关野兽的网状篱笆。罝(jū)罘(fú)：捕兽的网。

[3]渐毒：欺诈。"知诈渐毒"，指工于心计，欺骗伪诈。颉滑：奸黠狡猾。解诟：言词诡曲。坚白、同异：均为战国名家论辩的论题。变：权变，变诈。

[4]烁：通"铄"，销解的意思。堕：通"隳"，毁坏。施：推移。惴耎(ruǎn)：蠕动的样子，指附地而生的小虫。肖翘：能飞的小虫子。

[5]种种：淳朴的样子。役役：钻营狡黠的样子。佞：巧言谄媚之人。啍啍(tūn)：喋喋不休，不停地说教的样子。

秋　水

《秋水》出自《庄子》外篇。

本文旨在阐述顺其自然的道理。文章借用寓言故事中河伯与海神的问答，描述了世上万物不断变化的特点，"夫物，量无穷，时无止，分无常,终始无故",指出万物自有其运作的规律,万物"将自化","物之生也,若骤若驰,无动而不变,无时而不移,夫固将自化"。由于认识上的局限性,人很难认清事物的本质,进而作出价值判断。所以,人最好什么都不要做,"万物一齐",不遣是非,顺其自然,守自然之真,"不以物害己","察于安危,宁于祸福,谨于去就","无以人灭天,无以故灭命,无以得殉名"。文章的观点与《逍遥游》相呼应,体现了庄子自然无为的人生哲学。

文章前半部分借河伯与海神的七问七答表明主旨,后半部分连续讲了几个寓言故事,从不同角度印证文章的主旨。本篇的寓言,想象丰富,故事生动有趣,其中的几个寓言、故事,都很有名,为后人所乐道。

秋水时至,百川灌河,泾流之大,两涘渚崖之间,不辩牛马[1]。于是焉河伯欣然自喜,以天下之美为尽在己。顺流而东行,至于北海,东面而视,不见水端。于是焉河伯始旋其面目,望洋向若而叹[2],曰:"野语有之曰:'闻道百,以为莫己若者',我之谓也。且夫我尝闻少仲尼之闻而轻伯夷之义者,始吾弗信。今我睹子之难穷也,吾非至子之门,则殆矣,吾长见笑于大方之家[3]。"

注释:

[1]泾:直流的水波,此指水流。涘:河岸。不辩:分不清。
[2]旋:转,改变。望洋:茫然抬头的样子。
[3]伯夷:商孤竹君之子,与弟叔齐争让王位,被认为节义高尚之士。大方之家:有学问的人。

北海若曰:"井鼃不可以语于海者,拘于虚也;夏虫不可以语于冰者,笃于时也;曲士不可以语于道者,束于教也[1]。今尔出于崖涘,观于大海,乃知尔丑,尔将可与语大理矣。天下之水,莫大于海,万川归之,不知何时止而不盈;尾闾泄之[2],不知何时已而不虚;春秋不变,水旱不知。此其过江河之流,不可为量数。而吾未尝以此自多者,自以比形于天地而受气于阴阳,吾在于天地之间,犹小石小木之在大山也。方存乎见少,又奚以自多!计四海之在天地之间也,不似礨空之在大泽乎[3]?计中国之在海内,不似稊米之在大仓乎?号物之数谓之万,人处一焉;人卒九州,谷食之所生,舟车之所通,人处一焉。此其比万物也,不似豪末之在于马体乎?五帝之所连,三王之所争,仁人之所忧,任士之所劳,尽此矣[4]。伯夷辞之以为名,仲尼语之以为博,此其自多也,不似尔向之自多于水乎?"

注释:

[1]鼃:同"蛙"。虚:同"墟",居住的地方。笃:固,受限。曲士:乡曲之士。
[2]尾闾:海的底部,排泄海水的地方。
[3]礨:石块。礨空:石块上的小空洞。
[4]仁人:指儒家者流。任士:能士,以天下为己任之人。

河伯曰:"然则吾大天地而小毫末,可乎?"
北海若曰:"否。夫物,量无穷,时无止,分无常,终始无故[1]。是故大知观于远近,故小而不寡,大而不多,知量无穷[2]。证曏今故,故遥而不闷,掇而不跂,知时无止[3]。察乎盈虚,故得而不喜,失而不忧,知分之无常也。明乎坦涂,故生而不说,死而不祸,知终始之不可故也[4]。计人之所知,不若其所不知;其生之时,不若未生之时。以其至小,求穷其至大之域,是故迷乱而不能自得也。由此观之,又何以知毫末之足以定至细之倪,又何以知天地之足以穷至大之域[5]？"

注释：

[1]分：分性、秉赋。无常：不固定。故：同"固"，不变。
[2]大知：大智大慧的人。知量：知道物量。
[3]曏（xiàng）：明。今故：今古。不闷：不昏暗，即"明白"。掇：伸手可拾，表示近。跂：通"企"，求。不跂：不可企求。
[4]坦涂：大道。涂，同"途"。不祸：不以为是灾祸。
[5]倪：端倪，头绪，迹象。

河伯曰："世之议者皆曰：'至精无形，至大不可围'，是信情乎[1]？"

北海若曰："夫自细视大者不尽，自大视细者不明。夫精，小之微也；垺，大之殷也，故异便，此势之有也[2]。夫精粗者，期于有形者也；无形者，数之所不能分也，不可围也，数之所不能穷也。可以言论者，物之粗也；可以意致者，物之精也。言之所不能论，意之所不能察致者，不期精粗焉。是故大人之行，不出乎害人，不多仁恩，动不为利，不贱门隶[3]，货财弗争，不多辞让。事焉不借人，不多食乎力，不贱贪污。行殊乎俗，不多辟异[4]。为在从众，不贱佞谄。世之爵禄不足以为劝，戮耻不足以为辱。知是非之不可为分，细大之不可为倪。闻曰：'道人不闻，至德不得，大人无己。'约分之至也[5]。"

注释：

[1]精：极微小。不可围：没有范围，极大。信情：真实的情况。
[2]垺：同"郛"，郛郭，指城的外城。殷：盛大。便：通"辨"。异便：不同的区别。
[3]大人：得道之人。多：赞美、歌颂。不贱门隶：不以门隶为贱。
[4]辟异：傲慢怪辟。

[5]道人:得道的人。不闻:不求名声。至德:品德极高的人。不得:不自显其德。约分:限制区分,意思是大德之人泯灭是非,不做区分。

河伯曰:"若物之外,若物之内,恶至而倪贵贱,恶至而倪大小[1]?"

北海若曰:"以道观之,物无贵贱;以物观之,自贵而相贱;以俗观之,贵贱不在己。以差观之,因其所大而大之,则万物莫不大;因其所小而小之,则万物莫不小。知天地之为稊米也,知毫末之为丘山也,则差数睹矣[2]。以功观之,因其所有而有之,则万物莫不有;因其所无而无之,则万物莫不无。知东西之相反,而不可以相无,则功分定矣[3]。以趣观之,因其所然而然之,则万物莫不然,因其所非而非之,则万物莫不非[4]。知尧、桀之自然而相非,则趣操睹矣[5]。昔者尧、舜让而帝,之、哙让而绝;汤、武争而王,白公争而灭[6]。由此观之,争让之礼,尧、桀之行,贵贱有时,未可以为常也。梁丽可以冲城,而不可以窒穴,言殊器也[7]。骐骥骅骝,一日千里,捕鼠不如狸狌,言殊技也。鸱鸺夜撮蚤,察毫末,昼出瞋目而不见丘山,言殊性也[8]。故曰:盖师是而无非,师治而无乱乎[9]。是未明天地之理,万物之情者也。是犹师天而无地,师阴而无阳,其不可行明矣。然且语而不舍,非愚则诬也。帝王殊禅,三代殊继,差其时,逆其俗者,谓之篡夫;当其时,顺其俗者,谓之义徒。默默乎河伯,女恶知贵贱之门,大小之家?"

注释:

[1]恶:何。倪:边际,区分的意思。

[2]差数:差别的概念。睹:可见,明白。

[3]功分:功利的性分。

[4]趣:通"趋",思想倾向,价值标准。

[5]操:主观标准。

[6]之:燕国相名子之。哙:燕王名哙。燕王哙于周慎靓王五年(公元前316年)让王位给国相子之,燕大乱。齐乘机伐燕,杀哙与子之,燕国也几乎灭亡。白公:白公胜,楚平王孙,太子建因受陷害而流亡国外,生白公胜。后来白公胜回国,为了争夺政权发动武装政变,事败身亡。

[7]丽:通"欐"。梁丽:言木之大者。窒:塞。

[8]鸱鸺:猫头鹰。撮:聚。蚤:同"早"。

[9]师:推崇。

河伯曰:"然则我何为乎?何不为乎?吾辞受趣舍,吾终奈何[1]?"

北海若曰:"以道观之,何贵何贱,是谓反衍,无拘而志,与道大蹇[2]。何多何少,是谓谢施,无一而行,与道参差[3]。严乎若国之有君,其无私德;繇繇乎若祭之有社,其无私福[4];泛泛乎若四方之无穷,其无所畛域。兼怀万物,其孰承翼,是谓无方[5]。万物一齐,孰短孰长?道无终始,物有死生,不恃其成。一虚一满,不位乎其形[6]。年不可举,时不可止,消息虚盈,终则有始[7]。是所以语大义之方,论万物之理也。物之生也,若骤若驰,无动而不变,无时而不移。何为乎?何不为乎?夫固将自化。"

注释:

[1]辞受趣舍:推辞、接受、求取、舍弃。奈何:怎么办。

[2]衍:通"延"。反衍:反方向发展,言相互变化。而:你。蹇:阻塞,引申为违背。

[3]谢施:新陈代谢。谢:代谢,更替。施:延续。无一:不执着于不变。参差:不一样。

[4]严:通"俨"。繇繇:坦然自得的样子。求道者,如国君无私事,祭社无私福。

[5]翼：庇爱，偏护。无方：无固定方向，无所偏向。

[6]位：守住、固定。不位：不固定。

[7]举：提取。

河伯曰："然则何贵于道邪？"

北海若曰："知道者必达于理，达于理者必明于权，明于权者不以物害己。至德者，火弗能热，水弗能溺，寒暑弗能害，禽兽弗能贼。非谓其薄之也，言察乎安危，宁于祸福，谨于去就，莫之能害也[1]。故曰，天在内，人在外，德在乎天，知天人之行，本乎天，位乎德，蹢躅而屈伸，反要而语极[2]。"

曰："何谓天？何谓人？"

北海若曰："牛马四足，是谓天；落马首，穿牛鼻，是谓人[3]。故曰：无以人灭天，无以故灭命，无以得殉名[4]。谨守勿失，是谓反其真。"

注释：

[1]薄：迫近，引申为触犯。言接近而不被害。

[2]天在内，人在外，德在乎天：这一句意思是，天道是内在的，人为显现于外，道德在于顺应自然。蹢躅：或作"踯躅"：进退的样子。反要：返回大道。反，通"返"。极：尽。

[3]落：同"络"，辔头。

[4]人：人为。天：天然，天性。故：有心之作为，造作，与无为相反。得：贪得。殉：牺牲。

夔怜蚿，蚿怜蛇，蛇怜风，风怜目，目怜心[1]。

夔谓蚿曰："吾以一足趻踔而行，予无如矣[2]。今子之使万足，独奈何？"

蚿曰:"不然。子不见夫唾者乎?喷则大者如珠,小者如雾,杂而下者不可胜数也。今予动吾天机,而不知其所以然。"

蚿谓蛇曰:"吾以众足行,而不及子之无足,何也?"

蛇曰:"夫天机之所动,何可易邪?吾安用足哉!"

蛇谓风曰:"予动吾脊胁而行,则有似也[3]。今子蓬蓬然起于北海,蓬蓬然入于南海,而似无有,何也?"

风曰:"然。予蓬蓬然起于北海而入于南海也,然而指我则胜我,鰍我亦胜我[4]。虽然,夫折大木,蜚大屋者,唯我能也,故以众小不胜为大胜也[5]。为大胜者,唯圣人能之。"

注释:

[1]夔:神兽,一足。蚿:千足虫。

[2]踸(chěn)踔(chuō):跳跃。予无如:(简易)无如我。

[3]有似:似有足。

[4](然)而:你。指:用手指我(风)。鰍:蹴,足踏。这一句说你用手指我,用足踏我,我不能胜你,但这是小胜。

[5]蜚:同"飞"。

孔子游于匡,宋人围之数匝,而弦歌不惙[1]。子路入见,曰:"何夫子之如娱也?"

孔子曰:"来!吾语女。我讳穷久矣,而不免,命也;求通久矣,而不得,时也。当尧舜而天下无穷人,非知得也;当桀纣而天下无通人,非知失也;时势适然。夫水行不避蛟龙者,渔父之勇也;陆行不避兕虎者,猎夫之勇也;白刃交于前,视死若生者,烈士之勇也;知穷之有命,知通之有时,临大难而不惧者,圣人之勇也。由,处矣,吾命有所制矣[2]。"无几何,将甲者进,辞曰:"以为阳虎也,故围之。今非也,请辞而退。"

注释:

[1]匡:卫地,在今河南省长垣县。宋人:当是卫人之误。阳虎(鲁国季孙氏家臣,曾执政鲁国)曾暴虐匡人,孔子被误认为阳虎,故匡人围之。币(zā):即"匝",周。

[2]由:仲由,子路的名。处:安息。制:制于天,与前文的"时也"相似。

公孙龙问于魏牟曰[1]:"龙少学先王之道,长而明仁义之行;合同异,离坚白[2];然不然,可不可;困百家之知,穷众口之辩;吾自以为至达已。今吾闻庄子之言,汒焉异之[3]。不知论之不及与,知之弗若与? 今吾无所开吾喙,敢问其方[4]。"

注释:

[1]公孙龙:名家人物,赵人。魏牟:魏公子,即下文公子牟。
[2]离坚白:"离坚白"是公孙龙的著名观点。
[3]汒焉:同"茫然"。
[4]喙:口。

公子牟隐机大息,仰天而笑曰:"子独不闻夫埳井之蛙乎[1]? 谓东海之鳖曰:'吾乐与! 出跳梁乎井干之上,入休乎缺甃之崖,赴水则接腋持颐,蹶泥则没足灭跗,还虷蟹与科斗,莫吾能若也[2]。且夫擅一壑之水,而跨跱埳井之乐,此亦至矣,夫子奚不时来入观乎[3]!'东海之鳖左足未入,而右膝已絷矣[4]。于是逡巡而却,告之海曰:'夫千里之远,不足以举其大;千仞之高,不足以极其深。禹之时十年九潦,而水弗为加益;汤之时八年七旱,而崖不为加损。夫不为顷久推移,不以多少进退者,此亦东海之大乐也。'于是埳井之蛙闻之,适适然惊,规规然自失也[5]。

注释:

[1]埳(kǎn)井:即坎井,废井,浅井。
[2]甃(zhòu):井中垒砖。崖:边,指井沿。跗:脚面。虷(hán):井中赤虫。
[3]擅:专有。跨跱:盘踞。
[4]絷:绊住。
[5]适适然:吃惊的样子。规规然:失望的样子。

"且夫知不知是非之竟,而犹欲观于庄子之言,是犹使蚊负山,商蚷驰河也,必不胜任矣[1]。且夫知不知论极妙之言而自适一时之利者,是非埳井之蛙与?且彼方跐黄泉而登大皇,无南无北,奭然四解,沦于不测[2];无东无西,始于玄冥,反于大通。子乃规规然而求之以察,索之以辩,是直用管窥天,用锥指地也,不亦小乎!子往矣!且子独不闻夫寿陵余子之学行于邯郸与[3]?未得国能,又失其故行矣,直匍匐而归耳。今子不去,将忘子之故,失子之业。"公孙龙口呿而不合,舌举而不下,乃逸而走[4]。

注释:

[1]知不知:智力不知。竟:同"境"。商蚷:虫名,即马蚿,又称马陆。
[2]彼:指庄子。跐:踏。大皇:天。奭(shì)然:消散,一无阻碍的样子。沦:深。
[3]寿陵:燕国地名。余子:少年人。邯郸人善行走,燕国少年到邯郸学步。
[4]呿(qū):开。逸:逃走。

庄子钓于濮水,楚王使大夫二人往先焉[1],曰:"愿以境内累矣!"庄子持竿不顾,曰:"吾闻楚有神龟,死已三千岁矣,王巾笥而藏之庙堂之上。此龟者,宁其死为留骨而贵乎?宁其生而曳尾于途中乎[2]?"二大夫曰:"宁生而曳尾途中。"庄子曰:"往矣!吾将曳尾于途中。"

注释:

[1]濮水:流经濮阳县。往先:往见。
[2]巾笥:布裹竹箱。曳尾:摇尾巴。途中:泥中。

惠子相梁,庄子往见之。或谓惠子曰:"庄子来,欲代子相。"于是惠子恐,搜于国中三日三夜。庄子往见之,曰:"南方有鸟,其名曰鹓雏,子知之乎[1]?夫鹓雏,发于南海而飞于北海,非梧桐不止,非练实不食,非醴泉不饮[2]。于是鸱得腐鼠,鹓雏过之[3],仰而视之曰'吓!'今子欲以子之梁国而吓我邪?"

注释:

[1]鹓雏:凤凰一类的鸟。
[2]练实:苦楝(liàn)树的果实,俗称"金玲子"。醴泉:甘泉。
[3]鸱:猫头鹰。

庄子与惠子游于濠梁之上[1]。庄子曰:"鲦鱼出游从容,是鱼之乐也[2]。"惠子曰:"子非鱼,安知鱼之乐?"庄子曰:"子非我,安知我不知鱼之乐?"惠子曰:"我非子,固不知子矣;子固非鱼也,子之不知鱼之乐,全矣。"庄子曰:"请循其本。子曰'汝安知鱼乐'云者,既已知吾知之而问我,我知之濠上也。"

注释:

[1]濠梁:濠,水名,在今安徽凤阳县附近。梁:桥。

[2]儵(tiáo)鱼：一种白色的小鱼。

山　木

《山木》出自《庄子》外篇。

本文旨在论述处世之道。庄子认为，人世多患难，免除祸患之道，在于"洒心去欲"，"削迹捐势，不为功名"，"与时俱化"，顺其自然，然后才能"与道游"，"浮游乎万物之祖，物物而不物于物"。本文由9个寓言故事组成，生动形象，议论风生。

庄子行于山中，见大木，枝叶盛茂，伐木者止其旁而不取也。问其故，曰："无所可用。"庄子曰："此木以不材得终其天年。"

夫子出于山，舍于故人之家[1]。故人喜，命竖子杀雁而烹之[2]。竖子请曰："其一能鸣，其一不能鸣，请奚杀？"主人曰："杀不能鸣者。"

明日，弟子问于庄子曰："昨日山中之木，以不材得终其天年；今主人之雁，以不材死。先生将何处？"庄子笑曰："周将处乎材与不材之间。材与不材之间，似之而非也，故未免乎累。若夫乘道德而浮游则不然，无誉无訾，一龙一蛇，与时俱化，而无肯专为[3]；一上一下，以和为量，浮游乎万物之祖[4]；物物而不物于物，则胡可得而累邪[5]！此神农、黄帝之法则也。若夫万物之情，人伦之传，则不然。合则离，成则毁，廉则挫，尊则议，有为则亏，贤则谋，不肖则欺[6]。胡可得而必乎哉[7]！悲夫！弟子志之，其唯道德之乡乎[8]！"

注释：

[1]夫子：庄子。舍：住宿。故人：故友。

[2]竖子：童仆，小孩。雁：鹅。烹：享用。

[3]一龙一蛇：或者龙，或者蛇，言其变化不定。

[4]和：顺。量：度。万物之祖：万物的开始。

[5]物物：役使万物。第一个"物"：役使。物于物：被物役使。

[6]廉则挫：廉直则遇到挫折。尊则议：尊崇则会倾倒。议：倾倒。

[7]必：一定，言合、离、成、毁等皆不一定。这几句说的是"人伦之传"，言人事之复杂。

[8]道德之乡：自然之地，如前句所说的"万物之祖"，《逍遥游》中的"无何有之乡"。

市南宜僚见鲁侯，鲁侯有忧色[1]。市南子曰："君有忧色，何也？"鲁侯曰："吾学先王之道，修先君之业，吾敬鬼尊贤，亲而行之，无须臾离居，然不免于患，吾是以忧[2]。"市南子曰："君之除患之术浅矣。夫丰狐文豹，栖于山林，伏于岩穴，静也；夜行昼居，戒也；虽饥渴隐约，犹且胥疏于江湖之上而求食焉，定也[3]。然且不免于罔罗机辟之患，是何罪之有哉[4]？其皮为之灾也。今鲁国独非君之皮邪？吾愿君刳形去皮，洒心去欲，而游于无人之野[5]。南越有邑焉，名为建德之国[6]。其民愚而朴，少私而寡欲；知作而不知藏，与而不求其报；不知义之所适，不知礼之所将；猖狂妄行，乃蹈乎大方[7]；其生可乐，其死可葬。吾愿君去国捐俗，与道相辅而行[8]。"君曰："彼其道远而险，又有江山，我无舟车，奈何？"市南子曰："君无形倨，无留居，以为君车[9]。"君曰："彼其道幽远而无人，吾谁与为邻？吾无粮，我无食，安得而至焉？"市南子曰："少君之费，寡君之欲，虽无粮而乃足。君其涉于江而浮于海，望之而不见其崖，愈往而不知其所穷。送君者皆自崖而反,君自此远矣!故有人者累,见有于人者忧,故尧非有人,非见有于人也[10]。吾愿去君之累,除君之忧,而独与道游于大莫之国[11]。方舟而济于河,有虚船来触舟,虽有惼心之人不怒[12];有一人在其上,则呼张歙之[13];一呼而不闻,再呼而不闻,于是三呼邪,则必以恶声随之。向也不怒而今也怒,向也虚而今也实。人能虚己以游世,其孰能害之!"

注释:

[1]市南宜僚:熊宜僚,居市南,因以为号。
[2]先王:周文王。先君:鲁之先君周公伯禽。离居:离开停下来。
[3]隐约:处于困境。胥疏:疏远。胥:疏。
[4]罔罗机辟:捕捉鸟兽的工具,指各种陷阱。
[5]刳形:剖开形体。洒心:荡涤心中的杂念。
[6]南越:战国时南方的一个部落,借指遥远的地方。
[7]猖狂妄行:随心所欲。大方:大道。
[8]捐俗:捐弃俗务。
[9]形倨:形态倨傲。留居:停下来,指有执念。
[10]有人:有人民役使。见有于人:被人役使。
[11]大莫:广漠。
[12]虚舟:空船。触:碰撞。惼心:偏狭之心。
[13]张歙:张开、关闭。歙:同"翕",收敛。

北宫奢为卫灵公赋敛以为钟,为坛乎郭门之外[1]。三月而成上下之县[2]。王子庆忌见而问焉[3],曰:"子何术之设?"奢曰:"一之间,无敢设也[4]。奢闻之:'既雕既琢,复归于朴。'侗乎其无识,傥乎其怠疑[5];萃乎芒乎,其送往而迎来[6];来者勿禁,往者勿止;从其强梁,随其曲傅,因其自穷[7]。故朝夕赋敛而毫毛不挫,而况有大涂者乎[8]!"

注释：

[1]北宫奢：卫国大夫，居于北宫，名奢，因以为号。赋敛：收取（铸钟）之费。坛：土筑高台。

[2]上下之县：上下两层的钟架。

[3]王子庆忌：人名，周之王子，仕于卫。

[4]一之间：纯一，指心无他念，只在为君主造钟。

[5]侗乎：纯朴的样子。傥乎：无心的样子。怠疑：不进的样子。

[6]萃乎芒乎：聚集在一起，分辨不清。萃：聚。芒：不辨。

[7]强梁：不顺从的。曲傅：顺从的。自穷：尽自己的能力。这一句说，赋敛不强求，顺其自然。

[8]大涂者：懂大道的人。

孔子围于陈、蔡之间，七日不火食[1]。大公任往吊之[2]，曰："子几死乎？"曰："然。""子恶死乎？"曰："然。"任曰："予尝言不死之道。东海有鸟焉，其名曰意怠。其为鸟也，翂翂翐翐，而似无能[3]；引援而飞，迫胁而栖[4]；进不敢为前，退不敢为后；食不敢先尝，必取其绪[5]。是故其行列不斥，而外人卒不得害，是以免于患。直木先伐，甘井先竭。子其意者饰知以惊愚，修身以明汙，昭昭乎如揭日月而行，故不免也[6]。昔吾闻之大成之人曰[7]：'自伐者无功，功成者堕，名成者亏[8]。'孰能去功与名而还与众人！道流而不明居，得行而不名处，纯纯常常，乃比于狂，削迹捐势，不为功名[9]。是故无责于人，人亦无责焉。至人不闻，子何喜哉！"孔子曰："善哉！"辞其交游，去其弟子，逃于大泽；衣裘褐，食杼栗[10]；入兽不乱群，入鸟不乱行。鸟兽不恶，而况人乎！

注释：

[1]围于陈、蔡：指孔子周游列国,在陈蔡之间被楚国军队围困一事。
[2]大公任：大公,老者尊称；任,人名,或为当时的贤者。吊：慰问。
[3]翂(fēn)翂翐(zhì)翐：形容鸟群舒缓地循序而飞。
[4]引援：群飞。迫胁：踌躇不得已。
[5]绪：剩余的。
[6]饰知以惊愚：修饰才智来惊骇愚俗之人。汙：污浊。揭：举。
[7]大成：指老子。
[8]见《老子》二十四章。堕：落,败。
[9]道流而不明居：有道行而不自明显居。得行：德行。比于狂：同于愚人。削迹捐势：去掉行迹和权势。
[10]裘褐：粗布衣服。裘：皮衣。杼栗：栎属的子实,野果。

　　孔子问子桑雽曰[1]:"吾再逐于鲁,伐树于宋,削迹于卫,穷于商、周,围于陈、蔡之间[2]。吾犯此数患,亲交益疏,徒友益散,何与？"子桑雽曰："子独不闻假人之亡与[3]？林回弃千金之璧,负赤子而趋[4]。或曰：'为其布与[5]？赤子之布寡矣。为其累与？赤子之累多矣。弃千金之璧,负赤子而趋,何也？'林回曰：'彼以利合,此以天属也[6]。'夫以利合者,迫穷祸患害相弃也；以天属者,迫穷祸患害相收也。夫相收之与相弃亦远矣。且君子之交淡若水,小人之交甘若醴；君子淡以亲,小人甘以绝。彼无故以合者,则无故以离。"孔子曰："敬闻命矣！"徐行翔佯而归,绝学捐书,弟子无挹于前,其爱益加进[7]。异日,桑雽又曰："舜之将死,乃命禹曰：'汝戒之哉！形莫若缘,情莫若率[8]。'缘则不离,率则不劳；不离不劳,则不求文以待形[9]；不求文以待形,固不待物。"

注释：

[1] 子桑雽：隐者，姓桑名雽；子，尊称。

[2] 逐于鲁：指孔子在鲁定公时在大司寇任上离开鲁国一事。伐树于宋：指孔子在宋国时，曾在一棵树下休息，宋国司马桓魋（tuí）砍到大树，对孔子发出威胁一事。削迹于卫：指孔子在卫国匡地被人误认为阳虎，受到围困一事。穷：穷途，不得志。

[3] 假人：殷人。殷，战国时宋国别称。亡：逃亡。

[4] 林回：殷之逃民。赤子：婴儿，小孩。趋：快走，逃亡。

[5] 布：钱财，古代的一种钱币。

[6] 彼：指为利的人。天属：天性相连。

[7] 翔佯：形容徐行闲放的样子。挹：同"揖"。

[8] 缘：因缘，因其自然。率：真率。

[9] 文：虚文。

庄子衣大布而补之，正緳系履而过魏王[1]。魏王曰："何先生之惫邪？"庄子曰："贫也，非惫也。士有道德不能行，惫也；衣弊履穿，贫也，非惫也，此所谓非遭时也。王独不见夫腾猿乎？其得柟梓豫章也，揽蔓其枝而王长其间，虽羿、蓬蒙不能眄睨也[2]。及其得柘棘枳枸之间也，危行侧视，振动悼栗，此筋骨非有加急而不柔也，处势不便，未足以逞其能也[3]。今处昏上乱相之间，而欲无惫，奚可得邪？此比干之见剖心，征也夫[4]！"

注释：

[1] 大布：粗布。正緳系履：以麻绳穿鞋。正，以。緳，麻绳。

[2] 柟梓豫章：指高大直木。揽蔓：攀援。王长：自得。羿：后羿。蓬蒙：后羿之弟子。眄（miǎn）睨：轻视。

[3] 柘棘枳枸：丛杂有刺的小木。悼栗：颤栗。处势：所处时势，所处环境。

[4]比干：比干：殷纣王的庶出叔叔，被纣王剖心。征：证明。

孔子穷于陈、蔡之间，七日不火食，左据槁木，右击槁枝，而歌猋氏之风，有其具而无其数，有其声而无宫角，木声与人声，犁然有当于人之心[1]。颜回端拱还目而窥之[2]。仲尼恐其广己而造大也，爱己而造哀也[3]，曰："回，无受天损易，无受人益难[4]。无始而非卒也，人与天一也[5]。夫今之歌者其谁乎！"回曰："敢问无受天损易。"仲尼曰："饥渴寒暑，穷桎不行，天地之行也，运物之泄也，言与之偕逝之谓也[6]。为人臣者，不敢去之。执臣之道犹若是，而况乎所以待天乎？""何谓无受人益难？"仲尼曰："始用四达，爵禄并至而不穷，物之所利，乃非己也，吾命其在外者也[7]。君子不为盗，贤人不为窃。吾若取之何哉？故曰：鸟莫知于鹔鹏，目之所不宜处不给视，虽落其实，弃之而走[8]。其畏人也而袭诸人间，社稷存焉尔[9]！""何谓无始而非卒？"仲尼曰："化其万物而不知其禅之者，焉知其所终[10]？焉知其所始？正而待之而已耳。""何谓人与天一邪？"仲尼曰："有人，天也；有天，亦天也。人之不能有天，性也。圣人晏然体逝而终矣[11]！"

注释：

[1]猋(biāo)氏：猋氏，指神农氏。有其具而无其数：有枝木而没有节奏。无宫角：不合五音。犁然：悠然。

[2]端拱：垂手直立。还目：回目。

[3]广己而造大：宽慰自己而言辞夸大。爱己而造哀：爱惜自己而过于哀伤。

[4]受天损易：接受自然的损失容易。天损：自然的损失。受人益难：接受人的益处困难。

[5]无始而非卒：无始无终。非：无。人与天一：人和天是一体的。

[6]穷桎不行：穷困不通。泄：动。与之偕逝：和天一起变化。

[7]始用四达:初始被任用很顺利。四达:言顺利。物之所利,乃非己:外物之利,不是自己所本有。

[8]鹪鹩:燕。

[9]袭诸人间:和人相处而存。袭:入。社稷:指鸟巢。

[10]禅:代,承袭。

[11]晏然:安然。体逝:身体消失,言随自然而变化。

  庄周游于雕陵之樊,睹一异鹊自南方来者,翼广七尺,目大运寸,感周之颡而集于栗林[1]。庄周曰:"此何鸟哉! 翼殷不逝,目大不睹[2]?"蹇裳躩步,执弹而留之[3]。睹一蝉,方得美荫而忘其身,螳螂执翳而搏之,见得而忘其形;异鹊从而利之,见利而忘其真[4]。庄周怵然曰:"噫! 物固相累,二类相召也[5]。"捐弹而反走,虞人逐而谇之[6]。庄周反入,三日不庭[7]。蔺且从而问之:"夫子何为顷间甚不庭乎[8]?"庄周曰:"吾守形而忘身,观于浊水而迷于清渊。且吾闻诸夫子曰:'入其俗,从其令。'今吾游于雕陵而忘吾身,异鹊感吾颡,游于栗林而忘真。栗林虞人以吾为戮,吾所以不庭也[9]。"

注释:

[1]雕陵:丘陵的名字。樊:藩篱,园林。目大运寸:眼睛直径有一寸。运:直径。感:感触,触碰。颡(sǎng):额头。

[2]殷:广大。逝:去,飞去。不睹:看不到,言目光迟钝。

[3]蹇裳:提起衣服。躩(jué)步:快步走。执弹:拿着弹弓。留:留心,观察。

[4]翳:树荫。忘其形:忘了自己。忘其真:忘其性命,忘了自己。

[5]二类:蝉与螳螂,螳螂与鹊。相召:因利而相互召唤。

[6]虞人:守园林之人。谇(suì):责骂。守园之人以为庄子要偷栗子,故有责骂。

[7]不庭:不愉快。

[8]蔺且:庄子学生。顷间:近来。

[9]戮:辱。

阳子之宋,宿于逆旅[1]。逆旅人有妾二人,其一人美,其一人恶,恶者贵而美者贱。阳子问其故,逆旅小子对曰:"其美者自美,吾不知其美也;其恶者自恶,吾不知其恶也。"阳子曰:"弟子记之:行贤而去自贤之行,安往而不爱哉!"

注释:

[1]阳子:杨子,疑即杨朱,道家人物,孟子《四十不动心》章中提到杨朱,杨朱与墨翟大约是同时代人物,早于孟子。逆旅:旅店。

外 物

本篇出自《庄子》杂篇。"外物",自身以外之物。

本篇主旨是讲养生处世的哲学。庄子认为,人对自身以外的事物是难以预知的,"外物不可必"。所以,忠臣被杀,孝子伤悲,庄周借贷而不得;后世之徒知小而不知大,被盗墓主知生而不知死;孔子知一世之伤而不知万世之患;神龟神则神矣,而不知"避剖肠之患";惠子知有用之用而不知无用之用。这是因为,人"知有所困,神有所不及",故而顺其自然,无知无为,甚至忘掉言语,才是全身之道。

本篇由多个故事连缀而成,故事生动有趣,但后人对故事的理解见仁见智。这大概也是庄子文章的魅力之一。

外物不可必,故龙逢诛,比干戮,箕子狂,恶来死,桀纣亡[1]。人主莫不欲其臣之忠，而忠未必信，故伍员流于江，苌弘死于蜀，藏其血三年而化为碧[2]。人亲莫不欲其子之孝，而孝未必爱，故孝己忧而曾参悲[3]。木与木相摩而然，金与火相守则流。阴阳错行，则天地大絯，于是乎有雷有霆，水中有火，乃焚大槐[4]。有甚忧两陷而无所逃，螴蜳不得成，心若县于天地之间，慰暋沈屯，利害相摩，生火甚多[5]；众人焚和，月固不胜火，于是乎有僓然而道尽[6]。

注释：

[1]必：确定。龙逢：关龙逢，夏桀王的大臣。比干：殷纣王的大臣。箕子：殷纣王叔，贤臣。恶来：殷纣王的谀臣。

[2]伍员：伍子胥。苌弘：周灵王大臣，放逐蜀地而死，其血化为碧玉。

[3]孝己：殷高宗儿子，至孝，受后母折磨而死。曾参：至孝，不被父母所爱，故悲伤。

[4]絯：骇，惊动之意。水中有火：雨水中雷电生火。

[5]两陷：陷入利害两端。螴(chén)蜳(dūn)：怵惕不安之意。慰暋沈屯：郁闷沉溺。生火：言内心焦虑。

[6]焚和：焚烧内心的和气。月：言内心的清澈。僓然：即颓然。道尽：道失。

庄周家贫，故往贷粟于监河侯[1]。监河侯曰："诺。我将得邑金，将贷子三百金，可乎[2]？"庄周忿然作色曰："周昨来，有中道而呼者。周顾视车辙中，有鲋鱼焉。周问之曰：'鲋鱼来！子何为者邪？'对曰：'我，东海之波臣也。君岂有斗升之水而活我哉？'周曰：'诺。我且南游吴越之王，激西江之水而迎子，可乎[3]？'鲋鱼忿然作色曰：'吾失我常与，我无所处。吾得斗升之水然活耳，君乃言此，曾不如早索我于枯鱼之肆！'"

注释：

[1]监河侯：管理河道的官员。
[2]邑金：封地的税金。
[3]吴越之王：或为吴越之土。激：引。西江：蜀江。

　　任公子为大钩巨缁，五十犗以为饵，蹲乎会稽，投竿东海，旦旦而钓，期年不得鱼[1]。已而大鱼食之，牵巨钩，錎没而下，骛扬而奋鬐，白波如山，海水震荡，声侔鬼神，惮赫千里[2]。任公子得若鱼，离而腊之，自制河以东，苍梧已北，莫不厌若鱼者[3]。已而后世辁才讽说之徒，皆惊而相告也[4]。夫揭竿累，趣灌渎，守鲵鲋，其于得大鱼难矣[5]。饰小说以干县令，其于大达亦远矣，是以未尝闻任氏之风俗，其不可与经于世，亦远矣[6]。

注释：

[1]任公子：任国之公子。缁：黑色的绳索。犗：犍牛。旦旦：天天。
[2]錎：陷。骛扬：狂奔。鬐：鱼鳍。惮赫：震惊。
[3]离：分离。腊：做成腊肉干。制河：即浙江。苍梧：在岭南，今广西苍梧县。厌：通"餍"，饱食。
[4]已而：后来。辁才：小才。讽说：讽诵传说。
[5]竿累：小鱼竿。趣：趋，到。灌渎：小河。鲵鲋：小鱼。
[6]小说：小的见识说辞，与今天的"小说"含义不同。干县令：求高的名声。经于世：经世。亦远：（和任氏相比）也相差很远。

　　儒以诗礼发冢，大儒胪传曰："东方作矣，事之何若[1]？"小儒曰："未解裙襦，口中有珠。诗固有之曰：'青青之麦，生于陵陂。生不布施，死何含珠为！[2]'""接其鬓，压其颥，而以金椎控其颐，徐别其颊,无伤口中珠[3]!"

注释:

[1]儒:儒士。胪传:从上往下传音。作:日出。
[2]逸诗,讽刺死者。
[3]颛(huì):下巴胡须。颐:腮。"接其鬓"以下句,是大儒说的。

老莱子之弟子出薪[1],遇仲尼,反以告曰:"有人于彼,修上而趋下,末偻而后耳,视若营四海,不知其谁氏之子[2]?"老莱子曰:"是丘也,召而来。"仲尼至。曰:"丘!去汝躬矜与汝容知,斯为君子矣。"仲尼揖而退,蹙然改容而问曰:"业可得进乎?"老莱子曰:"夫不忍一世之伤而骜万世之患,抑固窭邪,亡其略弗及邪[3]?惠以欢为骜,终身之丑,中民之行进焉耳,相引以名,相结以隐[4]。与其誉尧而非桀,不如两忘而闭其所誉。反,无非伤也,动,无非邪也[5]。圣人踌躇以兴事,以每成功,奈何哉其载焉终矜尔[6]!"

注释:

[1]老莱子:楚之贤人,隐者。出薪:出去打柴。
[2]修上而趋下:言上身长下身短。末偻:背偻。后耳:耳朵后贴。视若营四海:言目光高远,若营天下。
[3]骜:轻视。骜万世之患:言孔子行仁义,实际上留下万世之患。窭:丑陋,不足。亡其:或是。亡其略弗及:或者智力不足。
[4]惠:恩惠。欢:博取众人之欢心。言以施恩惠来博取众人之欢,以为骄傲。中民:庸人。中民之行:言孔子的作为不过是庸人的做法。隐:私。相结以隐:言相结以私恩。
[5]两忘:忘却善恶是非。反,无非伤:反于物性,无不损伤。动,无非邪:扰动心神,无非是邪道。
[6]踌躇:犹豫,言谨慎。每:经常。其载焉终矜尔:你行仁义始终骄傲。载:

从事。

宋元君夜半而梦人被发窥阿门[1],曰:"予自宰路之渊,予为清江使河伯之所,渔者余且得予[2]。"元君觉,使人占之,曰:"此神龟也。"君曰:"渔者有余且乎?"左右曰:"有。"君曰:"令余且会朝。"明日,余且朝。君曰:"渔何得?"对曰:"且之网得白龟焉,其圆五尺。"君曰:"献若之龟。"龟至,君再欲杀之,再欲活之,心疑,卜之,曰:"杀龟以卜吉。"乃刳龟,七十二钻而无遗筴[3]。仲尼曰:"神龟能见梦于元君,而不能避余且之网;知能七十二钻而无遗,不能避刳肠之患。如是,则知有所困,神有所不及也。虽有至知,万人谋之,鱼不畏网而畏鹈鹕。去小知而大知明,去善而自善矣。婴儿生无石师而能言,与能言者处也[4]。"

注释:

[1]宋元君:宋国国君,名佐。被发:披发。阿门:旁门,侧门。
[2]宰路:地名,不详。清江使:扬子江的使者。河伯:黄河之神。余且:渔夫之名。
[3]刳(kū):剖开。筴:通"策"。钻龟背占卜,计算吉凶,毫无遗失。
[4]石师:硕师,饱学之师。

惠子谓庄子曰:"子言无用。"庄子曰:"知无用而始可与言用矣。天地非不广且大也,人之所用容足耳。然则厕足而垫之,致黄泉,人尚有用乎[1]?"惠子曰:"无用。"庄子曰:"然则无用之为用也亦明矣。"

注释:

[1]这一句是说,地广大无用者多,如果把立足之外的所有土地都挖掉,则立

足之处还有用吗？言无用之为用。

庄子曰："人有能游,且得不游乎？人而不能游,且得游乎[1]？夫流遁之志,决绝之行,噫,其非至知厚德之任与[2]！覆坠而不反,火驰而不顾,虽相与为君臣,时也,易世而无以相践[3]。故曰至人不留行焉[4]。夫尊古而悲今,学者之流也。且以狶韦氏之流观今之世,夫孰能不波[5]？唯至人乃能游于世而不僻,顺人而不失己。彼教不学,承意不彼[6]。"

注释：

[1]游：悠游自在之意,言世有通达之人。

[2]流遁：隐遁。决绝：绝世。非至知厚德之任：言（隐遁绝世）不是大德之人要做的。

[3]覆坠：陷溺于世俗。火驰：逐于世如火之急。易世：时代变异。无以相践：无法相同。这一句说,世事变化,各不相同,不应拘泥于过去,所以有下一句"至人不留行"之说。

[4]至人：大德通达之人。留行：滞留于（过去的）行迹。

[5]狶韦氏：传说中的远古帝王。波：动,变化。

[6]教：教条,不变的。这一句是说,他们尊古薄今之教,是不用学的,也可以承其意而不分彼此。

目彻为明,耳彻为聪,鼻彻为颤,口彻为甘,心彻为知,知彻为德[1]。凡道不欲壅,壅则哽,哽而不止则跈,跈者众害生[2]。物之有知者恃息,其不殷,非天之罪[3]。天之穿之,日夜无降,人则顾塞其窦[4]。胞有重阆,心有天游[5]。室无空虚,则妇姑勃溪；心无天游,则六凿相攘[6]。大林丘山之善于人也,亦神者不胜[7]。

注释:

[1]彻:通彻。颤:灵敏。

[2]哽:阻塞。跈(jiàn):同"践",践踏。这一句说,道路不拥堵才能通行,拥堵不通则践踏,践踏则害众生。

[3]恃息:依赖气息。言物的直觉依赖气息。殷:盛大。

[4]天之穿之:天穿通万物。无降:不止。窦:孔。

[5]重阆:空旷之地。这一句言人的身上有空隙以行气,心有闲处,可以与自然游。

[6]悖溪:悖理。言居室狭小,妇姑无以尽礼。六凿:指人之耳目等六孔。相攘:相干扰。

[7]神:心神。不胜:不胜欢欣。

德溢乎名,名溢乎暴,谋稽乎諔,知出乎争,柴生乎守,官事果乎众宜[1]。春雨日时,草木怒生,铫鎒于是乎始修,草木之到植者过半而不知其然[2]。

注释:

[1]溢:满溢。暴:曝。諔:急,急而求于谋。柴:塞,言因闭塞而固守。

[2]铫(yáo)鎒(nòu):农具。修:修除草木。到植:再生。

静然可以补病,眦搣可以休老,宁可以止遽[1]。虽然,若是,劳者之务也,佚者之所未尝过而问焉。圣人之所以駴天下,神人未尝过而问焉[2];贤人所以駴世,圣人未尝过而问焉;君子所以駴国,贤人未尝过而问焉;小人所以合时,君子未尝过而问焉。

注释：

[1]眦㧑(miè)：犹如今之按摩术。休老：养老。遽：急迫。言安静可以止急促之心。

[2]駴(hài)：通"骇"，惊骇，惊动。

演门有亲死者，以善毁爵为官师，其党人毁而死者半[1]。

尧与许由天下，许由逃之。汤与务光，务光怒之[2]，纪他闻之，帅弟子而踆于窾水[3]，诸侯吊之，三年，申徒狄因以踣河[4]。

注释：

[1]演门：宋国之城门。毁：毁容装，言居丧期间孝心虔诚。爵：封爵。官师：官吏，低级官吏。党人：乡人。这一句说，乡人为死者毁容装者过半，言其乡人欲仿效之而得官。

[2]与：给予。许由：上古隐士。务光：商汤时的隐士。

[3]纪他：隐士。踆(qūn)：止，隐居。窾水：水名。

[4]申徒狄：传说殷商时的愤世嫉俗者。踣(bó)河：投水自杀。

荃者所以在鱼，得鱼而忘荃[1]；蹄者所以在兔，得兔而忘蹄[2]；言者所以在意，得意而忘言。吾安得夫忘言之人而与之言哉！

注释：

[1]荃：筌，渔具。

[2]蹄：兔网。

《管 子》

管仲(？—公元前645年),名夷吾,字仲,齐国颍上(今安徽颍上)人,春秋时期齐国著名的政治家、军事家。

管仲"既任政相齐,以区区之齐在海滨,通货积财,富国强兵,与俗同好恶……其为政也,善因祸而为福,转败而为功。贵轻重,慎权衡。"(《史记·管晏列传》)在任内实行一系列政治经济改革措施,使齐国国力大振,辅佐齐桓公"九合诸侯",成为春秋的霸主。

孔子说:"管仲相桓公,霸诸侯,一匡天下,民到于今受其赐。微管仲,吾其被发左衽矣。"(《论语·宪问》)

《管子》一书托名管子,实际上是稷下学派推尊管仲之作的集结。今本《管子》共86篇,其中10篇仅存目录,实存76篇。《管子》书是管子治国思想的汇编,内容丰富,涵盖政治、经济、军事、法治、道德诸多领域,"凡管子书,务富国安民,道约言要,可以晓合经义"(刘向《管子叙录》)。从思想方面看,《管子》书以道、法家的言论最多,同时也吸收了儒家、兵家、纵横家、农家、阴阳家等先秦诸子学派的观点,是了解先秦诸子百家思想的重要典籍。

本书选录的两篇,侧重于法家思想的表达。《牧民》是管子治国思想和原则的概述,《重令》是有关法治思想的论述。

《管子》书较为通行的版本为黎翔凤的《管子校注》。

牧　民

《牧民》是《管子》书的第一篇。

这篇文章由五个部分组成，小标题分别是"国颂"、"四维"、"四顺"、"十一经"和"六亲五法"，是管子治国思想和原则的概述。管子认为"仓廪实则知礼节，衣食足则知荣辱"，揭示了经济发展和伦理道德之间的关系；以"礼义廉耻"作为国之四维，认为"四维不张，国乃灭亡"，把道德建设提高到国家兴亡的高度；重视民心的作用，"政之所兴，在顺民心"，体现了管子以民为本的治国理念；重视法治，认为"严刑罚，则民远邪"，反映了管子德治与法治并重的思想。

本文有不少经典名句，语言整齐，富有文采和可读性。

国　颂

凡有地牧民者，务在四时，守在仓廪[1]。国多财则远者来，地辟举则民留处，仓廪实则知礼节，衣食足则知荣辱[2]，上服度则六亲固，四维张则君令行[3]。故省刑之要，在禁文巧，守国之度，在饰四维，顺民之经，在明鬼神，祇山川，敬宗庙，恭祖旧[4]。不务天时则财不生，不务地利则仓廪不盈。野芜旷则民乃菅，上无量则民乃妄[5]。文巧不禁则民乃淫，不璋两原则刑乃繁[6]。不明鬼神则陋民不悟，不祇山川则威令不闻，不敬宗庙则民乃上校，不恭祖旧则孝悌不备。四维不张，国乃灭亡[7]。

注释：

[1]有地牧民者：指国君。牧民：治民。

[2]辟举：开垦，开发。留处：留在原居住地，言人口稳定。

[3]上：君主。服度：遵守礼法。六亲：泛指亲属。固：牢固，稳定。四维：礼义廉耻。

[4]文巧：文饰巧辩。饰：整饬。经：常，根本。明：尊。祇：敬。旧：旧法、旧制。

[5]芜旷：荒废。营：懈怠。上无量：与前文"上服度"相对，指君主无限制，不尊礼法。妄：妄作妄为。

[6]璋：雍塞。两原：两个根源，指上一句民惰民妄。

[7]上校：即尚校，指危害于上。

四　维

国有四维，一维绝则倾，二维绝则危，三维绝则覆，四维绝则灭[1]。倾可正也，危可安也，覆可起也，灭不可复错也[2]。何谓四维？一曰礼，二曰义，三曰廉，四曰耻。礼不踰节，义不自进，廉不蔽恶，耻不从枉[3]。故不踰节则上位安，不自进则民无巧诈，不蔽恶则行自全，不从枉则邪事不生。

注释：

[1]绝：断。倾：倾斜。覆：倒。

[2]复错：挽救。错：通"措"。

[3]踰节：超越法度。自进：不由荐举，言自行钻营。耻：知耻。从枉：做违法之事。

四　顺

政之所兴，在顺民心；政之所废，在逆民心。民恶忧劳，我佚乐之;民恶贫贱,我富贵之;民恶危坠,我存安之[1];民恶灭绝,我生育之[2]。能佚乐之,则民为之忧劳;能富贵之,则民为之贫贱;能存安之,则民为之危坠;能生育之,则民为之灭绝。故刑罚不足以畏其意,杀戮不足以服其心[3]。故刑罚繁而意不恐,则令不行矣,杀戮众而心不服,则上位危矣[4]。故从其四欲,则远者自亲,行其四恶,则近者叛之。故知"予之为取者,政之宝也[5]"。

注释:

[1]危坠:危亡。存安:生存安定。
[2]灭绝:灭亡断绝后代。
[3]畏:使之畏惧。
[4]繁:多。意不恐:心中不害怕,言刑罚失去威力。
[5]予之为取:给予就是得到。取:得到。

十一经

错国于不倾之地,积于不涸之仓,藏于不竭之府,下令于流水之原[1]。使民于不争之官,明必死之路,开必得之门[2]。不为不可成,不求不可得,不处不可久,不行不可复[3]。错国于不倾之地者,授有德也[4]。积于不涸之仓者,务五谷也。藏于不竭之府者,养桑麻育六畜也。下令于流水之原者,令顺民心也。使民于不争之官者,使各为其所长也。明必死之路者,严刑罚也。开必得之门者,信庆赏也。不为不可成者,量民力也。不求不可得者,不强民以其所恶也[5]。不处不可久者,不偷取一世也[6]。不行不可复者,不欺其民也。故授有德则国安,务五谷则食足,养桑麻育六畜则民富,令顺民心则威令行,使民各为其所长则用备,严刑罚则民远邪,信庆赏则民轻难[7]。量民力则事无不成,不强民以其所恶则诈伪不生,不偷取一世则民无怨心，不欺其民则下亲其上。

注释：

[1]错：置。涸：干涸。流水之原：流水的源头。言下令如水从源出，顺应民心。

[2]不争之官：不相互争夺的职位，言人各得其位。必死之路：（犯罪）必死的路。必得之门：（有功）一定能得到赏赐的门。

[3]不处：停留。复：重复。这几句说，不做不可能的事情。

[4]授有德：（政权）授予有德之人。

[5]强：勉强，强求。

[6]偷取：苟且取得。

[7]轻难：轻视困难，言不怕困难。

六亲五法

以家为乡，乡不可为也[1]；以乡为国，国不可为也；以国为天下，天下不可为也。以家为家，以乡为乡，以国为国，以天下为天下。毋曰不同生，远者不听[2]。毋曰不同乡，远者不行。毋曰不同国，远者不从。如地如天，何私何亲[3]？如月如日，唯君之节[4]。御民之辔，在上之所贵[5]。道民之门，在上之所先[6]。召民之路，在上之所好恶。故君求之则臣得之，君嗜之则臣食之，君好之则臣服之，君恶之则臣匿之[7]。毋蔽汝恶，毋异汝度，贤者将不汝助[8]。言室满室，言堂满堂，是谓圣王[9]。城郭沟渠不足以固守，兵甲彊力不足以应敌，博地多财不足以有众。惟有道者，能备患于未形也，故祸不萌[10]。天下不患无臣，患无君以使之。天下不患无财，患无人以分之[11]。故知时者可立以为长，无私者可置以为政，审于时而察于用而能备官者，可奉以为君也[12]。缓者后于事，吝于财者失所亲，信小人者失士[13]。

注释:

[1] 以家为乡:用管理家的方式治理乡。为:治理。

[2] 毋:不要。不同生:不同宗亲,不同姓。远者不听:外来人就不听从。这一句说,作为管理者,不要因为不属于宗亲,就有远近之别,就区别对待,这样的话,外来的人就不听从你,意思是管理者要一视同仁。

[3] 何私何亲:无私无亲。何:哪里有,表示反问。

[4] 唯:助词。节:气度。这一句说,无私是君之气度。

[5] 贵:看重。

[6] 道:导。先:提倡。

[7] 臣得之:臣得到之。以下几句言君民同欲。

[8] 异汝度:改变你的法度。不汝助:不助汝。

[9] 言室满室:言于室则言满于室,是说在室内说话要满室的人都听到,意指君主要开诚布公。下一句意思相近。

[10] 萌:萌生。

[11] 患无人以分之:担心没有公正的人来分配。

[12] 备官:设官。

[13] 缓者:见识迟缓的人。士:贤人,有才学的人。

重 令

"重令"即以"法令"为重,重视法令。

文章认为,"安国在乎尊君,尊君在乎行令,行令在乎严罚。故明君察于治民之本,本莫要于令"。文章从国家行政之人、事、物诸方面议论重令的作用,指出令重"则远近一心;远近一心,则众寡同力;众寡同力;则战可以必胜,而守可以必固。非以并兼攘夺也,以为天下政治也,此正天下之道也"。本文论法,语气相当严厉。

  凡君国之重器,莫重于令。令重则君尊,君尊则国安;令轻则君卑,君卑则国危。故安国在乎尊君,尊君在乎行令,行令在乎严罚。罚严令行,则百吏皆恐;罚不严,令不行,则百吏皆喜。故明君察于治民之本,本莫要于令。故曰:亏令者死,益令者死,不行令者死,留令者死,不从令者死[1]。五者死而无赦,唯令是视。故曰:令重而下恐。

注释:

[1]亏:损,删减。益:增添。留:扣留。

  为上者不明,令出虽自上,而论可与不可者在下[1]。夫倍上令以为威,则行恣于己以为私,百吏奚不喜之有[2]?且夫令出虽自上,而论可与不可者在下,是威下系于民也[3]。威下系于民,而求上之毋危,不可得也。令出而留者无罪,则是教民不敬也[4]。令出而不行者毋罪,行之者有罪,是皆教民不听也。令出而论可与不可者在官,是威下分也[5]。益损者毋罪,则是教民邪途也。如此,则巧佞之人,将以此成私为交;比周之人,将以此阿党取与[6];贪利之人,将以此收货聚财;懦弱之人,将以此阿贵事富;便辟伐矜之人,将以此买誉成名[7]。故令一出,示民邪途五衢[8],而求上之毋危,下之毋乱,不可得也。

注释:

[1]论可与不可者在下:议论可行与否的权力在臣下。
[2]倍:通"背",违背。恣:肆意。奚不喜之有:哪里有不喜欢的?

[3]民：臣民，下属。
[4]留者：扣押法令的人。
[5]威下分：君的权威下分。
[6]巧佞：机巧奸诈，阿谀奉承。阿党：逢迎上意。
[7]便辟：谄媚逢迎，指君主身边的小人。伐矜：夸耀。
[8]五衢：五条大道。

菽粟不足，末生不禁，民必有饥饿之色，而工以雕文刻镂相稺也[1]，谓之逆。布帛不足，衣服毋度，民必有冻寒之伤，而女以美衣锦绣綦组相稺也[2]，谓之逆。万乘藏兵之国，卒不能野战应敌，社稷必有危亡之患，而士以毋分役相稺也[3]，谓之逆。爵人不论能，禄人不论功，则士无为行制死节，而群臣必通外请谒，取权道行，事便辟，以贵富为荣华以相稺也，谓之逆[4]。

注释：

[1]菽：豆类。末生：工商技艺。稺：同"稚"，骄傲。
[2]綦组：即纂组，精美的织锦。
[3]分役：承担兵役。
[4]行制：按法行事。死节：为国牺牲。通外请谒：结交外国。取权道行：获取权力。

朝有经臣，国有经俗，民有经产[1]。何谓朝之经臣？察身能而受官，不诬于上[2]；谨于法令以治，不阿党；竭能尽力而不尚得，犯难离患而不辞死[3]；受禄不过其功，服位不佞其能，不以毋实虚受者，朝之经臣也。何谓国之经俗？所好恶不违于上，所贵贱不逆于令；毋上拂之事，毋下比之说，毋侈泰之养，毋逾等之服[4]；谨于乡里之行，而不逆于本朝之事者，国之经俗也。何谓民之经产？畜长树艺，务时殖谷,力农垦草,禁止末事者,民之经产也[5]。故曰:朝不贵经臣,则便辟得进,毋功虚取,奸邪得行,毋能上通[6]。国不服经俗,则臣下不顺,而上令难行。民不务经产,则仓廪空虚,财用不足。便辟得进,毋功虚取,奸邪得行,毋能上通,则大臣不和。臣下不顺,上令难行,则应难不捷[7]。仓廪空虚,财用不足,则国毋以固守。三者见一焉,则敌国制之矣。

注释:

[1]经:常。
[2]受:通"授"。诬:欺。
[3]离:遭遇。犯难离患:遭遇患难。辞死:避死。
[4]拂:违背。比:比周朋党,有偏袒的意思。侈泰:奢侈。逾等:超过等级地位。
[5]畜长:饲养六畜。殖谷:增殖谷物。末事:工商技艺。
[6]便辟:谄媚逢迎之人。
[7]这一句言上下不一心,有难则不能取胜。

故国不虚重,兵不虚胜,民不虚用,令不虚行。凡国之重也,必待兵之胜也,而国乃重。凡兵之胜也,必待民之用也,而兵乃胜。凡民之用也,必待令之行也,而民乃用。凡令之行也,必待近者之胜也,而令乃行[1]。故禁不胜于亲贵,罚不行于便辟,法禁不诛于严重而害于疏远,庆赏不施于卑贱而求令之必行,不可得也[2]。能不通于官受,禄赏不当于功,号令逆于民心,动静诡于时变,有功不必赏,有罪不必诛,令焉不必行,禁焉不必止,在上位无以使下,而求民之必用,不可得也[3]。将帅不严威,民心不专一,阵士不死制,卒士不轻敌,而求兵之必胜,不可得也[4]。内守不能完,外攻不能服,野战不能制敌,侵伐不能威四邻,而求国之重,不可得也[5]。德不加于弱小,威不信于强大,征伐不能服天下,而求霸诸侯,不可得也[6]。威有与两立,兵有与分争,德不能怀远国,令不能一诸侯,而求王天下,不可得也[7]。

注释:

[1]近者:指君主身边近臣,言法令要内外远近如一。
[2]严重:指近臣有违法严重者。疏远:指远离君主的人。卑贱:身份卑微的人。
[3]诡:违背。必:不一定。
[4]制:制令,军令。阵士:阵战之士。轻敌:小看敌人,意思是藐视敌人。
[5]完:完备。服:制服。
[6]信:通"伸",伸展,表白。
[7]两立:并立。分争:并争。这一句说,有威望和兵力与自己一样强大的诸侯。

地大国富,人众兵强,此霸王之本也,然而与危亡为邻矣,天道之数,人心之变。天道之数,至则反,盛则衰[1]。人心之变,有余则骄,骄则缓怠[2]。夫骄者骄诸侯,骄诸侯者,诸侯失于外[3];缓怠者,民乱于内。诸侯失于外,民乱于内,天道也,此危亡之时也。若夫地虽大,而不并兼,不攘夺[4];人虽众,不缓怠,不傲下;国虽富,不侈泰,不纵欲;兵虽强,不轻侮诸侯,动众用兵,必为天下政理,此正天下之本而霸王之主也。

注释:

[1]至:尽头,极点。
[2]余:富余。骄:骄傲,无礼。缓怠:懈怠。
[3]诸侯失于外:失去诸侯。
[4]攘夺:掠夺。

凡先王治国之器三,攻而毁之者六。明王能胜其攻,故不益于三者，而自有国、正天下[1]。乱王不能胜其攻，故亦不损于三者，而自有天下而亡。三器者何也？曰：号令也，斧钺也，禄赏也。六攻者何也？曰：亲也，贵也，货也，色也，巧佞也，玩好也。三器之用何也？曰：非号令毋以使下，非斧钺毋以威众，非禄赏毋以劝民。六攻者何也？曰：虽不听而可以得存者，虽犯禁而可以得免者，虽毋功而可以得富者。凡国有不听而可以得存者，则号令不足以使下；有犯禁而可以得免者，则斧钺不足以威众；有毋功而可以得富者，则禄赏不足以劝民。号令不足以使下，斧钺不足以威众，禄赏不足以劝民，若此，则民毋为自用[2]。民毋为自用，则战不胜；战不胜，而守不固；守不固，则敌国制之矣。然则先王将若之何？曰不为六者变更于号令，不为六者疑错于斧钺，不为六者益损于禄赏[3]。若此，则远近一心；远近一心则众寡同力；众寡同力则战可以必胜，而守可以必固。非以并兼攘夺也，以为天下政治也，此正天下之道也。

注释：

[1] 益：增益。这一句说，明王战胜六个方面的进攻，虽然对于国之三器没有损益，但是自有国、正天下。

[2] 自用：君主用。

[3] 疑错：错用。益损：增减，有改变的意思。

《商君书》

商鞅（约公元前390年—前338年），卫国（今河南省安阳市内黄县）人，卫国国君的后裔，姬姓公孙氏，故又称卫鞅、公孙鞅，后因封于商于之地，号为商君，故称之为商鞅，是战国时期政治家、改革家、思想家，法家代表人物。

从公元前356年起，商鞅先后两次在秦国变法，史称"商鞅变法"。其主要内容有：改革户籍制度；实行什伍连坐法，鼓励告奸；废井田开阡陌，允许土地私有及买卖；奖励耕织，重农抑商；明令军法奖励军功，建立二十等爵制；废除世卿世禄制度；制定秦律；推行县制，统一度量衡，燔诗书而明法令等。

商鞅变法是战国时期最彻底的一次改革，使秦国走上了富国强兵的道路。"行之十年，秦民大说，道不拾遗，山无盗贼，家给人足。民勇于公战，怯于私斗，乡邑大治。"（《史记·商君列传》）"孝公用商鞅之法，移风易俗，民以殷盛，国以富强，百姓乐用，诸侯亲附。"（李斯《谏逐客书》）"夫商君为秦孝公明法令，禁奸本，尊爵必赏，有罪必罚，平权衡，正度量，调轻重，决裂阡陌，以静生民之业而一其俗，劝民耕农利土，一室无二事，力田稸积，习战陈之事，是以兵动而地广，兵休而国富，故秦无敌于天下，立威诸侯，成秦国之

业。"(《史记·范睢蔡泽列传》)

《商君书》一般认为非商鞅本人辑录,"殆法家者流掇鞅馀论,以成是编"(《四库全书总目提要》),今存26篇,其中两篇存目,实际只有24篇。

《商君书》主要反映了商鞅的改革思想和改革主张。商鞅认为,"治世不一道,便国不必法古",进行改革要顺应现实潮流,不应泥古不变(见《更法》《开塞》);重视农战(《农战》);主张重刑少赏(见《刑赏》),定分明法(《定分》);对儒术较为排斥。

《商君书》较为通行的注本有高亨的《商子译注》,蒋礼鸿的《商君书锥指》等。

《商君书》议论深刻透辟,逻辑性强。

更 法

本文是《商君书》第一篇,记录了商鞅、秦孝公及大臣甘龙等有关变法之必要性的讨论,反映了法家与时俱进的改革思想。商鞅认为,"治世不一道,便国不必法古","三代不同礼而王,五霸不同法而霸","苟可以强国,不法其故;苟可以利民,不循其礼",反对甘龙等泥于古法、拘于成礼的观点。商鞅立场坚定,观点明确,引经据典,辩驳有力,坚定了秦孝公的变法决心。

孝公平昼,公孙鞅、甘龙、杜挚三大夫御于君[1]。虑世事之变,讨正法之本,求使民之道。

君曰:"代立不忘社稷,君之道也;错法务明主长,臣之行也[2]。

今吾欲变法以治,更礼以教百姓,恐天下之议我也。"

注释:

[1]孝公:秦国国君,公元前381年—前338年在位,名渠梁,谥孝公。文章开头即称孝公谥号,可知本篇乃后人编辑而成。平昼:白天。公孙鞅:即卫鞅,又名公孙鞅。甘龙、杜挚:秦国大臣。御:陪侍。

[2]代立:代先君而立为君。错:设置。主长:君上。

公孙鞅曰:"臣闻之:'疑行无成,疑事无功。'君亟定变法之虑,殆无顾天下之议之也[1]。且夫有高人之行者,固见负于世,有独知之虑者,必见骜于民[2]。语曰:'愚者闇于成事,知者见于未萌。民不可与虑始,而可与乐成。'郭偃之法曰[3]:'论至德者不和于俗,成大功者不谋于众。'法者所以爱民也,礼者所以便事也。是以圣人苟可以强国,不法其故;苟可以利民,不循其礼。"

孝公曰:"善!"

注释:

[1]亟:急切。殆:必。
[2]见负:被背弃,言与世俗之行不同。骜:傲慢,不顺,言见解高于民众之见。
[3]郭偃:即卜偃,晋国大夫。法:即可以为法之言。

甘龙曰:"不然。臣闻之:'圣人不易民而教,知者不变法而治[1]。'因民而教者,不劳而功成;据法而治者,吏习而民安。今若变法,不循秦国之故,更礼以教民,臣恐天下之议君,愿孰察之。"

公孙鞅曰:"子之所言,世俗之言也。夫常人安于故习,学者溺于所闻。此两者,所以居官而守法,非所与论于法之外也[2]。三代不同礼而王,五霸不同法而霸。故知者作法,而愚者制焉[3];贤者更礼，而不肖者拘焉。拘礼之人不足与言事，制法之人不足与论变。君无疑矣。"

注释：

[1]易：改变。
[2]法之外：故法之外，言变法。
[3]作法：制定法令。制：受制（于法）。

杜挚曰："臣闻之：'利不百，不变法；功不十，不易器。'臣闻：'法古无过，循礼无邪。'君其图之！"

公孙鞅曰："前世不同教，何古之法？帝王不相复，何礼之循？伏羲、神农教而不诛，黄帝、尧、舜诛而不怒[1]；及至文、武，各当时而立法，因事而制礼。礼法以时而定，制令各顺其宜，兵甲器备各便其用。臣故曰：治世不一道，便国不必法古。汤、武之王也，不修古而兴；殷、夏之灭也，不易礼而亡。然则反古者未必可非，循礼者未足多是也。君无疑矣。"

孝公曰："善！吾闻穷巷多怪，曲学多辨[2]。愚者之笑，智者哀焉；狂夫之乐，贤者丧焉。拘世以议，寡人不之疑矣[3]。"于是遂出垦草令。

注释：

[1]诛：惩罚。怒：这里是重罚的意思。
[2]怪（lìn）：同"吝"，鄙，见识短浅。曲学：乡曲之学者。辨：即辩。
[3]拘世以议：根据当世来论。拘：根据。秦孝公这句话和上一段商鞅的议论相呼应。

农 战

"农战"即农耕和征战,奖励农战是商鞅变法的重要内容。

商鞅认为,"人主之所以劝民者,官爵也;国之所以兴者,农战也"。劝民农战,在于刑赏,教民"皆作壹(即农战)而得官爵","明君修政作壹,去无用,止浮学事淫之民,壹之农,然后国家可富而民力可抟也","民朴而可正也,纷纷则易使也,信可以守战也"。《吕氏春秋·上农篇》说:"古先圣王之所以导其民者,先务于农。民农,非徒为地利也,贵其志也。民农则朴,朴则易用,易用则边境安,主位尊。"与此义同。

凡人主之所以劝民者,官爵也;国之所以兴者,农战也。今民求官爵,皆不以农战,而以巧言虚道,此谓劳民[1]。劳民者,其国必无力;无力者,其国必削。

注释:

[1]劳民:使民疲劳于无用之地,指精力多用于巧言虚道,虽然用力,于国于民无补。

善为国者,其教民也,皆作壹而得官爵,是故不官无爵[1]。国去言则民朴,民朴则不淫。民见上利之从壹孔出也,则作壹;作壹,则民不偷营[2];民不偷营则多力,多力则国强。今境内之民皆曰:"农战可避,而官爵可得也。"是故豪杰皆可变业,务学《诗》《书》,随从外权,上可以得显,下可以求官爵[3];要靡事商贾,为技艺,皆以避农战[4]。具备,国之危也,民以此为教者,其国必削。

注释:

[1]壹:齐一,指农战。不官无爵:此句前省"不壹",意思是非农战则不得官爵。
[2]偷营:苟且营谋,言不务农战而谋求他务。
[3]随从外权:追逐(借助于)外部势力,言借外力谋求官爵。
[4]要靡:要么。

善为国者,仓廪虽满,不偷于农[1];国大民众,不淫于言,则民朴壹。民朴壹,则官爵不可巧而取也。不可巧取,则奸不生。奸不生,则主不惑。今境内之民及处官爵者,见朝廷之可以巧言辩说取官爵也,故官爵不可得而常也[2]。是故进则曲主,退则虑私,所以实其私,然则下卖权矣[3]。夫曲主虑私,非国利也,而为之者,以其爵禄也;下卖权,非忠臣也,而为之者,以求货也[4]。然则下官之冀迁者皆曰:"多货,则上官可得而欲也。"曰:"我不以货事上而求迁者,则如以狸饵鼠尔,必不冀矣;若以情事上而求迁者,则如引诸绝绳而求乘枉木也,愈不冀矣[5]。二者不可以得迁,则我焉得无下动众取货以事上而以求迁乎[6]?"百姓曰:"我疾农,先实公仓,收余以食亲;为上忘生而战,以尊主安国也。仓虚主卑家贫,然则不如索官。"亲戚交游合,则更虑矣。豪杰务学《诗》《书》,随从外权;要靡事商贾,为技艺,皆以避农战。民以此为教,则粟焉得无少,而兵焉得无弱也?

注释:

[1]偷:懈怠。
[2]官爵不可得而常:常,常规,指农战,与"巧言辩说"相对而言。这一句是说,不以农战也可以得官爵。

[3]曲主：欺诈君主。下卖权：卖权于下。

[4]求货：求财货。

[5]以狸饵鼠：用猫做食引诱鼠，言事必不成，下一句"引诸绝绳而求乘枉木"用法同。绝绳：指断了的墨绳，准绳。枉木：弯曲的木材。乘："绳"之误，校正。

[6]动众取货：扰动民众敛取材货。

善为国者，官法明，故不任知虑，上作壹，故民不偷营，则国力抟[1]。国力抟者强，国好言谈者削。故曰：农战之民千人，而有《诗》《书》辩慧者一人焉，千人者皆怠于农战矣。农战之民百人，而有技艺者一人焉，百人者皆怠于农战矣。国待农战而安，主待农战而尊。夫民之不农战也，上好言而官失常也。常官则国治，壹务则国富。国富而治，王之道也。故曰：王道作外，身作壹而已矣[2]。今上论材能知慧而任之，则知慧之人希主好恶，使官制物以适主心[3]。是以官无常，国乱而不壹，辩说之人而无法也。如此，则民务焉得无多？而地焉得无荒？《诗》《书》、礼、乐、善、修、仁、廉、辩、慧，国有十者，上无使战守。国以十者治，敌至必削，不至必贫。国去此十者，敌不敢至，虽至必却。兴兵而伐，必取；按兵不伐，必富。国好力者以难攻，以难攻者必兴；好辩者以易攻，以易攻者必危[4]。

注释：

[1]知虑：智谋。偷营：偷营。抟：凝聚，言凝聚于农战。

[2]作外：作于外交，指以言谈辩说取合诸侯。

[3]使官制物：指处理政务。官：指官属。物：指事物。

[4]难攻：即国好力，指农战。易攻：指好辩，即下文的言治。

故圣人明君者，非能尽其万物也，知万物之要也。故其治国也，察要而已矣。今为国者多无要。朝廷之言治也，纷纷焉务相易也。

是以其君惛于说，其官乱于言，其民惰而不农[1]。故其境内之民，皆化而好辩乐学，事商贾，为技艺，避农战。如此，则不远矣[2]。国有事，则学民恶法，商民善化，技艺之民不用，故其国易破也。夫农者寡而游食者众，故其国贫危[3]。今夫螟螣蚼蠋春生秋死，一出而民数年不食[4]。今一人耕而百人食之，此其为螟螣蚼蠋亦大矣。虽有《诗》《书》，乡一束，家一员，犹无益于治也，非所以反之之术也[5]。故先王反之于农战。故曰：百人农，一人居者王，十人农，一人居者强，半农半居者危。故治国者欲民之农也。国不农，则与诸侯争权不能自持也，则众力不足也。故诸侯挠其弱，乘其衰，土地侵削而不振，则无及已。圣人知治国之要，故令民归心于农。归心于农，则民朴而可正也，纷纷则易使也，信可以守战也。壹则少诈而重居，壹则可以赏罚进也，壹则可以外用也[6]。夫民之亲上死制也，以其旦暮从事于农[7]。夫民之不可用也，见言谈游士事君之可以尊身也，商贾之可以富家也，技艺之足以糊口也。民见此三者之便且利也，则必避农。避农，则民轻其居。轻其居，则必不为上守战也。

注释：

[1]惛：迷乱，糊涂。

[2]不远：言国家离危亡就不远了。

[3]游食者：指商贾、技艺之民，因为没有固定住所和土地，故称为游食者。

[4]螟螣(tè)：指食苗叶和苗心的害虫。蚼(qú)蠋(zhú)：蠹木之虫。以螟螣蚼蠋比喻不事农业生产的人，言其对国家的危害，与韩非《五蠹》篇用意相同。

[5]员：卷。一束、一卷，指诗书而言。反之之术：反本之术，指的是富国之术，即农战。

[6]重居：重视安居，与游民轻居易迁相对。外用：外用于战。

[7]死制：为法制而死。

凡治国者，患民之散而不可抟也，是以圣人作壹，抟之也。国作壹一岁者，十岁强；作壹十岁者，百岁强；作壹百岁者，千岁强；千岁强者王。君修赏罚以辅壹教，是以其教有所常而政有成也[1]。王者得治民之至要，故不待赏赐而民亲上，不待爵禄而民从事，不待刑罚而民致死。国危主忧，说者成伍，无益于安危也。夫国危主忧也者，强敌大国也。人君不能服强敌破大国也，则修守备，便地形，抟民力，以待外事，然后患可以去而王可致也。是以明君修政作壹，去无用，止浮学事淫之民，壹之农，然后国家可富而民力可抟也。今世主皆忧其国之危而兵之弱也，而强听说者。说者成伍，烦言饰辞而无实用。主好其辩，不求其实。说者得意，道路曲辩，辈辈成群[2]。民见其可以取王公大人也而皆学之。夫人聚党与，说议于国，纷纷焉，小民乐之，大人说之，故其民农者寡而游食者众，众则农者殆，农者殆，则土地荒。学者成俗，则民舍农从事于谈说，高言伪议。舍农游食而以言相高也，故民离上而不臣者成群[3]。此贫国弱兵之教也。夫国庸民之言，则民不畜于农[4]。故惟明君知好言之不可以强兵辟土也，惟圣人之治国，作壹抟之于农而已矣。

注释：

[1]壹教：以农战教化百姓。
[2]道路曲辩：道路之上皆是曲辩之士。
[3]以言相高：推崇言谈。
[4]庸：用。畜：养。畜于农：从事于农。

开 塞

"开塞"即开启被闭塞之道,这里指开启与时俱进的治国理念。

商鞅认为,世事变化,治国方法各代不同。"周不法商,夏不法虞,三代异势,而皆可以王",其原因就在于"圣人不法古,不修今"。所以,国君要根据时代的变化,摒弃过时的"德治",实行严刑峻法,"以赏禁,以刑劝,求过不求善,藉刑以去刑",这才是最好的治国之道。

天地设而民生之。当此之时也,民知其母而不知其父,其道亲亲而爱私[1]。亲亲则别,爱私则险民众,而以别险为务,则民乱[2]。当此时也,民务胜而力征。务胜则争,力征则讼。讼而无正,则莫得其性也[3]。故贤者立中正,设无私,而民说仁[4]。当此时也,亲亲废,上贤立矣[5]。凡仁者以爱利为务,而贤者以相出为道[6]。民众而无制,久而相出为道,则有乱[7]。故圣人承之,作为土地、货财、男女之分[8]。分定而无制,不可,故立禁。禁立而莫之司,不可,故立官。官设而莫之一,不可,故立君[9]。既立君,则上贤废而贵贵立矣[10]。然则上世亲亲而爱私,中世上贤而说仁,下世贵贵而尊官。上贤者以道相出也,而立君者使贤无用也。亲亲者以私为道也,而中正者使私无行也。此三者非事相反也,民道弊而所重易也,世事变而行道异也[11]。故曰:王道有绳[12]。

注释:

[1] 道:处世之道。亲亲:爱自己的亲人。私:私利。

[2]别:有远近亲疏的区别。险:行险以谋私。
[3]正:公正。性:指合理公正的处置。
[4]说:通"悦"。
[5]上:通"尚",崇尚。
[6]爱利:仁爱爱护。相出:推举贤人。
[7]制:制度。有:又。
[8]分:名分,指所有权。
[9]一:统一命令。
[10]贵贵:尊重显贵,这里指崇尚地位和权力。
[11]弊:有弊端。易:改变。
[12]王道:王天下之道,指治理天下之道。绳:准绳,规则,规律。

夫王道一端,而臣道亦一端,所道则异,而所绳则一也[1]。故曰:民愚则知可以王,世知则力可以王[2]。民愚则力有余而知不足,世知则巧有余而力不足。民之生,不知则学,力尽则服。故神农教耕而王,天下师其知也;汤、武致强而征,诸侯服其力也。夫民愚,不怀知而问;世知,无余力而服[3]。故以知王天下者并刑,力征诸侯者退德[4]。

注释:

[1]所道则异:指君道臣道不同。所绳则一:准则是一致的。
[2]知:智。两"知"用法同。
[3]不怀知:无智慧。服:臣服有力者。
[4]并刑:摒弃刑罚。退德:黜退道德。

圣人不法古,不修今[1]。法古则后于时,修今则塞于势[2]。周不法商,夏不法虞,三代异势,而皆可以王。故兴王有道,而持之异理。武王逆取而贵顺,争天下而上让[3]。其取之以力,持之以义。今世强国事兼并,弱国务力守,上不及虞、夏之时,而下不修汤、武。汤、武塞,故万乘莫不战,千乘莫不守。此道之塞久矣,而世主莫之能废也,故三代不四[4]。非明主莫有能听也,今日愿启之以效[5]。

注释:

[1]法:效法。修:泥,局限。塞:堵塞,不明。
[2]后于时:落后于时代。塞于势:闭塞于形势。
[3]逆取:背叛。贵顺:崇尚顺从。这一句指武王用叛逆夺取天下,用顺从治理天下。争:力争。上让:崇尚谦让。
[4]废:发,开启。三代不四:夏商周之后没有第四个朝代出现。
[5]效:效果,效应。

古之民朴以厚,今之民巧以伪。故效于古者先德而治,效于今者前刑而法,此俗之所惑也[1]。今世之所谓义者,将立民之所好而废其所恶;此其所谓不义者,将立民之所恶而废其所乐也。二者名贸实易,不可不察也[2]。立民之所乐,则民伤其所恶;立民之所恶,则民安其所乐。何以知其然也?夫民忧则思,思则出度[3];乐则淫,淫则生佚。故以刑治则民威,民威则无奸,无奸则民安其所乐[4]。以义教则民纵,民纵则乱,乱则民伤其所恶。吾所谓利者,义之本也;而世所谓义者,暴之道也。夫正民者,以其所恶,必终其所好;以其所好,必败其所恶[5]。

注释:

[1]先德而治:以德治为先。前刑而法:以刑治为先。
[2]名贸:名不同。贸:异,不同。实易:实不同。
[3]出度:生出法度,意思是遵守法度。
[4]威:畏。

[5]终其所好：最终得到所喜好的。败其所恶：最终害于所厌恶的。败：害。

治国刑多而赏少，故王者刑九而赏一，削国赏九而刑一。夫过有厚薄，则刑有轻重；善有大小，则赏有多少。此二者，世之常用也。刑加于罪所终，则奸不去[1]；赏施于民所义，则过不止。刑不能去奸而赏不能止过者，必乱。故王者刑用于将过，则大邪不生；赏施于告奸，则细过不失。治民能使大邪不生、细过不失，则国治，国治必强。一国行之，境内独治；二国行之，兵则少寝[2]；天下行之，至德复立[3]。此吾以杀刑之反于德而义合于暴也[4]。

注释：

[1]终：发生。
[2]少寝：稍息。
[3]至德：最高的道德。
[4]反：通"返"。这一句说，杀刑可以去奸，故近于德，义不能止过，故近于暴。

古者民藂生而群处乱，故求有上也[1]。然则天下之乐有上也，将以为治也。今有主而无法，其害与无主同；有法不胜其乱，与不法同。天下不安无君，而乐胜其法，则举世以为惑也[2]。夫利天下之民者莫大于治，而治莫康于立君，立君之道莫广于胜法，胜法之务莫急于去奸，去奸之本莫深于严刑[3]。故王者以赏禁，以刑劝，求过不求善，藉刑以去刑[4]。

注释：

[1]藂：古"丛"字，聚集。
[2]乐胜其法：安于超越法，即安于乱法。
[3]康：大。胜法：任法，用法。

[4]藉刑以去刑：用刑罚来去除触犯刑法之人（事）。

赏　刑

　　本文认为，治理国家关键在于"壹赏，壹刑，壹教"。所谓壹赏，就是"利禄官爵抟出于兵"，壹刑就是"刑无等级，自卿相、将军以至大夫、庶人，有不从王令，犯国禁，乱上制者，罪死不赦"，壹教就是游民浮言"不可以富贵，不可以评刑，不可独立私议以陈其上"，使"富贵之门必出于兵"。严刑峻法，壹民于战，是商鞅治国方略的核心。

　　圣人之为国也，壹赏，壹刑，壹教[1]。壹赏则兵无敌，壹刑则令行，壹教则下听上。夫明赏不费，明刑不戮，明教不变，而民知于民务，国无异俗[2]。明赏之犹至于无赏也，明刑之犹至于无刑也，明教之犹至于无教也[3]。

注释：

[1]圣人：即明君。壹：齐一，统一。
[2]明赏：明示赏赐。法家主张赏罚等要公之于众，赏罚分明。不费：不费财物，言公正赏赐，不会多浪费财物。不戮：不杀戮，言公正严厉的处罚，最终人人守法，达到不刑杀的目的。不变：不改变，言教化百姓形成新的认知，即富贵之门，要存战而已，这一旦成为普遍认识，就不用教化改变了。
[3]犹：即尤，最。无赏：没有赏赐，言天下无事，各事其事，赏禄不行。无刑：不用刑，言人人守法，刑罚不施。无教：不用教化，言经过教育，人人化作自觉行为，达到不教而教的境界。

所谓壹赏者,利禄官爵抟出于兵,无有异施也[1]。夫固知愚、贵贱、勇怯、贤不肖,皆尽其胸臆之知,竭其股肱之力,出死而为上用也,天下豪杰贤良从之如流水,是故兵无敌而令行于天下。万乘之国不敢苏其兵中原,千乘之国不敢捍城[2]。万乘之国,若有苏其兵中原者,战将覆其军,千乘之国,若有捍城者,攻将凌其城。战必覆人之军,攻必凌人之城,尽城而有之,尽宾而致之,虽厚庆赏,何费匮之有矣[3]?昔汤封于赞茅,文王封于岐周,方百里[4]。汤与桀战于鸣条之野,武王与纣战于牧野之中,大破九军,卒裂土封诸侯,士卒坐陈者,里有书社[5]。车休息不乘,从马华山之阳,从牛于农泽,从之老而不收[6]。此汤、武之赏也。故曰:赞茅、岐周之粟,以赏天下之人,不人得一升;以其钱赏天下之人,不人得一钱。故曰:百里之君,而封侯其臣,大其旧[7];自士卒坐陈者,里有书社,赏之所加;宽于牛马者,何也?善因天下之货以赏天下之人。故曰:明赏不费。汤、武既破桀、纣,海内无害,天下大定,筑五库,藏五兵,偃武事,行文教,倒载干戈,搢笏作为乐,以申其德[8]。当此时也,赏禄不行,而民整齐。故曰:明赏之犹至于无赏也。

注释:

[1]抟:凝聚,言凝聚于农战。

[2]苏:迎逆,迎战。捍:守。

[3]宾:为"实"之误,财货。何费匮之有:言虽有赏赐,皆出于敌国,不出于己,所以不费。

[4]汤:商汤,商朝开国之君。赞茅:地名,在今河南修武北,商汤封于此地。岐周:地名,今陕西岐山县,南有周原,故称岐周,为西周发源地。

[5]鸣条:地名,在今山西夏县西。商汤率领士兵与夏军在鸣条进行一场决战。牧野:在今河南新乡淇县附近。周武王在此与商纣王进行决定性一战。九军:九,言其多,虚指。古代天子六军,诸侯三军。坐陈:坐阵,指参战。里:乡里。书社:

书战功于里社。

[6]从：纵，放纵。以下两"从"同。华山：阳华山，在今陕西洛南县东北。农泽：或曰为桃林，在今华阴潼关。

[7]旧：商汤、周武旧有百里封地。

[8]五库：古代贮藏材料的五种仓库，指金铁、皮革筋、角齿、羽箭干、脂胶丹漆等五种仓库。五兵：泛指五种兵器，说法不一。偃：偃息，停止。搢笏：古代君臣朝见时均执笏，用以记事备忘，不用时插于腰带上。这里指偃武修文。

所谓壹刑者，刑无等级，自卿相、将军以至大夫、庶人，有不从王令，犯国禁，乱上制者，罪死不赦。有功于前，有败于后，不为损刑[1]。有善于前，有过于后，不为亏法[2]。忠臣孝子有过，必以其数断[3]。守法守职之吏有不行王法者，罪死不赦，刑及三族。周官之人知而讦之上者，自免于罪，无贵贱，尸袭其官长之官爵田禄[4]。故曰：重刑，连其罪，则民不敢试[5]。民不敢试，故无刑也。夫先王之禁：刺杀、断人之足、黥人之面，非求伤民也，以禁奸止过也。故禁奸止过，莫若重刑。刑重而必得，则民不敢试，故国无刑民。国无刑民，故曰：明刑不戮[6]。晋文公将欲明刑以亲百姓，于是合诸卿大夫于侍千宫，颠颉后至，吏请其罪[7]，君曰："用事焉[8]。"吏遂断颠颉之脊以殉[9]。晋国之士稽焉皆惧[10]，曰："颠颉之有宠也，断以殉，况于我乎！"举兵伐曹、五鹿，及反郑之埤，东征之亩，胜荆人于城濮[11]。三军之士，止之如斩足，行之如流水。三军之士，无敢犯禁者。故一假道重轻于颠颉之脊而晋国治[12]。昔者周公旦杀管叔，流霍叔[13]，曰："犯禁者也。"天下众皆曰："亲昆弟有过，不违，而况疏远乎[14]！"故天下知用刀锯于周庭，而海内治。故曰：明刑之犹至于无刑也。

注释：

[1]败：过，与功相对。不为损刑：不因功而减刑。

［2］不为亏法：不以善抵过而减轻处罚。

［3］数：指犯罪的轻重程度。

［4］周官之人：官员的属下。讦(jié)：揭发。尸袭：承袭，替代。

［5］连其罪：连坐治罪。

［6］明刑不戮：刑罚严明，人民就很少犯法而被杀。

［7］侍千宫：晋宫室名。颠颉：晋文公宠臣，文公出逃时随从之一。

［8］用事：按照法规处理。

［9］殉：殉法，言严格执法。

［10］稽：同，合，全都的意思。

［11］曹：诸侯，姬姓，在今定陶附近。五鹿：卫国之地。堞：城上女垣。东徵之亩：或为东卫之亩，卫地。荆人：楚人。城濮：卫地，在今山东鄄城西南临濮集，周襄王二十年（公元前632年），晋、楚两国在城濮地区进行争夺中原霸权的首次大战，即城濮之战。

［12］重轻：重刑于轻，对小过施以重刑。

［13］周公旦：即周公，武王弟。管叔：周公兄。霍叔：蔡叔之误，周公之弟。

［14］违：避。

　　所谓壹教者，博闻、辩慧、信廉、礼乐、修行、群党、任誉、清浊，不可以富贵，不可以评刑，不可独立私议以陈其上[1]。坚者被，锐者挫，虽曰圣知、巧佞、厚朴，则不能以非功罔上利[2]。然富贵之门，要存战而已矣，彼能战者践富贵之门。强梗焉，有常刑而不赦[3]。是父兄昆弟、知识、婚姻、合同者[4]，皆曰："务之所加，存战而已矣。"夫故当壮者务于战，老弱者务于守，死者不悔，生者务劝，此臣之所谓壹教也。民之欲富贵也，共阖棺而后止，而富贵之门必出于兵，是故民闻战而相贺也，起居饮食所歌谣者，战也。此臣之所谓明教之犹至于无教也。

注释:

[1]陈:凌,欺凌。
[2]坚者被,锐者挫:对坚持顽固的人要摧垮他,对有锋芒的人要挫败他。罔:蒙蔽。利:获利。
[3]强梗:顽固之人。
[4]知识:相识。合同:志趣相投。

此臣所谓参教也。圣人非能通知万物之要也,故其治国,举要以致万物,故寡教而多功。圣人治国也,易知而难行也。是故圣人不必加,凡主不必废[1];杀人不为暴,赏人不为仁者,国法明也。圣人以功授官予爵,故贤者不忧;圣人不宥过,不赦刑,故奸无起[2]。圣人治国也,审壹而已矣。

注释:

[1]加:赞扬。废:废弃。
[2]宥:宽宥。

《韩非子》

韩非（约公元前280年—前233年），韩国人，是战国末期的思想家，先秦法家思想的集大成者。

"韩非者，韩之诸公子也。喜刑名法术之学，而其归本于黄老。非为人口吃，不能道说，而善著书。与李斯俱事荀卿，斯自以为不如非。非见韩之削弱，数以书谏韩王，韩王不能用。于是韩非疾治国不务修明其法制，执势以御其臣下，富国强兵而以求人任贤，反举浮淫之蠹而加之于功实之上。以为儒者用文乱法，而侠者以武犯禁。宽则宠名誉之人，急则用介胄之士。今者所养非所用，所用非所养。悲廉直不容于邪枉之臣，观往者得失之变，故作孤愤、五蠹、内外储、说林、说难十余万言。"（《史记·老子韩非列传》）

韩非的著作传到秦国，秦始皇看后赞叹说："寡人得见此人与之游，死不恨矣！"公元前233年，韩非到了秦国，但不久，在李斯、姚贾的迫害下，韩非服毒自杀于狱中。

法家思想由来已久。《汉书·艺文志》："法家者流，盖出于理官，信赏必罚，以辅礼制。"理官，是古代狱讼之官。就是说，从学术渊源上看，法家源自上古主管刑法的官吏。

战国以来，各个诸侯国为了称王称霸，先后任用法家人士进行变法。李悝在魏国变法，使魏国成为战国初期最强大的诸侯；吴起在楚国变法，因旧贵族反对而夭折；商鞅在秦国变法最为彻底和成功，使秦国称霸诸侯，为后来的秦国统一天下奠定了基础；申不害在韩国变法，"终申子之身，国治兵强，无侵韩者"（《史记·老子韩非列传》）。这些法家人士的变法主张和变法实践，为韩非提供了有益的借鉴。

韩非继承和发展了先秦法家的思想成果。他主张与时俱进，进行变法改革，反对儒墨两家"法先王"的历史观；提倡法治，"以法为教，以吏为师"，反对儒墨两家的德治思想（见《五蠹》《显学》《历山之农者侵畔》）；韩非吸收了商鞅的"法"、申不害的"术"、慎到的"势"（见《定法》），主张法、术、势综合运用，加强君主专制政权；对人性进行了有力的批判，认为"人行事施予，以利之为心"，"利之所在，民归之；名之所彰，士死之"（《外储说左上》），主张君主用"赏罚"管理臣属，"为人臣者畏诛罚而利庆赏，故人主自用其刑德，则群臣畏其威而归其利矣"；强调执法要公正公平，赏罚分明，"刑过不避大臣，赏善不遗匹夫"（见《有度》）。

法家的变法主张，触动旧贵族的利益，所以，法家人物常常受到疯狂的报复。吴起身死楚国，商鞅身死秦国。但韩非认为，法家人物所以不避生死进行变法，是因为有更高的追求："以为立法术，设度数，所以利民萌便众庶之道也"（见《问田·堂谿公谓韩子》）。

后人对法家的评价有褒有贬，一方面肯定法家唯法是尊的价值，另一方面批评法家寡情不仁。司马谈《论六家要旨》说："法家不别亲疏，不殊贵贱，一断于法，则亲亲尊尊之恩绝矣，可以行一时之计，而不可长用也。故曰：严而少恩。若尊主卑臣，明分职不得相逾越，虽百家弗能改也。"司马迁《史记·老子韩非列传》说"韩子引绳墨，切事情，明是非，其极惨礉少恩"。《汉书·艺文志》说法家"无教化，去仁爱,专任刑法而欲以至治,至于残害至亲,伤恩薄厚"。虽然历代统治者把儒家主张作为主流思想加以提倡,但统治者兼用法家思想,外儒内法两手并用却是事实。

《韩非子》常见注本主要有:清代王先慎《韩非子集解》,今人梁启雄《韩非子浅释》、今人陈奇猷《韩非子集释》,今人周勋初《韩非子校释》等。

韩非的文章锋芒锐利,议论透辟,推证事理,切中要害,有很强的分析能力,亦善于用历史故事和寓言说明抽象的道理,富有文采。

韩非子论"法"

韩非主张"以法治国",反对儒家的德治、礼治。韩非的"法",指的是严刑峻法,包括各种法令法规、规章制度,以及任用、考核、奖惩、监督官吏的各种方法,与今天专指法律条文的"法",内涵有所不同。韩非认为,君主要法、术、势综合运用,循名责实,赏罚分明。韩非强调要严格执法,"法不阿贵,绳不挠曲"。这样,君主的权力才能得到加强,官吏才能奉公守法,百姓才能得到有效管理。本章辑录了韩非子有关"法"的论述共15则。

法者,编著之图籍,设之于官府,而布之于百姓也。(《难三》)
法者,宪令著于官府,刑罚必于民心,赏存乎慎法,而罚加乎奸令者也[1]。(《定法》)
法者,见功而与赏,因能而受官。(《外储说左上》)
一民之轨,莫如法。(《有度》)

国无常强,无常弱;奉法者强,则国强,奉法者弱,则国弱。(《有度》)

以道为常,以法为本。(《饰邪》)

故明主使其群臣,不游意于法之外,不为惠于法之内,动无非法[2]。峻法所以凌过外私也,严刑所以遂令惩下也[3]。……故以法治国,举措而已矣。(《有度》)

赏莫如厚而信,使民利之;罚莫如重而必,使民畏之;法莫如一而固,使民知之[4]。(《五蠹》)

抱法处势则治,背法去势则乱[5]。(《难势》)

明主之所导制其臣者,二柄而已。二柄者,刑德也。何谓刑德?曰:杀戮之谓刑,庆赏之谓德。为人臣者畏诛罚而利庆赏,故人主自用其刑德,则群臣畏其威而归其利矣。(《二柄》)

术者,因任而授官,循名而责实,操杀生之柄,课群臣之能者也[6]。(《定法》)

君操其名,臣效其形,形名参同,上下调和也[7]。(《扬权》)

言行而不轨于法令者必禁。(《饰邪》)

法不阿贵,绳不挠曲。(《有度》)

刑过不避大臣,赏善不遗匹夫。(《有度》)

注释:

[1]慎法:谨慎守法。奸令:肆意违法。
[2]使:使用。不游意于法之外,不为惠于法之内:言君主不法外开恩施恩。
[3]外私:去私。遂令:执行法令。
[4]必:一定,指执行坚决。一而固:统一而不变。
[5]势:地位、权位。重势是法家人物慎到的重要思想。
[6]循名:遵循名分,指按照各个职位事先规定的职责。责实:要求实际效果。循名责实是考核官吏的方法。

[7]刑：即"形"，指的是实际的情况。名：名义上规定的职责。参：比较。形名参同与循名责实，都是指按照事先规定的职责，考核官吏工作的实际成效的方法。二者意思相近。

主 道

"主道"即君主之道。

"主道"的核心是无为、专权、赏罚。韩非认为，"人主之道，静退以为宝"，君主不需要亲力亲为，"虚静以待，令名自命也，令事自定也"，让群臣发挥能力，君主只需要严格考核，以事责功，"形名参同，君乃无事焉"。"道在不可见，用在不可知君"，君主要把握"独擅"之权，不能让身边有权臣奸臣。对群臣应赏罚分明，"明君无偷赏，无赦罚"。这样，君主就可以"无为于上，群臣竦惧乎下"，"臣有其劳，君有其成功"。此篇可见道、法家的思想渊源。

道者，万物之始，是非之纪也[1]。是以明君守始以知万物之源，治纪以知善败之端。故虚静以待，令名自命也，令事自定也[2]。虚则知实之情，静则知动者正。有言者自为名，有事者自为形，形名参同，君乃无事焉，归之其情[3]。故曰：君无见其所欲，君见其所欲，臣自将雕琢；君无见其意，君见其意，臣将自表异[4]。故曰：去好去恶，臣乃见素；去旧去智，臣乃自备[5]。故有智而不以虑，使万物知其处；有贤而不以行，观臣下之所因；有勇而不以怒，使群臣尽其武[6]。是故去智而有明，去贤而有功，去勇而有强。群臣守职，百官有常，因能而使之，是谓习常。故曰：寂乎其无位而处，漻乎莫得其所[7]。明君无为于上,群臣竦惧乎下[8]。明君之道,使智者尽其虑,而君因以断事,故君不穷于智;贤者勑其材,君因而任之,故君不穷于能[9];有功则君有其贤,有过则臣任其罪,故君不穷于名。是故不贤而为贤者师,不智而为智者正。臣有其劳,君有其成功,此之谓贤主之经也。

注释:

[1]始:源。纪:端,头绪。

[2]虚静:虚无清净,即无为。

[3]名:名称,主张,指某个职位规定应该有的作为。形:实际的作为。形名参同:实际做为和应有的作为参验比较,这是法家考察群臣是否称职的做法,是法家的一个重要概念。

[4]这一句说,君主不要显露自己的欲望,如果显露欲望,臣下就会修饰以迎合君主。见:同"现",显现。雕琢:修饰,修饰以迎合君欲。表异:表现不同,言臣知君意,就会表现以称君。

[5]素:常。这一句说,国君好恶不显,大臣无所迎合,才能显现其如常表现。旧:旧有的,指成见。自备:自我完备。

[6]这三句说,国君不用智虑,不用贤行,不用勇力,让群臣用智用贤用武,申说君主无为。

[7]寂:静。漻:空虚。

[8]竦惧:惊悚惧怕。

[9]勑(chì):同"敕",效。

道在不可见,用在不可知君;虚静无事,以暗见疵[1]。见而不见,闻而不闻,知而不知[2]。知其言以往,勿变勿更,以参合阅焉[3]。官有一人,勿令通言,则万物皆尽[4]。函掩其迹,匿其端,下不能原[5];去其智,绝其能,下不能意。保吾所以往而稽同之,谨执其柄而固握之[6]。绝其望,破其意,毋使人欲之[7]。不谨其闭,不固其门,虎乃将存[8]。不慎其事,不掩其情,贼乃将生。弑其主,代其所,人莫不与,故谓之虎。处其主之侧为奸臣,闻其主之忒,故谓之贼[9]。散其党,收其余,闭其门,夺其辅,国乃无虎[10]。大不可量,深不可测,同合刑名,审验法式,擅为者诛,国乃无贼。是故人主有五壅[11]:臣闭其主曰壅,臣制财利曰壅,臣擅行令曰壅,臣得行义曰壅,臣得树人曰壅。臣闭其主,则主失位;臣制财利,则主失德;臣擅行令,则主失制;臣得行义,则主失明;臣得树人,则主失党。此人主之所以独擅也,非人臣之所以得操也。

注释:

［1］疵:瑕疵,过失。

［2］这三句说,国君要虚静处事,使臣下见君主但不能揣摩君主之意行事。

［3］知其言以往:知道臣下以往的主张。

［4］官有一人,勿令通言:每个官位只有一人,勿使其职能相通交叉。

［5］函掩:掩盖。原:推究,猜度。这一句说,君主要不露端迹,臣下就无法揣测君意。

［6］稽同:考核、验证。柄:权柄。固握:牢固掌握。

［7］绝其望:断绝臣下(知君)的愿望。

［8］虎:权臣,奸臣。

［9］忒:差错。

［10］党:朋党。辅:帮凶。

［11］壅:闭塞。

　　人主之道,静退以为宝。不自操事而知拙与巧,不自计虑而知福与咎。是以不言而善应,不约而善增[1]。言已应,则执其契;事已增,则操其符[2]。符契之所合,赏罚之所生也。故群臣陈其言,君以其言授其事,事以责其功。功当其事,事当其言,则赏;功不当其事,事不当其言,则诛[3]。明君之道,臣不得陈言而不当。是故明君之行赏也,暖乎如时雨,百姓利其泽;其行罚也,畏乎如雷霆,神圣不能解也。故明君无偷赏,无赦罚[4]。赏偷则功臣墯其业[5];赦罚则奸臣易为非。是故诚有功,则虽疏贱必赏[6];诚有过,则虽近爱必诛。疏贱必赏,近爱必诛,则疏贱者不怠,而近爱者不骄也。

注释:

[1]不言:指君不言。善应:善于应对,指臣下。约:约定,规定。
[2]契、符:凭证。
[3]诛:惩罚。
[4]偷赏:随便赏赐。赦罚:赦免惩罚。
[5]墯:同"惰",懈怠。
[6]疏贱:疏远卑贱。

有 度

"有度"就是有法度。

本篇论述了法度的作用和执法的原则。韩非认为,以法治国,举措而已矣。君主要严守法度,"为人主而身察百官,舍己能而因法数,审赏罚","使法择人,不自举也;使法量功,不自度也","不游意于法之外,不为惠于法之内,动无非法",使群臣百姓"奉公法,废私术,专意一行,具以待任",这样,君主才能"独制四海之内","上尊而不侵,民安而国治,兵强而敌弱"。执法原则方面,强调执法要公平公正,要"法不阿贵,绳不挠曲","刑过不辟大臣,赏善不遗匹夫"。韩非所说的执法原则,时至今日,仍有现实意义。

国无常强,无常弱。奉法者强,则国强[1];奉法者弱,则国弱。荆庄王并国二十六,开地三千里,庄王之泯社稷也,而荆以亡[2]。齐桓公并国三十,启地三千里,桓公之泯社稷也,而齐以亡[3]。燕襄王以河为境,以蓟为国,袭涿、方城,残齐,平中山,有燕者重,无燕者轻[4];襄王之泯社稷也,而燕以亡。魏安釐王攻燕救赵,取地河东[5],攻尽陶、魏之地,加兵于齐,私平陆之都[6],攻韩拔管,胜于淇下[7];睢阳之事,荆军老而走[8],蔡、召陵之事,荆军破[9];兵四布于天下,威行于冠带之国[10],安釐王死而魏以亡。故有荆庄、齐桓公,则荆、齐可以霸;有燕襄、魏安釐,则燕、魏可以强。今皆亡国者,其群臣官吏皆务所以乱而不务所以治也。其国乱弱矣,又皆释国法而私其外,则是负薪而救火也,乱弱甚矣[11]!

注释:

[1]强:指执法坚定,不曲法从私。

[2]荆庄王:即楚庄王,芈姓,熊氏,名侣,公元前613年至前591年在位,春秋五霸之一。泯:通"泯",泯灭,死。

[3]齐桓公:姜姓,吕氏,名小白,公元前685—前643年在位,春秋五霸之首。

[4]燕襄王:即燕昭王,姬姓,名职,公元前312年至公元前279年在位,任用贤能,联合赵魏,大破齐国七十余城。河:黄河。蓟:燕国都城,在今北京市西南。国:都城。袭:环绕。涿:今河北涿县。方城:今河北固安县西南。这一句说,以涿、方城为燕国都城的外围屏障,言燕国之强大。残:攻破。中山:战国时白狄鲜虞族建立的国家,在今河北灵寿至唐县一带,后被赵国所灭。重:重视,指与燕国交好的诸侯,就被重视,言燕国雄霸一时。

[5]魏安釐(xī)王:姬姓,魏氏,名圉,公元前276年—公元前243年在位。攻燕救赵:指安釐王二十年援救赵国一事。河东:在今山西西南一带,本属魏地,后为秦所占。陶:定陶,今山东定陶县北。魏:指卫国,长期依附魏国,后为魏国所灭。

[6]平陆:齐地,在今山东汶上县西北。

〔7〕管：韩国地名，在今河南省郑州东北。淇：淇水，卫河支流，位于今河南省北部，流经林州、卫辉等，注入卫河。

〔8〕睢阳：宋国地名，在今河南商丘市南。事：战事。老：军队长期驻扎而疲惫。

〔9〕蔡：上蔡，楚国地名，今河南上蔡。召陵：楚国地名，在今河南郾城县东。

〔10〕冠带：帽子和衣带，是文明发达的代称。

〔11〕释：放弃。私其外：谋其私于法度之外。

　　故当今之时，能去私曲就公法者，民安而国治，能去私行行公法者，则兵强而敌弱。故审得失有法度之制者，加以群臣之上，则主不可欺以诈伪；审得失有权衡之称者，以听远事，则主不可欺以天下之轻重[1]。今若以誉进能，则臣离上而下比周[2]；若以党举官，则民务交而不求用于法[3]。故官之失能者其国乱。以誉为赏，以毁为罚也，则好赏恶罚之人，释公行，行私术，比周以相为也[4]。忘主外交，以进其与，则其下所以为上者薄也[5]。交众、与多，外内朋党，虽有大过，其蔽多矣。故忠臣危死于非罪，奸邪之臣安利于无功。忠臣之所以危死而不以其罪，则良臣伏矣[6]；奸邪之臣安利不以功，则奸臣进矣。此亡之本也。若是，则群臣废法而行私重，轻公法矣[7]。数至能人之门，不一至主之廷[8]；百虑私家之便，不一图主之国。属数虽多，非所尊君也[9]；百官虽具，非所以任国也。然则主有人主之名，而实托于群臣之家也。故臣曰[10]：亡国之廷无人焉。廷无人者，非朝廷之衰也；家务相益，不务厚国；大臣务相尊，而不务尊君；小臣奉禄养交，不以官为事。此其所以然者，由主之不上断于法，而信下为之也。故明主使法择人，不自举也；使法量功，不自度也。能者不可弊，败者不可饰，誉者不能进，非者弗能退，则君臣之间明辩而易治，故主仇法则可也[11]。

注释：

［1］权衡：法度。远事：指外交。这一句说君主进贤任能，就不被臣下欺骗。
［2］誉：名誉，赞誉。毁：诋毁。比周：指勾结连环，结党营私。
［3］党：私交。务交：从事于相互结交。
［4］公行：为国家利益的行为。相为：相互勾结利用。
［5］外交：结交于外。与：同道者，党羽。为上者薄：言为公者少，为私利者多。
［6］伏：退，与下文"奸臣进"相对。
［7］私重：指私曲，私行私权。
［8］能人：指奸臣。
［9］属数：指臣属数目。
［10］臣：韩非自称，本篇疑为韩非上书国君的奏议。
［11］辩：通"辨"。仇：校定可否，即审视使用。

贤者之为人臣，北面委质，无有二心[1]。朝廷不敢辞贱，军旅不敢辞难[2]；顺上之为，从主之法，虚心以待令，而无是非也。故有口不以私言，有目不以私视，而上尽制之。为人臣者，譬之若手，上以修头，下以修足；清暖寒热，不得不救；镆铘傅体，不敢弗搏，无私贤哲之臣，无私事能之士[3]。故民不越乡而交，无百里之戚[4]。贵贱不相逾，愚智提衡而立，治之至也[5]。今夫轻爵禄，易去亡，以择其主，臣不谓廉[6]。诈说逆法，倍主强谏，臣不谓忠[7]。行惠施利，收下为名，臣不谓仁。离俗隐居，而以诈非上，臣不谓义[8]。外使诸候，内耗其国，伺其危险之陂，以恐其主曰："交非我不亲，怨非我不解"，而主乃信之，以国听之[9]。卑主之名以显其身，毁国之厚以利其家，臣不谓智。此数物者，险世之说也，而先王之法所简也[10]。先王之法曰："臣毋或作威，毋或作利，从王之指，无或作恶，从王之路[11]。"古者世治之民，奉公法，废私术，专意一行，具以待任。

注释：

[1]北面委质：面向北面向君主称臣。
[2]贱：卑贱的事务。难：艰难的任务。这是就贤臣而言。
[3]镆铘：即"莫邪"，古代名剑。傅：通"附"，傅体，近身。
[4]戚：忧虑。
[5]逾：超越。提衡：相称。这一句说，贵贱愚智分明不乱，是最好的治理。
[6]轻爵禄：指高行逸士。易去亡：轻易离开，指商贾游说之民。廉：清廉。
[7]诈说：诡诈的说辞。倍：背。
[8]离俗：逃离世俗，即隐居。非上：批评君上。
[9]陂：山坡，言危险之地。以国听之：把国家交给权臣听任之。
[10]简：简慢，轻视，废弛。
[11]指：通"旨"。

夫为人主而身察百官，则日不足，力不给。且上用目，则下饰观[1]；上用耳，则下饰声；上用虑，则下繁辞[2]。先王以三者为不足，故舍己能而因法数，审赏罚[3]。先王之所守要，故法省而不侵。独制四海之内，聪智不得用其诈，险躁不得关其佞，奸邪无所依[4]。远在千里外，不敢易其辞，势在郎中，不敢蔽善饰非[5]；朝廷群下，直凑单微，不敢相逾越[6]。故治不足而日有馀，上之任势使然也[7]。

注释：

[1]饰观：修饰外观，言臣下会掩盖真相。
[2]繁辞：繁饰的言辞。
[3]法数：法度。
[4]险躁：阴险浮躁。关：施展。佞：谄佞，指媚上谄佞。这两句说君主用法术控制臣下的效果。
[5]势：处，与上一句"远在"相对。郎中：君主的近臣侍卫。

[6]凑:汇合,汇集。单微:微小之个人。这一句说,群臣把个人的力量汇集起来,为朝廷所用,各守本职,不相逾越。

[7]治不足:即不足之治,言治之容易。

夫人臣之侵其主也,如地形焉,即渐以往,使人主失端,东西易面而不自知。故先王立司南以端朝夕[1]。故明主使其群臣不游意于法之外,不为惠于法之内,动无非法[2]。峻法所以凌过游外私也,严刑所以遂令惩下也[3]。威不贰错,制不共门[4]。威、制共,则众邪彰矣,法不信,则君行危矣,刑不断,则邪不胜矣[5]。故曰:巧匠目意中绳,然必先以规矩为度;上智捷举中事,必以先王之法为比[6]。故绳直而枉木断,准夷而高科削,权衡县而重益轻,斗石设而多益少[7]。故以法治国,举措而已矣。法不阿贵,绳不挠曲[8]。法之所加,智者弗能辞,勇者弗敢争。刑过不辟大臣,赏善不遗匹夫。故矫上之失,诘下之邪,治乱决缪,绌羡齐非,一民之轨,莫如法[9]。厉官威名,退淫殆,止诈伪,莫如刑[10]。刑重,则不敢以贵易贱;法审,则上尊而不侵。上尊而不侵,则主强而守要,故先王贵之而传之。人主释法用私,则上下不别矣。

注释:

[1]司南:指南针。朝夕:指东西方向。本义指早晨和傍晚,太阳东方升西方没,故代指东西。

[2]为惠:施恩惠。无非:全,都。这一句是说君主要守法用群臣。

[3]外私:去私。遂令:执行命令。

[4]错:通"措",置。制:制权。这一句说,权威应出于君主,不应与臣下共享。

[5]彰:明,出现。断:明断。

[6]捷:迅捷,快速。举:举动,行动。中事:合于事理。比:参照,例证。

[7]枉木:曲木。准:水平尺。夷:平。县:通"悬"。重益轻:言轻重平衡。斗石:

称重的容器。多益少:言多少平衡。

[8]阿:逢迎。挠:弯曲,为曲所弯。

[9]矫:正。诘:追究。绌羡齐非:去除多余的错误。轨:规范,规则。

[10]厉:磨厉,严格管理。淫殆:荒淫懈怠。

说　难

　　说难,顾名思义就是谏说之难。韩非认为,说客要仔细揣摩君主的心理,了解他们的需求和愿望,以堂而皇之的理由,说服对方,不要触及对方的"逆鳞",使自己处于危险之中。

　　文章对说客和诸侯王两方面的心理,都有深刻的体察和分析,对游说之术见解精到。"智子疑邻"等寓言故事生动有趣,使抽象的道理有了形象的表达。

　　凡说之难:非吾知之有以说之之难也,又非吾辩之能明吾意之难也,又非吾敢横失而能尽之难也[1]。凡说之难,在知所说之心,可以吾说当之[2]。所说出于为名高者也,而说之以厚利,则见下节而遇卑贱,必弃远矣[3]。所说出于厚利者也,而说之以名高,则见无心而远事情,必不收矣。所说阴为厚利而显为名高者也,而说之以名高,则阳收其身而实疏之,说之以厚利,则阴用其言显弃其身矣。此不可不察也。

注释:

[1]横失:横逸,指辩说的纵横驰骋。

[2]所说：游说的对象，诸侯、国君。当：适应。

[3]下节：志节卑下。遇：待遇。

夫事以密成，语以泄败，未必其身泄之也，而语及所匿之事[1]，如此者身危。彼显有所出事，而乃以成他故，说者不徒知所出而已矣，又知其所以为，如此者身危[2]。规异事而当，知者揣之外而得之，事泄于外，必以为己也，如此者身危[3]。周泽未渥也而语极知，说行而有功，则德忘，说不行而有败，则见疑，如此者身危[4]。贵人有过端，而说者明言礼义以挑其恶，如此者身危。贵人或得计而欲自以为功，说者与知焉，如此者身危。强以其所不能为，止以其所不能已，如此者身危。故与之论大人则以为间己矣，与之论细人则以为卖重[5]，论其所爱，则以为藉资，论其所憎，则以为尝己也[6]。径省其说，则以为不智而拙之，米盐博辩，则以为多而久之[7]。略事陈意，则曰怯懦而不尽，虑事广肆，则曰草野而倨侮[8]。此说之难，不可不知也。

注释：

[1]泄败：泄露而失败。身：本身，自己。匿：藏。

[2]乃以成他故：却以其他的原因掩饰。

[3]异事：密事。知者揣之外而得之：（另有）局外的聪明人猜测到了。己：智者。

[4]周泽未渥：君臣未能熟知。极知：特别知心的。

[5]间己：离间（大臣和自己）。细人：地位低下之人。卖重：卖权，盗用权力。

[6]藉资：凭借。尝己：试探君主。

[7]径省其说：说辞简明。拙：抛弃。米盐博辩：说辞繁琐。多：智，知识丰富。久：言辞太长久。

[8]草野：粗野。倨侮：傲慢。

凡说之务，在知饰所说之所矜而灭其所耻[1]。彼有私急也，必以公义示而强之。其意有下也,然而不能已,说者因为之饰其美而少其不为也[2]。其心有高也,而实不能及,说者为之举其过而见其恶,而多其不行也[3]。有欲矜以智能,则为之举异事之同类者,多为之地[4],使之资说于我,而佯不知也以资其智。欲内相存之言,则必以美名明之,而微见其合于私利也[5]。欲陈危害之事,则显其毁诽而微见其合于私患也[6]。誉异人与同行者,规异事与同计者[7]。有与同污者,则必以大饰其无伤也;有与同败者,则必以明饰其无失也。彼自多其力,则毋以其难概之也,自勇其断,则无以其谪怒之,自智其计,则毋以其败穷之[8]。大意无所拂悟,辞言无所系縻[9],然后极骋智辩焉,此道所得,亲近不疑而得尽辞也。伊尹为宰,百里奚为虏,皆所以干其上也[10],此二人者,皆圣人也,然犹不能无役身以进,如此其污也。今以吾言为宰虏,而可以听用而振世,此非能仕之所耻也[11]。夫旷日离久,而周泽既渥,深计而不疑,引争而不罪,则明割利害以致其功,直指是非以饰其身,以此相持,此说之成也。

注释:

[1]所矜:夸耀的事情。灭:消灭,掩饰。所耻:引以为耻的事情。

[2]意有下:想法有卑下的,言有私心之意。因为之饰其美而少其不为:虽然为对方的卑下的想法进行掩饰,但还要表示对此的不满。少:稍微。

[3]举其过而见其恶:列举不对的地方,揭示其坏处。多:称赞。

[4]地:材料。这一句说,要为对方准备材料依据,让对方明白,而自己还要佯装不知。

[5]内:纳,贡献。微见其合于私利:暗示他这是符合君王私利的。

[6]毁诽:危害。

[7]誉:赞誉。同行:(与君)同品行。规:谋划。同计:(与君)同计划。

[8]概:格,纠正。谪:过失。

[9]拂悟:违逆。系縻:碰撞摩擦。

[10]伊尹：商汤时贤相，相传曾经作宰以烹调之事求进于商汤。百里奚：秦穆公相，曾卖身为奴，借此求见秦穆公。干：求。

[11]宰虏：伊尹为宰，百里奚为虏，比喻说客要曲折以进言。

昔者郑武公欲伐胡，故先以其女妻胡君以娱其意[1]。因问于群臣："吾欲用兵，谁可伐者？"大夫关其思对曰："胡可伐。"武公怒而戮之，曰："胡，兄弟之国也，子言伐之，何也？"胡君闻之，以郑为亲己，遂不备郑。郑人袭胡，取之。宋有富人，天雨墙坏，其子曰："不筑，必将有盗。"其邻人之父亦云。暮而果大亡其财，其家甚智其子，而疑邻人之父。此二人说者皆当矣，厚者为戮，薄者见疑，则非知之难也，处之则难也[2]。故绕朝之言当矣，其为圣人于晋，而为戮于秦也[3]。此不可不察。

注释：

[1]郑武公：春秋时郑国国君。胡：春秋诸侯国之一，姬姓，位于今河南郾城。娱：使快乐，意在麻痹对方。

[2]处：处理。这里指不察对方，虽意见正确，也见戮见疑。

[3]绕朝：春秋时秦国康公时大夫。晋大夫士会出亡于秦，晋人以计谋赚之归国，绕朝洞穿晋人阴谋，但没有说破。士会回到晋国，认为绕朝有才干，是晋国的威胁，就用间计散布绕朝亲近晋国的谣言，秦康公遂杀了绕朝。事见《左传》文公十三年。

昔者弥子瑕有宠于卫君[1]。卫国之法，窃驾君车者罪刖。弥子瑕母病，人间往夜告弥子，弥子矫驾君车以出[2]。君闻而贤之，曰："孝哉，为母之故，忘其刖罪。"异日，与君游于果园，食桃而甘，不尽，以其半啖君，君曰："爱我哉，忘其口味，以啖寡人。"及弥子色衰爱弛，得罪于君，君曰："是固尝矫驾吾车，又尝啖我以余桃。"故弥子之行未变于初也,而以前之所以见贤而后获罪者,爱憎之变也。故有爱于主,则智当而加亲,有憎于主,则智不当见罪而加疏。故谏说谈论之士,不可不察爱憎之主而后说焉。

夫龙之为虫也,柔可狎而骑也,然其喉下有逆鳞径尺,若人有婴之者则必杀人[3]。人主亦有逆鳞,说者能无婴人主之逆鳞,则几矣。

注释:

[1]弥子瑕:春秋时卫灵公的弄臣。
[2]间:空隙。矫:假传君命。
[3]狎:亲近。婴:接触。

历山之农者侵畔

本文选自《韩非子·难一》篇。标题取自文章首句。

韩非借尧舜德治传说,指出圣人难得,德治不足,批评儒家的贤人政治不是治国之本。韩非认为,抱法处势,以赏罚为手段,用严刑峻法治理国家,乃"庸主之所易也",突出了法治的优越性和有效性。

文章用寓言"自相矛盾"进行论证,逻辑严密,富有说服力。

历山之农者侵畔,舜往耕焉,期年,甽亩正[1]。河滨之渔者争坻,舜往渔焉,期年,而让长[2]。东夷之陶者器苦窳,舜往陶焉,期年而器牢[3]。仲尼叹曰:"耕、渔与陶,非舜官也,而舜往为之者,所以救败也[4]。舜其信仁乎!乃躬藉处苦而民从之[5],故曰:圣人之德化乎[6]!"

注释：

[1]历山：又名舜耕山，在今山东历城县南。畔：田界。畖亩正：田界整齐。畖：同"畛"。

[2]坻：水中小洲或者高地。让长：对年长的人谦让。

[3]陶者：制作瓦器的人。苦窳（yǔ）：器物粗劣。

[4]官：职务。救败：矫正败俗。救：止。

[5]躬：亲身。藉：践踏，实践。处苦：处身艰难的境地。

[6]德化：以德感化。

或问儒者曰："方此时也，尧安在？"其人曰："尧为天子。"

然则仲尼之圣尧奈何[1]？圣人明察在上位，将使天下无奸也。今耕渔不争，陶器不窳，舜又何德而化？舜之救败也，则是尧有失也；贤舜则去尧之明察，圣尧则去舜之德化；不可两得也。楚人有鬻楯与矛者，誉之曰："吾楯之坚，物莫能陷也[2]。"又誉其矛曰："吾矛之利，于物无不陷也。"或曰："以子之矛陷子之楯，何如？"其人弗能应也。

夫不可陷之楯与无不陷之矛，不可同世而立。今尧、舜之不可两誉，矛楯之说也。且舜救败，期年已一过，三年已三过[3]，舜有尽，寿有尽，天下过无已者，以有尽逐无已，所止者寡矣[4]。

注释：

[1]圣尧：尊尧为圣人。奈何：怎么，为什么。

[2]陷：穿，刺透。

[3]期年：满一年。已：停止，消除。过：过错。

[4]所止者：所消除的过错。

赏罚使天下必行之,令曰:"中程者赏,弗中程者诛[1]。"令朝至暮变,暮至朝变,十日而海内毕矣,奚待期年? 舜犹不以此说尧令从己,乃躬亲,不亦无术乎[2]? 且夫以身为苦而后化民者,尧、舜之所难也;处势而骄下者,庸主之所易也[3]。将治天下,释庸主之所易,道尧、舜之所难,未可与为政也[4]。

注释:

[1]中程:符合规章。程:章程、规章。诛:罚。
[2]犹:尚且。令从己:令民从己。己:指尧。躬亲:亲自劳作。
[3]处势:处于权势的地位。骄:通"矫",矫正。
[4]道:言说,施行。

堂谿公谓韩子

本文选自《韩非子·问田》篇。标题取自文章首句。

韩非借与堂谿公的对话,指法家人物"立法术,设度数",是"利民萌便众庶之道",是勇于救世的"仁智之行",批评了世人对法家"乱主暗上"的污蔑,表达了韩非义无反顾从事变革的决心和勇气。

堂谿公谓韩子曰[1]:"臣闻服礼辞让,全之术也;修行退智,遂之道也[2]。今先生立法术,设度数,臣窃以为危于身而殆于躯。何以效之? 所闻先生术曰:'楚不用吴起而削乱,秦行商君而富强。二子之言已当矣,然而吴起支解而商君车裂者,不逢世遇主之患也[3]。'逢遇不可必也,患祸不可斥也[4]。夫舍乎全遂之道而肆乎危殆之行,窃为先生无取焉[5]。"

注释:

[1]堂溪:地名,今河南省西平县西,春秋时属楚国,战国时属韩国。堂谿公:春秋末期楚国所封的一个吴国逃亡贵族。这里的堂溪公,应是这个贵族的后代。韩子:韩非。

[2]臣:自称,即我。全之术:保全自己的方法。遂:顺,全。

[3]支解与车裂:对语,都是指肢解四肢的酷刑。吴起和商鞅均为死后遭酷刑。

[4]斥:排斥。

[5]肆:尽力,不顾一切。

韩子曰:"臣明先生之言矣。夫治天下之柄,齐民萌之度,甚未易处也[1]。然所以废先王之教,而行贱臣之所取者,窃以为立法术,设度数,所以利民萌便众庶之道也。故不惮乱主暗上之患祸,而必思以齐民萌之资利者,仁智之行也[2]。惮乱主暗上之患祸,而避乎死亡之害,知明夫身而不见民萌之资利者,贪鄙之为也。臣不忍向贪鄙之为,不敢伤仁智之行。先生有幸臣之意,然有大伤臣之实[3]。"

注释:

[1]柄:把柄,关键。齐:治理,整治。萌:通"氓"。民萌:民众,平民。

[2]乱主暗上:当时反对派对法家人物的中伤。资利:利益。

[3]幸臣:爱惜我(韩非)。堂溪公认为,韩非的作为非保全之道,韩非认为自己的作为是"仁智之行",堂溪公未免有误解。

定 法

定法,确定"法"的意义。

本篇旨在讨论申不害之"术治"与商鞅之"法治"的得失。文章首先提出"法"和"术"的含义,然后重点讨论了申、商两家的主张在国家治理方面的不足。韩非认为,申不害长于"术治",不擅长法治,"徒术而无法",商鞅长于"法治",不擅长术治,"徒法而无术","二子之于法术,皆未尽善也"。韩非强调,治理国家,"法"与"术"要综合使用,缺一不可,"君无术则弊于上,臣无法则乱于下,此不可一无"。本篇可见韩非的法治思想渊源。

问者曰:"申不害、公孙鞅,此二家之言孰急于国[1]?"

应之曰:"是不可程也[2]。人不食,十日则死;大寒之隆,不衣亦死。谓之衣食孰急于人,则是不可一无也,皆养生之具也。今申不害言术而公孙鞅为法。术者,因任而授官,循名而责实,操杀生之柄,课群臣之能者也,此人主之所执也[3]。法者,宪令著于官府,刑罚必于民心,赏存乎慎法,而罚加乎奸令者也,此臣之所师也[4]。君无术则弊于上,臣无法则乱于下,此不可一无,皆帝王之具也。"

注释:

[1]问者曰:与下文"对曰"相对应,设问一问一答。急:急需。申不害:(公元前385年—前337年),战国时期法家重要人物,主张"术"治。

[2]程:衡量,比较。

[3]循名：遵循名位（职责规定）。责实：要求实效。课：考核。

[4]慎法：谨慎守法。奸令：违反禁令。师：师法，遵循。

问者曰："徒术而无法，徒法而无术，其不可何哉？"

对曰："申不害，韩昭侯之佐也，韩者，晋之别国也[1]。晋之故法未息，而韩之新法又生；先君之令未收，而后君之令又下。申不害不擅其法，不一其宪令，则奸多[2]。故利在故法，前令则道之，利在新法，后令则道之，利在故新相反，前后相勃，则申不害虽十使昭侯用术，而奸臣犹有所谲其辞矣[3]。故托万乘之劲韩，十七年而不至于霸王者，虽用术于上，法不勤饰于官之患也[4]。公孙鞅之治秦也，设告相坐而责其实，连什伍而同其罪，赏厚而信，刑重而必[5]。是以其民用力劳而不休，逐敌危而不却，故其国富而兵强[6]；然而无术以知奸，则以其富强也资人臣而已矣。及孝公、商君死，惠王即位，秦法未败也，而张仪以秦殉韩、魏[7]。惠王死，武王即位，甘茂以秦殉周[8]。武王死，昭襄王即位，穰侯越韩、魏而东攻齐，五年而秦不益尺土之地，乃城其陶邑之封[9]。应侯攻韩八年，成其汝南之封[10]。自是以来，诸用秦者，皆应、穰之类也。故战胜，则大臣尊；益地，则私封立：主无术以知奸也。商君虽十饰其法，人臣反用其资[11]。故乘强秦之资数十年而不至于帝王者，法不勤饰于官，主无术于上之患也。"

注释：

[1]韩昭侯：（？—公元前333年），姬姓，韩氏，名武，战国时代韩国的第六任君主，公元前362年至前333年在位。韩国在春秋末期三家分晋而成为诸侯，故韩国有晋之别国之说。

[2]不一：不统一，指新法故法并存。奸：指利用新法故法漏洞违法的人。

[3]勃：通"悖"。谲：诡辩，指花言巧语。

[4]饰：通"饬"。法不勤饰于官：言没有在官吏中严格整顿法令。

[5]告：告发。相坐：连坐。什伍：十家为什，五家为伍。

[6]逐：追逐。却：退却。

[7]孝公：名渠梁，秦献公之子，战国时期秦国国君，公元前361年至前338年在位，曾任用商鞅变法。秦惠王：名驷，秦孝公之子，战国时期秦国国君，公元前337年至前311年在位。殉：牺牲。

[8]秦武王：名荡，秦惠王之子，战国时期秦国国君，公元前310年至前307年在位。甘茂：生卒年不详，下蔡人，战国中期秦国名将。秦武王时任秦国左丞相。

[9]昭襄王：即秦昭王，名稷，秦惠王之子，秦武王异母弟，公元前306年至前251年在位。穰侯：魏冉，因食邑在穰，号穰侯。战国时秦国大臣。宣太后异父同母的长弟，秦昭襄王之舅。陶邑：今山东定陶。公元前284年，秦、韩、赵、魏、燕五国，合纵破齐，穰侯假秦国的武力攻齐，夺取陶邑为己加封，扩大自己的势力。

[10]应侯：范雎，字叔，魏国人，秦国宰相，因封地在应城，所以又称为"应侯"。汝南：汝南县，古属豫州，豫州为九州之中，汝南又居豫州之中，故有"天中"之称。

[11]反用其资：反用变法成果。

问者曰："主用申子之术，而官行商君之法，可乎？"

对曰："申子未尽于术，商君未尽于法也。申子言：'治不逾官，虽知弗言[1]。'治不逾官，谓之守职也可；知而弗言，是不谓过也[2]。人主以一国目视，故视莫明焉；以一国耳听，故听莫聪焉。今知而弗言，则人主尚安假借矣？商君之法曰：'斩一首者爵一级，欲为官者为五十石之官；斩二首者爵二级，欲为官者为百石之官。'官爵之迁与斩首之功相称也。今有法曰：'斩首者令为医、匠。'则屋不成而病不已。夫匠者手巧也，而医者齐药也，而以斩首之功为之，则不当其能[3]。今治官者，智能也；今斩首者，勇力之所加也。以勇力之所加而治智能之官，是以斩首之功为医、匠也。故曰：二子之于法术，皆未尽善也。"

注释:

[1]逾:超越。这句话说,官员治理不超越自己的权限,超越了权限,虽然知道也不言语。

[2]不谓:不告发。过:过失。

[3]齐:通"剂"。当:称。

五 蠹

"五蠹"是指学者(儒生)、带剑者(游侠刺客)、言谈者(纵横家)、患御者(逃避服兵役的人)和商工之民(投机营利的工商业者)五种人。

文章详细分析了此五种人对社会的危害,认为儒以文乱法,侠以武犯禁;言谈者借于外力以成其私,而忘记社稷之利;患御者积于私门,无汗马之劳;商工之民巧取豪财,牟农夫之利。韩非认为这些人不事耕战,轻取尊位,乱民惑政,是"邦之蠹也",应予铲除。韩非提出明君要多用"介士","以法为教,以吏为师","一法而不求智,固术而不慕信",法、术、势综合运用,这样国家才能强盛。

文章很好地运用历史事实、寓言故事进行类比说理,尤其是对儒墨两家"法先王"行仁政之复古主张的批判,非常有力,体现了法家与时俱进的现实主义精神。

上古之世,人民少而禽兽众,人民不胜禽兽虫蛇;有圣人作,构木为巢,以避群害,而民悦之,使王天下,号之曰有巢氏[1]。民食果蓏蚌蛤,腥臊恶臭而伤害腹胃,民多疾病[2];有圣人作,钻燧取火,以化腥臊,而民悦之,使王天下,号之曰燧人氏[3]。中古之世,天下大水,而鲧、禹决渎[4]。近古之世,桀、纣暴乱,而汤、武征伐。今有构木钻燧于夏后氏之世者,必为鲧、禹笑矣[5];有决渎于殷、周之世者,必为汤、武笑矣。然则今有美尧、舜、汤、武、禹之道于当今之世者,必为新圣笑矣。是以圣人不期修古,不法常可,论世之事,因为之备[6]。宋人有耕者,田中有株,兔走触株,折颈而死;因释其耒而守株,冀复得兔,兔不可复得,而身为宋国笑。今欲以先王之政,治当世之民,皆守株之类也。

注释:

[1]作:起来,兴起。有巢氏:传说中远古时代巢居的创始者。
[2]果:木本植物的果实。蓏(luǒ):草本植物的果实。蛤:蛤蜊。
[3]燧人氏:传说中远古时代钻木取火的发明者。
[4]鲧:传说中原始末期的一个部落的首领,禹的父亲。曾奉尧的命令去治理洪水,历时九年,没有成功,后被舜杀死。决:开掘,疏通。渎:独流入海的江河。古称长江、黄河、淮河、济水为"四渎"。
[5]夏后:夏代的帝王。
[6]期:希望。修古:学习先王的古道,即遵循古法。法:效法,模仿。常可:不变的成规。因:顺。

古者丈夫不耕,草木之实足食也;妇人不织,禽兽之皮足衣也。不事力而养足,人民少而财有余,故民不争。是以厚赏不行,重罚不用,而民自治。今人有五子不为多,子又有五子,大父未死而有二十五孙[1]。是以人民众而货财寡,事力劳而供养薄,故民争;虽倍赏累罚而不免于乱。

注释:

[1]大父:祖父。

尧之王天下也,茅茨不翦,采椽不斲[1];粝粢之食,藜藿之羹[2];冬日麑裘,夏日葛衣[3];虽监门之服养,不亏于此矣[4]。禹之王天下也,身执耒臿,以为民先;股无胈,胫不生毛;虽臣虏之劳,不苦于此矣[5]。以是言之,夫古之让天子者,是去监门之养而离臣虏之劳也,故传天下而不足多也。今之县令,一日身死,子孙累世絜驾,故人重之[6]。是以人之于让也,轻辞古之天子,难去今之县令者,薄厚之实异也。夫山居而谷汲者,膢腊而相遗以水;泽居苦水者,买庸而决窦[7]。故饥岁之春,幼弟不饷;穰岁之秋,疏客必食[8]。非疏骨肉爱过客也,多少之实异也。是以古之易财,非仁也,财多也;今之争夺,非鄙也,财寡也。轻辞天子,非高也,势薄也;重争士橐,非下也,权重也[9]。故圣人议多少、论薄厚为之政。故罚薄不为慈,诛严不为戾,称俗而行也。故事因于世,而备适于事。

注释:

[1]翦:同"剪"。茅茨不翦:用茅草芦苇盖的房顶而没有修剪整齐。采:木名,即栎木。椽:房檐上上承屋瓦的木。斲(zhuó):砍削。

[2]粝:粗米。粢(zī):稷,泛指粗粮。藜:草本植物,嫩叶可吃。藿:豆叶。藜藿之羹:野菜汤。

[3]麑:小鹿。裘:皮衣。葛:麻布。这是说,夏天穿麻布衣。

[4]监门:守门的人。服:指衣服。养:指食物。亏:少、薄。

[5]臿:掘土农具。股:大腿。胈(bá):肌肉。胫(jìng):小腿。臣虏:奴隶。

[6]絜:结,系。絜驾:套马驾车。累世絜驾:世世代代都能有马车坐。

[7]汲:打水。谷汲:到山谷里打水。膢(lóu)腊:古代楚国风俗在二月举行

祭祀饮食之神的祭礼,叫做"腊";冬季十月(周朝十月,即夏历十二月)祭百神,叫做"腊"。这里泛指节日。遗:赠送。苦水:以水太多为苦。庸:同"佣"。买庸:雇人。决窦:挖沟排水。

[8]饷:给以饮食。穰:庄稼丰熟。穰岁:丰收年。疏客:过路人。

[9]士橐(tuó):做官。橐,同"托",依托于权贵。士托,是依附于大官而仕的意思。

古者文王处丰镐之间,地方百里,行仁义而怀西戎,遂王天下。徐偃王处汉东,地方五百里,行仁义,割地而朝者三十有六国,荆文王恐其害己也,举兵伐徐,遂灭之[1]。故文王行仁义而王天下,偃王行仁义而丧其国,是仁义用于古不用于今也。故曰:世异则事异。当舜之时,有苗不服,禹将伐之[2]。舜曰:"不可。上德不厚而行武,非道也。"乃修教三年,执干戚舞,有苗乃服[3]。共工之战,铁铦矩者及乎敌,铠甲不坚者伤乎体,是干戚用于古不用于今也[4]。故曰:事异则备变。上古竞于道德,中世逐于智谋,当今争于气力。齐将攻鲁,鲁使子贡说之,齐人曰:"子言非不辩也,吾所欲者土地也,非斯言所谓也。"遂举兵伐鲁,去门十里以为界。故偃王仁义而徐亡,子贡辩智而鲁削。以是言之,夫仁义辩智,非所以持国也。去偃王之仁,息子贡之智,循徐、鲁之力,使敌万乘,则齐、荆之欲不得行于二国矣。

注释:

[1]徐偃王:徐国的君王。徐是西周时的一个诸侯国。周穆王时,徐国一度强大,它的国君自称偃王。汉东:汉水以东。荆文王:荆是楚的别称,荆文王即楚文王。

[2]有苗:有字是冠词,或称"三苗",古代少数民族。

[3]干:盾。戚:大斧。执干戚舞:拿着盾牌、大斧等兵器跳舞,指用礼乐德政去感化苗人。

[4]共工:古代神话中的英雄人物,传说曾与颛顼争帝。铁铦(xiān):长矛

一类的兵器。矩：通"巨",长。

夫古今异俗,新故异备[1]。如欲以宽缓之政,治急世之民,犹无辔策而御骅马,此不知之患也。今儒、墨皆称先王兼爱天下,则民视之如父母。何以明其然也？曰："司寇行刑,君为之不举乐；闻死刑之报,君为流涕。"此所举先王也。夫以君臣为如父子则必治,推是言之,是无乱父子也。人之性情莫先于父母,父母皆见爱而未必治也,虽厚爱矣,奚遽不乱？今先王之爱民,不过父母之爱子；子未必不乱也,则民奚遽治哉？且夫以法行刑而君为之流涕,此以效仁,非以为治也[2]。夫垂泣不欲刑者,仁也；然而不可不刑者,法也。先王胜其法不听其泣,则仁之不可以为治亦明矣[3]。

注释：

[1]备：措施。
[2]效仁：表示仁爱。
[3]胜其法：以法为胜,看重法的作用。

且民者固服于势,寡能怀于义。仲尼,天下圣人也,修行明道以游海内,海内说其仁美其义,而为服役者七十人[1]。盖贵仁者寡,能义者难也。故以天下之大,而为服役者七十人,而仁义者一人。鲁哀公,下主也[2],南面君国,境内之民莫敢不臣,民者固服于势。势诚易以服人,故仲尼反为臣而哀公顾为君。仲尼非怀其义,服其势也。故以义则仲尼不服于哀公,乘势则哀公臣仲尼。今学者之说人主也,不乘必胜之势,而务行仁义则可以王,是求人主之必及仲尼,而以世之凡民皆如列徒,此必不得之数也[3]。

注释:

[1]服役:弟子。
[2]下主:不高明的君主。南面:面朝南坐。古代以面向南为尊位,喻指掌握国家政权。君国:统治一个国家。
[3]数:道理。

今有不才之子,父母怒之弗为改,乡人谯之弗为动,师长教之弗为变[1]。夫以父母之爱、乡人之行、师长之智,三美加焉而终不动,其胫毛不改。州部之吏,操官兵,推公法,而求索奸人,然后恐惧,变其节,易其行矣。故父母之爱不足以教子,必待州部之严刑者,民固骄于爱听于威矣。故十仞之城,楼季弗能踰者,峭也;千仞之山,跛牂易牧者,夷也[2]。故明王峭其法而严其刑也。布帛寻常,庸人不释;铄金百溢,盗跖不掇[3]。不必害则不释寻常,必害手则不掇百溢,故明主必其诛也。是以赏莫如厚而信,使民利之;罚莫如重而必,使民畏之;法莫如一而固,使民知之。故主施赏不迁,行诛无赦,誉辅其赏,毁随其罚,则贤不肖俱尽其力矣[4]。

注释:

[1]谯:同"诮",责骂,训斥。
[2]楼季:战国时魏文侯的弟弟,善于登高跳跃。踰:同"逾",越过。跛牂(zāng):瘸腿的母羊。夷:平。
[3]铄:熔化。跖:春秋末期奴隶起义的领袖,旧时被诬蔑为"盗跖"。掇:拾取。
[4]誉辅其赏:用赞誉辅助奖赏。毁随其罚:用贬斥配合刑罚。

今则不然,以其有功也爵之,而卑其士官也,以其耕作也赏之,而少其家业也,以其不收也外之,而高其轻世也,以其犯禁也罪之,而多其有勇也[1]。毁誉赏罚之所加者,相与悖缪也,故法禁坏而民愈乱。今兄弟被侵,必攻者,廉也;知友被辱,随仇者,贞也[2];廉贞之行成,而君上之法犯矣。人主尊贞廉之行,而忘犯禁之罪,故民程于勇而吏不能胜也[3]。不事力而衣食,则谓之能;不战功而尊,则谓之贤。贤能之行成,而兵弱而地荒矣。人主说贤能之行,而忘兵弱地荒之祸,则私行立而公利灭矣。

注释:

[1]爵之:给他爵位。卑:鄙视。士:同"事"。士官:如同说做官。少:作动词,轻视的意思。家业:指农业。不收:不接受官爵,即不做官。外之:排斥他。高其轻世:推崇那些轻视世俗的人。多:作动词,赞美。

[2]廉:正直。贞:忠实。这是说,看到兄弟被人侵害,一定要帮助反攻,这被认为是正直的行为;看到知己朋友被人侮辱,跟着一道进行报复,也被认为是忠实的举动。

[3]程:同"逞",指私斗。

儒以文乱法,侠以武犯禁,而人主兼礼之,此所以乱也[1]。夫离法者罪,而诸先生以文学取;犯禁者诛,而群侠以私剑养。故法之所非,君之所取;吏之所诛,上之所养也。法、趣、上、下,四相反也,而无所定,虽有十黄帝不能治也。故行仁义者非所誉,誉之则害功;文学者非所用,用之则乱法。楚之有直躬,其父窃羊,而谒之吏[2]。令尹曰:"杀之!"以为直于君而曲于父,报而罪之[3]。以是观之,夫君之直臣,父之暴子也[4]。鲁人从君战,三战三北。仲尼问其故,对曰:"吾有老父,身死莫之养也。"仲尼以为孝,举而上之[5]。以是观之,夫父之孝子,君之背臣也。故令尹诛而楚奸不上闻;仲尼赏而鲁民易降北。上下之利若是其异也,而人主兼举匹夫之行,而求致社稷之福,必不几矣。

注释：

[1]文：文学，古代的文献经典。这里指商周以来的一些典章制度。侠：游侠刺客。禁：禁令。礼：作动词，尊重，给以礼遇。儒生、群侠离法犯禁，故不为法家所取。

[2]楚之有直躬：楚国有个正直的名叫"躬"的人。谒：报告。

[3]令尹：楚国的官名，相当于后代的宰相。报而罪之：判他有罪。

[4]暴子：不孝之子，逆子。

[5]举：推举。上：尚，赞扬。

古者苍颉之作书也，自环者谓之私，背私谓之公。公私之相背也，乃苍颉固以知之矣。今以为同利者，不察之患也。然则为匹夫计者，莫如修行义而习文学。行义修则见信，见信则受事；文学习则为明师，为明师则显荣。此匹夫之美也。然则无功而受事，无爵而显荣，为有政如此，则国必乱，主必危矣。故不相容之事，不两立也：斩敌者受赏，而高慈惠之行；拔城者受爵禄，而信廉爱之说；坚甲厉兵以备难，而美荐绅之饰；富国以农，距敌恃卒，而贵文学之士；废敬上畏法之民，而养游侠私剑之属。举行如此，治强不可得也。国平养儒侠，难至用介士[1]，所利非所用，所用非所利。是故服事者简其业，而游学者日众，是世之所以乱也。

注释：

[1]国平：国家安定。介士：穿铠甲的士兵。

且世之所谓贤者，贞信之行也；所谓智者，微妙之言也。微妙之言，上智之所难知也。今为众人法，而以上智之所难知，则民无从识之矣。故糟糠不饱者不务粱肉，短褐不完者不待文绣。夫治世之事，急者不得,则缓者非所务也。今所治之政,民间之事,夫妇所明知者不用,而慕上知之论,则其于治反矣。故微妙之言,非民务也。若夫贤贞信之行者,必将贵不欺之士;贵不欺之士者,亦无不欺之术也。布衣相与交,无富厚以相利,无威势以相惧也,故求不欺之士。今人主处制人之势,有一国之厚,重赏严诛,得操其柄,以修明术之所烛,虽有田常、子罕之臣,不敢欺也,奚待于不欺之士[1]?今贞信之士不盈于十,而境内之官以百数,必任贞信之士,则人不足官。人不足官,则治者寡而乱者众矣。故明主之道,一法而不求智,固术而不慕信,故法不败,而群官无奸诈矣。

注释:

[1]田常:即田成子,又叫陈成子或陈恒,春秋末在齐国执政,公元前481年杀了齐简公,掌握政权。子罕:战国时宋国大臣,姓戴,名皇喜,字子罕,曾杀死宋桓侯,夺取了政权。

今人主之于言也,说其辩而不求其当焉;其用于行也,美其声而不责其功。是以天下之众,其谈言者务为辩而不周于用,故举先王言仁义者盈廷,而政不免于乱;行身者竞于为高,而不合于功,故智士退处岩穴,归禄不受,而兵不免于弱[1]。兵不免于弱,政不免于乱,此其故何也?民之所誉,上之所礼,乱国之术也。

注释:

[1]行身:如同说"立身"。为高:装作清高。退处岩穴:隐居山林之间。归禄不受:归还奉禄,辞官不做。

今境内之民皆言治,藏商、管之法者家有之,而国愈贫,言耕者众,执耒者寡也[1];境内皆言兵,藏孙、吴之书者家有之,而兵愈弱,言战者多,被甲者少也[2]。故明主用其力,不听其言;赏其功,必禁无用,故民尽死力以从其上。夫耕之用力也劳,而民为之者,曰:可得以富也。战之为事也危,而民为之者,曰:可得以贵也。今修文学,习言谈,则无耕之劳而有富之实,无战之危而有贵之尊,则人孰不为也?是以百人事智而一人用力。事智者众则法败,用力者寡则国贫,此世之所以乱也。故明主之国,无书简之文,以法为教;无先王之语,以吏为师;无私剑之捍,以斩首为勇。是境内之民,其言谈者必轨于法,动作者归之于功,为勇者尽之于军。是故无事则国富,有事则兵强,此之谓王资。既畜王资而承敌国之衅,超五帝侔三王者,必此法也[3]。

注释:

[1]商、管:商鞅、管仲,法家人物。

[2]孙、吴:孙武,春秋时人物,军事家,著有《孙子兵法》。吴起,战国早期人物,军事家,著有《吴起兵法》。

[3]衅:破绽,裂痕,弱点。侔:比,等同。

今则不然。士民纵恣于内,言谈者为势于外,外内称恶,以待强敌,不亦殆乎!故群臣之言外事者,非有分于从衡之党,则有仇雠之忠,而借力于国也[1]。从者,合众弱以攻一强也,而衡者,事一强以攻众弱也,皆非所以持国也。今人臣之言衡者,皆曰:"不事大,则遇敌受祸矣。"事大未必有实,则举图而委,效玺而请兵矣。献图则地削,效玺则名卑;地削则国削,名卑则政乱矣。事大为衡,未见其利也,而亡地乱政矣。人臣之言从者,皆曰:"不救小而伐大,则失天下,失天下则国危,国危而主卑。"救小未必有实,则起兵而敌大矣。救小未必能存,而敌大未必不有疏,有疏则为强国制矣。出兵则军败,退守则城拔。救小为从,未见其利,而亡地败军矣。是故事强,则以外权士官于内;救小则以内重求利于外[2]。国利未立,封土厚禄至矣;主上虽卑,人臣尊矣;国地虽削,私家富矣。事成,则以权长重;事败,则以富退处[3]。人主之听说于其臣,事未成则爵禄已尊矣,事败而弗诛,则游说之士孰不为用矰缴之说而侥幸其后[4]?故破国亡主以听言谈者之浮说,此其故何也?是人君不明乎公私之利,不察当否之言,而诛罚不必其后也。皆曰:"外事,大可以王,小可以安。"夫王者,能攻人者也;而安,则不可攻也。强,则能攻人者也;治,则不可攻也。治强不可责于外,内政之有也。今不行法术于内,而事智于外,则不至于治强矣。

注释:

[1]从:通"纵"。衡:通"横"。从衡之党:指鼓吹合纵、连横的纵横家。

[2]以外权:依靠外国的权势。士官于内:在国内取得官位。以内重:利用国内的权力。求利于外:在国外谋取私利。

[3]以权长重:凭借权势长期居重位。以富退处:依靠财富退隐享乐。

[4]矰(zēng):短箭。缴(zhuó):系在箭杆上的绳子。矰缴:捕鸟的器具。矰缴之说:指猎取功名富贵、投机取巧的虚言浮辞。侥幸其后:侥幸获得富贵。

鄙谚曰:"长袖善舞,多钱善贾。"此言多资之易为工也。故治强易为谋,弱乱难为计。故用于秦者,十变而谋希失;用于燕者,一变而计希得[1]。非用于秦者必智,用于燕者必愚也,盖治乱之资异也。故周去秦为从,期年而举;卫离魏为衡,半岁而亡[2]。是周灭于从,卫亡于衡也。使周、卫缓其从衡之计,而严其境内之治,明其法禁,必其赏罚,尽其地力以多其积,致其民死以坚其城守,天下得其地则其利少,攻其国则其伤大;万乘之国莫敢自顿于坚城之下,而使强敌裁其弊也,此必不亡之术也[3]。舍必不亡之术而道必灭之事,治国者之过也。智困于外而政乱于内,则亡不可振也[4]。

注释:

[1]十变:指情况变化十次。希:通"稀",很少。
[2]周:指西周君。这时东周王朝已分为西周、东周两个小国。周去秦为从:西周背离秦国加入合纵阵营。期年:周年。卫离魏为衡:卫国原来附于魏国,后又背离魏与秦国连横。
[3]顿:困顿。裁:制。弊:疲惫。裁其弊:乘其疲惫之机加以制裁。
[4]振:挽救。

民之自计,皆就安利如辟危穷。今为之攻战,进则死于敌,退则死于诛,则危矣;弃私家之事而必汗马之劳,家困而上弗论,则穷矣。穷危之所在也,民安得勿避?故事私门而完解舍者则远战,远战则安[1]。行货赂而袭当涂者则求得,求得则私安,私安则利之所在,安得勿就?是以公民少而私人众矣。

注释:

[1]私门:指有权有势的豪门大族。完:具备。解舍:解除,指免除兵役。完解舍:具备免役的条件。

夫明王治国之政,使其商工游食之民少而名卑,以趣本务而外末作[1]。今世近习之请行,则官爵可买;官爵可买,则商工不卑也矣。奸财货贾得用于市,则商人不少矣。聚敛倍农而致尊过耕战之士,则耿介之士寡而商贾之民多矣。

注释：

[1]趣：同"趋"，趋向，从事。本务：指农业生产。外：疏远。末作：指工商。

是故乱国之俗：其学者，则称先王之道以籍仁义，盛容服而饰辩说，以疑当世之法，而贰人主之心。其言谈者，为设诈称，借于外力，以成其私，而遗社稷之利。其带剑者，聚徒属，立节操，以显其名，而犯五官之禁[1]。其患御者，积于私门，尽货赂而用重人之谒，退汗马之劳[2]。其商工之民，修治苦窳之器，聚沸靡之财，蓄积待时，而侔农夫之利[3]。此五者，邦之蠹也。人主不除此五蠹之民，不养耿介之士，则海内虽有破亡之国，削灭之朝，亦勿怪矣。

注释：

[1]五官：指司徒、司马、司空、司士、司寇等五种官职。禁：禁令。
[2]患：害怕。御：驾车，指驾兵车作战。患御者：指逃避兵役的人。重人：掌握大权的人。谒：请求。这是说，尽量行使贿赂请托有重大权势的人。
[3]窳(yǔ)：败坏，不坚固。苦窳之器：粗劣的器具。沸靡：奢侈。侔：同"牟"，侵取之义。

显 学

"显学"，指有名声有地位的学派。

本篇主旨是批判当时有影响力的诸子学派，特别是儒墨两家的学说，伸张法家思想。儒墨两家提倡效法先王之道，以德治国。韩非认为，先王之道不足取，圣人贤士不可靠，民智不可用，"威势之可以禁暴,而德厚之不足以止乱";强调君主要"明法度,必赏罚",实行法治,才是王者之道。

文章与《五蠹》篇一样,对儒墨两家"法先王行仁政"之复古思想的批判是很严厉的。

世之显学,儒、墨也。儒之所至,孔丘也。墨之所至,墨翟也。自孔子之死也,有子张之儒,有子思之儒,有颜氏之儒,有孟氏之儒,有漆雕氏之儒,有仲良氏之儒,有孙氏之儒,有乐正氏之儒[1]。自墨子之死也,有相里氏之墨,有相夫氏之墨,有邓陵氏之墨[2]。故孔、墨之后,儒分为八,墨离为三,取舍相反不同,而皆自谓真孔、墨,孔、墨不可复生,将谁使定世之学乎?孔子、墨子俱道尧、舜,而取舍不同,皆自谓真尧、舜,尧、舜不复生,将谁使定儒、墨之诚乎?殷、周七百余岁,虞、夏二千余岁,而不能定儒、墨之真;今乃欲审尧、舜之道于三千岁之前,意者其不可必乎!无参验而必之者,愚也;弗能必而据之者,诬也。故明据先王,必定尧、舜者,非愚则诬也。愚诬之学,杂反之行,明主弗受也[3]。

注释:

[1]漆雕氏:漆雕开,孔子学生。仲良氏:亦作仲梁氏,孔子弟子。孙氏:孙卿,即荀子。乐正氏:乐正子春,曾参弟子。

[2]相里氏:相里勤。相夫氏:相夫子。邓陵氏:邓陵子。三人均为墨子学生,对墨子学说取舍不同。相里勤重实务和技术研究。相夫子重学术,倡导墨子兼爱思想。邓陵子为剑侠一派。

[3]杂反:混杂相反。

墨者之葬也,冬日冬服,夏日夏服,桐棺三寸,服丧三月,世主以为俭而礼之。儒者破家而葬,服丧三年,大毁扶杖,世主以为孝而礼之[1]。夫是墨子之俭,将非孔子之侈也;是孔子之孝,将非墨子之戾也[2]。今孝、戾、侈、俭俱在儒、墨,而上兼礼之。漆雕之议,不色挠,不目逃,行曲则违于臧获,行直则怒于诸侯,世主以为廉而礼之[3]。宋荣子之议,设不斗争,取不随仇,不羞囹圄,见侮不辱,世主以为宽而礼之[4]。夫是漆雕之廉,将非宋荣之恕也;是宋荣之宽,将非漆雕之暴也。今宽、廉、恕、暴俱在二子,人主兼而礼之。自愚诬之学、杂反之辞争,而人主俱听之,故海内之士,言无定术,行无常议。夫冰炭不同器而久,寒暑不兼时而至,杂反之学不两立而治。今兼听杂学缪行同异之辞,安得无乱乎?听行如此,其于治人又必然矣。

注释:

[1]大毁:言披麻服守孝。扶杖:言因为悲伤过度只能扶杖而行。

[2]戾:乖张,不讲情理。

[3]色挠:面露胆怯。目逃:目光受到刺激而逃避,言心有怯懦。违:离开,躲避。臧获:奴婢。这一句说,漆雕氏错在自己,即使奴仆也会避让。廉:方直有棱角。

[4]宋荣子:即宋钘,见于庄子《逍遥游》,主张"见侮不辱,使人不斗"。设不斗争,取不随仇:所设言论是不与人斗争,所取态度是不与人记仇。

今世之学士语治者,多曰:"与贫穷地以实无资。"今夫与人相若也,无丰年旁入之利而独以完给者,非力则俭也。与人相若也,无饥馑、疾疚、祸罪之殃独以贫穷者,非侈则堕也。侈而堕者贫,而力而俭者富。今上征敛于富人以布施于贫家,是夺力俭而与侈堕也,而欲索民之疾作而节用,不可得也。

今有人于此,义不入危城,不处军旅,不以天下大利易其胫一毛,世主必从而礼之,贵其智而高其行,以为轻物重生之士也[1]。夫上所以陈良田大宅，设爵禄，所以易民死命也。今上尊贵轻物重生之士，而索民之出死而重殉上事，不可得也。藏书策、习谈论、聚徒役、服文学而议说，世主必从而礼之，曰："敬贤士，先王之道也。"夫吏之所税，耕者也；而上之所养，学士也。耕者则重税，学士则多赏，而索民之疾作而少言谈，不可得也。立节参明，执操不侵，怨言过于耳，必随之以剑，世主必从而礼之，以为自好之士[2]。夫斩首之劳不赏，而家斗之勇尊显，而索民之疾战距敌而无私斗，不可得也。国平则养儒侠，难至则用介士[3]。所养者非所用，所用者非所养，此所以乱也。且夫人主于听学也，若是其言，宜布之官而用其身；若非其言，宜去其身而息其端。今以为是也，而弗布于官；以为非也，而不息其端。是而不用，非而不息，乱亡之道也。

注释：

[1]胫：小腿。

[2]操：节操。不侵：不可侵犯。这一段说的是侠客之行。

[3]介士：武士。

澹台子羽，君子之容也，仲尼几而取之，与处久而行不称其貌[1]。宰予之辞，雅而文也，仲尼几而取之，与处久而智不充其辩[2]。故孔子曰："以容取人乎，失之子羽；以言取人乎，失之宰予。"故以仲尼之智而有失实之声。今之新辩滥乎宰予，而世主之听眩乎仲尼，为悦其言，因任其身，则焉得无失乎？是以魏任孟卯之辩，而有华下之患[3]；赵任马服之辩，而有长平之祸[4]。此二者，任辩之失也。夫视锻锡而察青黄，区冶不能以必剑[5]；水击鹄雁，陆断驹马，则臧获不疑钝利[6]。发齿吻形容，伯乐不能以必马[7]；授车就驾，而观其末涂，则臧获不疑驽良。观容服，听辞言，仲尼不能以必士；试之官职，课其功伐,则庸人不疑于愚智。故明主之吏,宰相必起于州部,猛将必发于卒伍。夫有功者必赏,则爵禄厚而愈劝,迁官袭级,则官职大而愈治[8]。夫爵禄大而官职治,王之道也。

注释:

[1]澹台子羽:孔子学生。容:仪容。几:几乎。行不称其貌:德行与相貌不一致。

[2]宰予:孔子学生。智不充其辩:智慧与口才不一致。

[3]魏任孟卯之辩句:魏国因为孟卯善辩而任用他,导致华阳之祸。事在秦昭王三十四年。

[4]马服:赵括。赵任用赵括而有长平之祸。

[5]视锻锡而察青黄:言观察金属颜色来确定金属含锡的多寡。区冶:即欧冶子,铸剑师。这句是说,选择铸剑材料,哪怕是欧冶子,仅仅观察也是不够的。

[6]水击鹄雁,陆断驹马:用剑在水中斩鹄雁,在陆上杀驹马。言以剑试于物,易知剑之锋利。

[7]发齿吻形容:马之外貌,毛发、牙齿、嘴巴、外形、外貌。

[8]劝:鼓励。迁、袭:晋升。

磐石千里,不可谓富;象人百万,不可谓强[1]。石非不大,数非不众也,而不可谓富强者,磐不生粟,象人不可使距敌也。今商官技艺之士亦不垦而食,是地不垦,与磐石一贯也。儒侠毋军劳,显而荣者,则民不使,与象人同事也。夫祸知磐石象人,而不知祸商官儒侠为不垦之地、不使之民,不知事类者也。

注释:

[1]磐石:砂石之地。象人:俑人,假人。这一句说,磐石象人对人来说,都是无用之物。

故敌国之君王虽说吾义,吾弗入贡而臣;关内之侯虽非吾行,吾必使执禽而朝。是故力多则人朝,力寡则朝于人,故明君务力。夫严家无悍虏,而慈母有败子[1]。吾以此知威势之可以禁暴,而德厚之不足以止乱也。

注释:

[1]悍虏:强悍家奴。

夫圣人之治国,不恃人之为吾善也,而用其不得为非也。恃人之为吾善也,境内不什数[1];用人不得为非,一国可使齐。为治者用众而舍寡,故不务德而务法。夫必恃自直之箭,百世无矢;恃自圜之木,千世无轮矣。自直之箭,自圜之木,百世无有一,然而世皆乘车射禽者何也?隐栝之道用也。虽有不恃隐栝而有自直之箭、自圜之术,良工弗贵也。何则?乘者非一人,射者非一发也。不恃赏罚而恃自善之民,明主弗贵也。何则?国法不可失,而所治非一人也。故有术之君,不随适然之善,而行必然之道。

注释:

[1]什数:十数,几十个。

今或谓人曰:"使子必智而寿",则世必以为狂。夫智,性也;寿,命也。性命者,非所学于人也,而以人之所不能为说人,此世之所以谓之为狂也。谓之不能然,则是谕也,夫谕,性也。以仁义教人,是以智与寿说也,有度之主弗受也。故善毛啬、西施之美,无益吾面;用脂泽粉黛,则倍其初。言先王之仁义,无益于治;明吾法度,必吾赏罚者,亦国之脂泽粉黛也。故明主急其助而缓其颂,故不道仁义。

今巫祝之祝人曰:"使若千秋万岁。"千秋万岁之声括耳,而一日之寿无征于人,此人所以简巫祝也[1]。今世儒者之说人主,不善今之所以为治,而语已治之功;不审官法之事,不察奸邪之情,而皆道上古之传誉、先王之成功。儒者饰辞曰:"听吾言,则可以霸王。"此说者之巫祝,有度之主不受也。故明主举实事,去无用,不道仁义者故,不听学者之言。

注释:

[1]简:慢待,不重视。

今不知治者必曰:"得民之心。"欲得民之心而可以为治,则是伊尹、管仲无所用也,将听民而已矣。民智之不可用,犹婴儿之心也。夫婴儿不剔首则腹痛,不揊痤则寖益[1]。剔首、揊痤,必一人抱之,慈母治之,然犹啼呼不止,婴儿子不知犯其所小苦致其所大利也。今上急耕田垦草以厚民产也,而以上为酷;修刑重罚以为禁邪也,而以上为严;征赋钱粟以实仓库,且以救饥馑、备军旅也,而以上为贪;境内必知介而无私解,并力疾斗,所以禽虏也,而以上为暴。此四者,所以治安也,而民不知悦也。夫求圣通之士者,为民知之不足师用。昔禹决江濬河而民聚瓦石,子产开亩树桑郑人谤訾[2]。禹利天下,子产存郑,皆以受谤,夫民智之不足用亦明矣。故举士而求贤智,为政而期适民,皆乱之端,未可与为治也。

注释:

[1]剔首:剃发,治疗头疾之用。腹:复,又,更加。揊(pì)痤:去其疮。寖益:更加严重。

[2]濬(jùn)河:疏通黄河。谤訾:说坏话。

《孙子兵法》

孙武,字长卿,春秋末期齐国乐安(今山东省北部)人,是春秋时期著名的军事家、政治家,先秦兵家学派代表,被称为"兵家至圣"。

《史记·孙子吴起列传》:"孙子武者,齐人也。以兵法见于吴王阖闾。……阖闾知孙子能用兵,卒以为将。西破强楚,入郢,北威齐晋,显名诸侯,孙子与有力焉。"

《孙子兵法》又称《孙武兵法》《吴孙子兵法》,是中国现存最早、最完整、最系统的兵书。全书共十三篇,包括计、作战、谋攻、形、势、虚实、军争、九变、行军、地形、九地、火攻、用间等。孙武在书中指出,战争的胜负不取决于鬼神,而是与政治清明、经济发展、外交努力、军事实力、自然条件诸因素有联系。孙武还强调,在战争中应积极创造条件,发挥人的主观能动性,促成对立面朝着有利于自己的方向转化。《孙子兵法》揭示了战争的规律,深刻论述了战争论、治军论、制胜论等多方面的法则,体现出朴素的唯物论和辩证法思想。

《孙子兵法》历来受到很高的评价。司马迁说:"世俗所称师旅,皆道孙子十三篇。"(《史记·孙子吴起列传》)曹操说:"圣人之用兵,戢而时动,不得已而用之。吾观兵书战策多矣,孙武所著深矣!"(杨丙安《十一家注孙子校理》)唐太宗李世民说:"朕观诸兵书,无出孙

武,孙武十三篇,无出虚实。夫用兵识虚实之势,则无不胜焉。"(《唐太宗与李靖问对》)

在现代,《孙子兵法》已被译成日、英、法、德、俄等十几种文字,在世界各地广为流传,享有"兵学圣典"的美誉。不仅如此,《孙子兵法》还成为政治、商业竞争等领域的智慧源泉。

《孙子兵法》一书历史上注家很多,目前较为通行的有:杨丙安《十一家注孙子校理》,郭化若《孙子译注》等。

计 篇

"计",计算,出兵前朝廷上的计算。"计篇"是《孙子兵法》的第一篇,主要讲出兵前的计算。计算包括五个方面,即道、天、地、将、法,"校之以计而索其情",然后"知胜负矣"。本篇还指出,战争的目的在于取胜,取胜之道在于谋略与计策,即"诡道",认为"此兵家之胜,不可先传也",强调计算、智谋的重要性。

孙子曰:兵者,国之大事,死生之地,存亡之道,不可不察也。

故经之以五事,校之以计,而索其情[1]:一曰道,二曰天,三曰地,四曰将,五曰法。道者,令民与上同意也,故可以与之死,可以与之生,而不畏危[2]。天者,阴阳、寒暑、时制也[3]。地者,远近、险易、广狭、死生也[4]。将者,智、信、仁、勇、严也。法者,曲制、官道、主用也[5]。凡此五者,将莫不闻,知之者胜,不知者不胜。

注释：

［1］经：度。五事：即下句道、天、地、将、法。校：量。情：彼我之情。
［2］同意：同心，上下一心。
［3］阴阳：本义指背阴向阳，这里指天道自然之变化。时制：四时之制。
［4］死生：死生之地。
［5］曲制：部曲（部下）之制，即军制。官道：百官之分，即军法。主用：执掌军需之用，即军需。

故校之以计而索其情，曰：主孰有道？将孰有能？天地孰得[1]？法令孰行？兵众孰强？士卒孰练？赏罚孰明？吾以此知胜负矣。

注释：

［1］天地：天时地利。

将听吾计，用之必胜，留之；将不听吾计，用之必败，去之[1]。计利以听，乃为之势，以佐其外[2]。势者，因利而制权也[3]。

注释：

［1］孙武以兵法十三篇干吴王阖闾，故有听吾计则留，不用则去之语。
［2］计利：计算利害。佐其外：佐以常法之外，指形势。
［3］因利而制权：借有利之势而制定权变之策略。

兵者，诡道也[1]。故能而示之不能，用而示之不用，近而示之远，远而示之近[2]。利而诱之，乱而取之，实而备之，强而避之，怒而挠之，卑而骄之，佚而劳之，亲而离之[3]。攻其无备，出其不意。此兵家之胜，不可先传也。

注释:

[1]诡道:诡诈之道。
[2]能:能力,实力。用:用兵,发动攻击。
[3]利而诱之:以利诱惑对方。乱:趁敌人乱。实:实力整备。怒而挠之:对方士气正旺气势汹汹,就骚扰之,使之气衰懈怠。卑:谦卑。佚:安逸。亲:团结。离:离间。

夫未战而庙算胜者,得算多也[1];未战而庙算不胜者,得算少也。多算胜,少算不胜,而况于无算乎!吾以此观之,胜负见矣。

注释:

[1]庙算:庙堂(朝廷)上的计算。

谋 攻

本篇主旨是说应善于用智谋对付敌人。孙子认为,两军交战,"百战百胜,非善之善者也",提出"兵不顿而利可全","不战而屈人之兵"的谋攻思想。谋攻包括"伐谋、伐交"等,还强调为君为将要"知彼知己"才能"百战不殆"。

孙子曰:夫用兵之法,全国为上,破国次之[1];全军为上,破军次之;全旅为上,破旅次之;全卒为上,破卒次之;全伍为上,破伍次之。是故百战百胜,非善之善者也;不战而屈人之兵,善之善者也。

注释：

[1]全国：敌国举国来服。破国：以兵击破敌国。

故上兵伐谋，其次伐交，其次伐兵，其下攻城[1]。攻城之法，为不得已。修橹轒辒，具器械，三月而后成，距闉，又三月而后已[2]。将不胜其忿而蚁附之，杀士卒三分之一而城不拔者，此攻之灾也[3]。

注释：

[1]上兵：上等用兵之法。伐谋：以计谋伐之，就是用计谋取胜。交：外交。
[2]修：治。橹：大楯。轒(fén)辒(wēn)：攻城的四轮战车。具器械：准备攻城器械。距闉(yīn)：凭借以登城的土堆。距：依仗，凭借。
[3]蚁附：像蚂蚁一样靠近城墙去攻城。杀：杀伤。

故善用兵者，屈人之兵而非战也，拔人之城而非攻也，毁人之国而非久也。必以全争于天下，故兵不顿而利可全，此谋攻之法也[1]。
故用兵之法，十则围之，五则攻之，倍则分之，敌则能战之，少则能逃之，不若则能避之。故小敌之坚，大敌之擒也[2]。

注释：

[1]以全争于天下：以全胜争之于天下。顿：疲顿。
[2]坚：坚持，硬拼。这一句说，弱不抵强。

夫将者，国之辅也，辅周则国必强，辅隙则国必弱[1]。
故君之所以患于军者三：不知军之不可以进，而谓之进，不知军之不可以退，而谓之退，是谓縻军[2]。不知三军之事，而同三军之政者，则军士惑矣[3]。不知三军之权而同三军之任，则军士疑矣[4]。

三军既惑且疑,则诸侯之难至矣,是谓乱军引胜。

注释:

[1]国之辅:国君之辅佐大臣。隙:缝隙,漏洞,不周全。
[2]縻军:羁縻军队。这一句说,不知军之进退而指挥军队进退,就是縻绊其军。
[3]同:参与。惑:困惑。
[4]权:机变,权变。任:职务。这一句说,用将不得其人。

故知胜有五:知可以战与不可以战者胜;识众寡之用者胜;上下同欲者胜;以虞待不虞者胜;将能而君不御者胜[1]。此五者,知胜之道也。
故曰:知彼知己者,百战不殆;不知彼而知己,一胜一负;不知彼,不知己,每战必殆。

注释:

[1]虞:准备。御:驾驭。言将在外而君命有所不受。

形　篇

"形",情形,指可见的军事条件。本篇认为,两军交战,要充分考虑敌我双方在度、量、数、称、胜五个方面的条件,只有这样才能确保自己立于不败之地,即"先为不可胜",然后等待条件具备,"以待敌之可胜"。

孙子曰：昔之善战者，先为不可胜，以待敌之可胜[1]。不可胜在己，可胜在敌。故善战者，能为不可胜，不能使敌之可胜[2]。故曰：胜可知，而不可为[3]。不可胜者，守也；可胜者，攻也。守则不足，攻则有余[4]。善守者，藏于九地之下[5]；善攻者，动于九天之上，故能自保而全胜也[6]。

注释：

[1]不可胜：不可为敌所胜，言先立于不败之地。敌之可胜：敌人之可战胜的机会。

[2]这一句说，善战的人，能做到不被敌人战胜，不一定能战胜敌人。不能：不一定。

[3]不可为：敌人有准备，故不可勉强。

[4]守则不足：言力不足则守。攻则有余：言条件充分，有余力则进攻。

[5]九地：深不可知之地，言藏之深。

[6]九天：高不可测之处，言发动进攻迅如雷电。

见胜不过众人之所知，非善之善者也[1]；战胜而天下曰善，非善之善者也。故举秋毫不为多力，见日月不为明目，闻雷霆不为聪耳。古之所谓善战者，胜于易胜者也[2]。故善战者之胜也，无智名，无勇功，故其战胜不忒，不忒者，其所措必胜，胜已败者也[3]。故善战者，立于不败之地，而不失敌之败也[4]。是故胜兵先胜而后求战，败兵先战而后求胜[5]。善用兵者，修道而保法，故能为胜败之政[6]。

注释：

[1]见胜：预见胜利。知：见识。

[2]易胜：容易战胜，指用力少而功多，有把握战胜敌人。

[3]忒：差忒，差错。措：措施。已败：言敌人有已败之形。这一句言善战者，能料敌之败。

[4]敌之败：敌人可败之形。这一句说，善战者先立于不败之地，也不错过战胜敌人的机会。

[5]这一句说，胜兵先具备胜的条件而后再交战，败兵先交战然后再谋求取胜。

[6]修道：修明政事。保法：确保法度。

兵法：一曰度，二曰量，三曰数，四曰称，五曰胜[1]。地生度，度生量，量生数，数生称，称生胜[2]。

故胜兵若以镒称铢，败兵若以铢称镒[3]。胜者之战民也，若决积水于千仞之溪者，形也。

注释：

[1]度：计算。量：量人力多寡。数：数目多少。称：权衡。

[2]地生度：计算土地狭广。度生量：知土地广阔与否而知物资之数量。量生数：物资数量多寡决定兵员之数量。数生称：军队士兵之数量决定相应的战斗力。称生胜：相应的战斗力决定战争的胜负。

[3]镒、铢："镒"与"铢"是中国古代的两个重量单位，一镒等于24两，一两等于24铢，一镒就相当于576倍的铢。以镒称铢：表示力量处于绝对优势。

势 篇

"势"，形势，态势，指战场上各种变化的情势。本篇认为，善战者，总是对战场上的各种态势充分掌握，然后加以利用，"善战者，求之于势，不责于人故能择人而任势"。这些态势包括：军队的指挥系统、谋略系统、军队的气势等。《形篇》和《势篇》是《孙子兵法》的姊妹篇，前者偏重对静态的军事要素的分析，后者偏重对战场上动态的军事要素之分析。

孙子曰：凡治众如治寡，分数是也[1]；斗众如斗寡，形名是也[2]；三军之众，可使必受敌而无败者，奇正是也[3]；兵之所加，如以碬投卵者，虚实是也[4]。

注释：

[1]众：多，指大军团。寡：少，指小军队。分数：分别偏裨之职，确定行伍之数，使不相乱。分数就是军队的组织管理、结构编制等。
[2]形名：旌旗、金鼓之类，这里指军队的指挥信号系统。
[3]奇正：奇变之兵和正面应战。这里指谋略。
[4]碬：石头。虚实：弱为虚，强为实。这里指以强击弱。

凡战者，以正合，以奇胜[1]。故善出奇者，无穷如天地，不竭如江河[2]。终而复始，日月是也；死而复生，四时是也。声不过五，五声之变，不可胜听也。色不过五，五色之变，不可胜观也。味不过五，五味之变，不可胜尝也。战势不过奇正，奇正之变，不可胜穷也。奇正相生，如循环之无端，孰能穷之！

注释：

[1]正合：正面交战。合：交合，交战。
[2]"故善出奇者"以下七个比喻，言奇正之变化无穷。

激水之疾，至于漂石者，势也[1]；鸷鸟之疾，至于毁折者，节也[2]。是故善战者，其势险，其节短[3]。势如彍弩，节如发机[4]。

注释:

[1]漂石:漂动大石。势:水势急疾。
[2]鸷鸟:凶猛的鸟。毁折:损毁折断。这里指击败。节:节奏(短促快捷)。
[3]节短:节奏短促,言迅猛有力。
[4]彍(guō)弩:张开弓弩。发机:发射的弩机。

纷纷纭纭,斗乱而不可乱[1];浑浑沌沌,形圆而不可败[2]。
乱生于治,怯生于勇,弱生于强[3]。
治乱,数也;勇怯,势也;强弱,形也[4]。

注释:

[1]斗乱:交战混乱。不可乱:自己不可混乱,言己方指挥、组织不能乱。
[2]浑浑沌沌:言交战双方交织在一起。形圆:形势不明。不可败:言己方立于不败之地。
[3]乱生于治:治则能伪为乱。怯生于勇:勇则能伪为怯。弱生于强:强则能伪为弱。这三句言己方毁形匿情,伪装自己,示敌以弱,以误敌人,与下一段"善动敌者,形之,敌必从之"可参看。
[4]数:编制、组织。势:态势和声势,言勇伪为怯,以怯势示之。形:外在形态,言强伪为弱,以弱形示之。

故善动敌者,形之,敌必从之[1];予之,敌必取之。以利动之,以卒待之。

故善战者,求之于势,不责于人,故能择人而任势[2]。任势者,其战人也,如转木石;木石之性,安则静,危则动,方则止,圆则行。故善战人之势,如转圆石于千仞之山者,势也。

注释：

[1] 形之：以乱、怯、弱之形示之。
[2] 这一句说，主帅追求有利的形势，而不苛求于下属。责于人：责求于下属。

虚 实

"虚实"，就是指敌我双方的弱和强。本篇的主旨是避开敌人强大的部分，打击敌人虚弱的地方，"兵之形，避实而击虚"，这是孙子重要的战术思想。孙子认为，善战者要处于主动地位，用多种方法，造成敌我双方虚实转换，形成对我有利的形势，这样才能"致人而不致于人"，"因敌变化而取胜"。

孙子曰：凡先处战地而待敌者佚，后处战地而趋战者劳[1]。故善战者，致人而不致于人[2]。

注释：

[1] 佚：安逸，力有余。劳：力不足。
[2] 致人：引致敌人，言主动调动敌人。致于人：被敌人调动，被动。

能使敌人自至者，利之也；能使敌人不得至者，害之也[1]。故敌佚能劳之，饱能饥之，安能动之。出其所不趋，趋其所不意。行千里而不劳者，行于无人之地也。攻而必取者，攻其所不守也；守而必固者，守其所不攻也。故善攻者，敌不知其所守；善守者，敌不知其所攻。

微乎微乎,至于无形。神乎神乎,至于无声,故能为敌之司命[2]。

注释:

[1]利之:以利诱之。害之:危其必救之地。
[2]司命:主宰命运。言敌人的死生,皆决定于我。

进而不可御者,冲其虚也;退而不可追者,速而不可及也[1]。故我欲战,敌虽高垒深沟,不得不与我战者,攻其所必救也;我不欲战,画地而守之,敌不得与我战者,乖其所之也[2]。

注释:

[1]御:防御。虚:防守空虚懈怠之地。速而不可及:退兵迅速而敌方追不可及。
[2]画地:言容易。乖:异,改变。言我方设计谋让对方生疑心而不敢进攻。

故形人而我无形,则我专而敌分[1]。我专为一,敌分为十,是以十攻其一也,则我众而敌寡,能以众击寡者,则吾之所与战者,约矣[2]。吾所与战之地不可知,不可知,则敌所备者多;敌所备者多,则吾所与战者,寡矣[3]。故备前则后寡,备后则前寡;备左则右寡,备右则左寡。无所不备,则无所不寡。寡者,备人者也;众者,使人备己者也[4]。

注释:

[1]形人:敌人有形。专:专一,言军力集中。
[2]约:少,言以众击寡,敌人少矣。
[3]备:守备。这一句说,我方藏形,敌方守备的地方多,则兵力就分散。
[4]这一句说,敌寡,是因为防备的人多,我众,是因为敌人防备我的人多。

故知战之地，知战之日，则可千里而会战。不知战地，不知战日，则左不能救右，右不能救左，前不能救后，后不能救前，而况远者数十里，近者数里乎？以吾度之，越人之兵虽多，亦奚益于胜败哉[1]？故曰：胜可为也，敌虽众，可使无斗。

注释：

[1]越人：越国军队。这是孙武对吴王所言。

故策之而知得失之计，作之而知动静之理，形之而知死生之地，角之而知有余不足之处。

故形兵之极，至于无形。无形，则深间不能窥，智者不能谋[1]。因形而错胜于众，众不能知[2]。人皆知我所以胜之形，而莫知吾所以制胜之形。故其战胜不复，而应形于无穷[3]。

注释：

[1]深间：深藏的间谍。
[2]错：置。
[3]复：重复。这一句说随机应变，应敌形而动，故应于无穷。

夫兵形象水，水之形，避高而趋下，兵之形，避实而击虚。水因地而制流，兵因敌而制胜。故兵无常势，水无常形，能因敌变化而取胜者，谓之神。故五行无常胜，四时无常位，日有短长，月有死生[1]。

注释：

[1]五行无常胜：五行相生亦相克，故无常胜。五行、四时、日月变化无常，兵之形亦如此。

《吕氏春秋》

吕不韦（？—公元前235年），姜姓，吕氏，名不韦，卫国濮阳（今河南省滑县）人。战国末年著名商人、政治家、思想家，官至秦国丞相，先秦杂家的代表人物。

杂家的来源，《汉书·艺文志》说："杂家者流，盖出于议官。兼儒墨，和名法，知国体之有此，见王治之无不贯，此其所长也"。春秋以来的诸子之学，各有所长，杂家兼容而并包之，亦可称为一家之学说。

《吕氏春秋》又名《吕览》，题名吕不韦，实际上是吕不韦集合门客所编撰。"吕不韦乃使其客人人著所闻，集论以为八览、六论、十二纪，二十余万言。以为备天地万物古今之事，号曰《吕氏春秋》。"（《史记·吕不韦列传》）

《吕氏春秋》今本共十二纪八览六论。纪所统子目六十一，览所统子目六十三，论所统子目三十六，合计一百六十篇。《四库全书》以为，此书"大抵以儒为主而参以道家、墨家，故多引六籍之文与孔子、曾子之言。……所引庄、列之言，皆不取其放诞恣肆者。墨翟之言，不取其非儒、明鬼者。而纵横之术，刑名之说，一无及焉"（《四库全书总目提要·杂家类·吕氏春秋》）。这个说法大致上符合实际。

史载，《吕氏春秋》书成，"布咸阳市门，悬千金其上，延诸侯游士宾客，有能增损一字者予千金"（《史记·吕不韦列传》）。古人著书，重在明义，所谓"增损一字"者，是就道理而言是否有所挑剔，非斤斤计较于称引事实以及个别词句的雕琢。

本书选录的五篇文章，可以窥见其兼容并包的特点。《贵公》是儒、道两家的观点，《荡兵》是辟墨家"非攻"之论，也与儒家重"义兵"之论相合，《应同》是儒家的观点，《察今》《知度》是法家言论。每篇文章篇幅不长，集中阐述一个观点，均能旁证博引，深入剖析，自成一理，在篇章结构与表达方面皆有可借鉴之处。

《吕氏春秋》的主要注本，以东汉高诱《吕氏春秋注》最早，清代有毕沅《吕氏春秋新校正》，现代有许维遹《吕氏春秋集释》、王利器《吕氏春秋注疏》和陈奇猷《吕氏春秋校释》等。

贵 公

"贵公"，以公心为可贵。文章从君王立言，认为"天下非一人之天下也，天下之天下也"，因此，君王"治天下也必先公，公则天下平矣"。

昔先圣王之治天下也必先公，公则天下平矣，平得于公。尝试观于上志，有得天下者众矣，其得之必以公，其失之必以偏[1]。凡主之立也生于公，故《鸿范》曰[2]："无偏无党，王道荡荡。无偏无颇，遵王之义。无或作好，遵王之道。无或作恶，遵王之路[3]。"

注释：

［1］上志：上古典籍。偏：偏私。
［2］《鸿范》：《尚书》中的一篇。或作《洪范》。
［3］党：偏私。荡荡：平坦的样子。或：有。

天下非一人之天下也，天下之天下也。阴阳之和，不长一类。甘露时雨，不私一物。万民之主，不阿一人[1]。伯禽将行，请所以治鲁[2]，周公曰："利而勿利也[3]。"荆人有遗弓者而不肯索，曰："荆人遗之，荆人得之，又何索焉？"孔子闻之曰："去其荆而可矣。"老聃闻之曰："去其人而可矣。"故老聃则至公矣。天地大矣，生而弗子，成而弗有，万物皆被其泽、得其利，而莫知其所由始，此三皇、五帝之德也[4]。

注释：

［1］阿：偏私。
［2］伯禽：周公之子。周公封于鲁，周公因为辅佐成王，故由其子伯禽代为治理鲁国。
［3］利：前一"利"为施利，后一"利"为谋利。
［4］子：意动用法，以为子。由：从。德：德行。这一句说，三皇五帝法天地无私，百姓被其泽得其利，不知其所从始，以为当然之事，这是三皇五帝的大德。

管仲有病，桓公往问之，曰："仲父之病矣，渍甚，国人弗讳，寡人将谁属国[1]？"管仲对曰："昔者臣尽力竭智，犹未足以知之也，今病在于朝夕之中，臣奚能言？"桓公曰："此大事也，愿仲父之教寡人也。"管仲敬诺，曰："公谁欲相？"公曰："鲍叔牙可乎？"管仲对曰："不可。夷吾善鲍叔牙，鲍叔牙之为人也，清廉洁直，视不已若者不比于人,一闻人之过,终身不忘[2]。勿已,则隰朋其可乎?隰朋之为人也,上志而下求,丑不若黄帝而哀不己若者[3]。其于国也,有不闻也,其于物也,有不知也,其于人也,有不见也。勿已乎,则隰朋可也。"夫相,大官也,处大官者,不欲小察,不欲小智。故曰:大匠不斫,大庖不豆,大勇不斗,大兵不寇[4]。桓公行公去私恶,用管子而为五伯长;行私阿所爱,用竖刀而虫出于户[5]。

注释:

[1]仲父:齐桓公对管仲的尊称。渍:形容病情严重。弗讳:生死不可为讳,指病情严重。属:托。

[2]鲍叔牙:齐大夫,是管仲最要好的朋友。比:亲近,结交。这一句管仲评价鲍叔牙,言其对人严苛,念人之过,忘人之功,非霸者之相。

[3]隰(xí)朋:齐大夫,曾助管仲帮桓公成就霸业。上志而下求:言虚心向各种人学习。丑不若黄帝:以才德不如黄帝为耻。哀:同情。

[4]斫:削,指木匠砍伐之事。豆:指厨师所为宰割之事。斗:指争斗。寇:害。这四句是说,大匠人不做砍伐之事,大厨师只管五味调和,不做琐碎小事,大勇之人折冲怀远,不用亲自争斗,举大兵扫除无道,而不危害百姓,言做大事用大智。

[5]竖刀(diāo):即竖刁,齐桓公的近侍。齐桓公死时,五子争位,竖刁参与作乱,使桓公尸体停床多日以致尸虫爬出。

人之少也愚,其长也智,故智而用私,不若愚而用公。日醉而饰服,私利而立公,贪戾而求王,舜弗能为[1]。

注释:

[1]日醉:每日醉酒。饰服:整饬丧服。每日醉酒却想整饬丧纪,言不可得。舜弗能为:像舜都做不到,而何况凡人呢。

荡 兵

"荡兵"就是偃兵、息兵。本篇反对墨家"非攻"之论,认为自古以来,有争夺就有战争,"古圣王有义兵而无有偃兵";因为战争有正义、非正义之分,如果是正义的战争,"诛暴君而振苦民"是值得肯定的。

古圣王有义兵而无有偃兵[1]。兵之所自来者上矣,与始有民俱[2]。凡兵也者威也,威也者力也。民之有威力,性也。性者,所受于天也,非人之所能为也,武者不能革,而工者不能移[3]。兵所自来者久矣。黄、炎故用水火矣,共工氏固次作难矣,五帝固相与争矣[4]。递兴废,胜者用事。人曰"蚩尤作兵",蚩尤非作兵也,利其械矣[5]。未有蚩尤之时,民固剥林木以战矣,胜者为长。长则犹不足治之,故立君。君又不足以治之,故立天子。天子之立也出于君,君之立也出于长,长之立也出于争。争斗之所自来者久矣,不可禁,不可止。故古之贤王有义兵而无有偃兵。

注释:

[1]义兵:正义的战争。偃:止。

[2]上:上古,久远。

[3]革:革除。移:改变。

[4]黄:黄帝。炎:炎帝,号神农氏。故:通"固",已经。传说炎帝与黄帝争战,炎帝用火攻,黄帝用水灭之。共工氏:上古部族首领,与颛顼争为帝,失败被杀。次:

恣。作难：发难。

[5]作兵：制作兵器。利其械：使兵械锋利。

家无怒笞，则竖子、婴儿之有过也立见[1]；国无刑罚，则百姓之相侵也立见；天下无诛伐，则诸侯之相暴也立见[2]。故怒笞不可偃于家，刑罚不可偃于国，诛伐不可偃于天下，有巧有拙而已矣。故古之圣王有义兵而无有偃兵。

注释：

[1]怒笞：严厉的鞭笞，指惩罚。竖子：奴仆。
[2]诛伐：指天子讨伐暴乱的诸侯。

夫有以噎死者，欲禁天下之食，悖[1]。有以乘舟死者，欲禁天下之船，悖。有以用兵丧其国者，欲偃天下之兵，悖。夫兵不可偃也，譬之若水火然，善用之则为福，不能用之则为祸。若用药者然，得良药则活人，得恶药则杀人，义兵之为天下良药也亦大矣。

注释：

[1]悖：悖谬，谬误，违背道理。

且兵之所自来者远矣，未尝少选不用，贵贱长少贤者不肖相与同，有巨有微而已矣[1]。察兵之微，在心而未发，兵也；疾视，兵也；作色，兵也；傲言，兵也；援推，兵也；连反，兵也；侈斗，兵也；三军攻战，兵也[2]。此八者皆兵也，微巨之争也。今世之以偃兵疾说者，终身用兵而不自知，悖。故说虽强，谈虽辨，文学虽博，犹不见听[3]。故古之圣王有义兵而无有偃兵。兵诚义，以诛暴君而振苦民，民之说也,若孝子之见慈亲也,若饥者之见美食也,民之号呼而走之,若强弩之射于深谿也,若积大水而失其壅堤也[4]。中主犹若不能有其民,而况于暴君乎[5]?

注释:

[1]少选:须臾。相与同:指皆追求胜利。
[2]疾视:怒目而视。作色:面有怒色。傲言:言辞傲慢。援推:相互推拉。连反:以手搏斗。侈斗:群殴。
[3]疾说:竭力主张。文学:文献。见听:被听,被采纳。
[4]"若强弩之射"二句:比喻百姓从义兵势不可挡。
[5]中主:平凡君主。不能有其民:不能保有百姓。这一句说,义兵救民于水火,百姓影从,平凡君主都有失去百姓的可能,更何况暴君呢。

应 同

"应同"就是同类相应。文章认为,人言祸福,以为有"命",这是不对的。"类固相召,气同则合,声比则应","尧为善而众善至,桀为非而众非来",人之祸福,"人或召之也"。文章批判了战国阴阳学派唯心主义的"五德终始说",体现了作者唯物主义的历史观。

文章第一段保存了阴阳学派有关"五德终始说"的一些材料,很有价值。

凡帝王者之将兴也,天必先见祥乎下民[1]。黄帝之时,天先见大螾大蝼[2]。黄帝曰:"土气胜。"土气胜,故其色尚黄,其事则土[3]。及禹之时,天先见草木秋冬不杀[4]。禹曰:"木气胜。"木气胜,故其色尚青,其事则木。及汤之时,天先见金刃生于水。汤曰:"金气胜。"金气胜,故其色尚白,其事则金。及文王之时,天先见火赤乌衔丹书集于周社[5]。文王曰:"火气胜。"火气胜,故其色尚赤,其事则火。代火者必将水,天且先见水气胜。水气胜,故其色尚黑,其事则水[6]。水气至而不知,数备将徙于土[7]。

注释:

[1]祥:吉凶征兆。
[2]螾:蚯蚓。蝼:蝼蛄,昆虫,能掘地,对农作物有害。
[3]尚:推崇。则:法。
[4]杀:灭。
[5]火赤乌:火红色的鸟。丹书:表示吉祥的书。周社:周之社坛。
[6]"水气胜"一下三句为衍文,吕不韦作《吕氏春秋》时,秦尚未统一中国。
[7]数:言根据五德终始推算。这一段,是引用先秦阴阳家"五德终始说"的言论。

天为者时,而不助农于下[1]。类固相召,气同则合,声比则应[2]。鼓宫而宫动,鼓角而角动[3]。平地注水,水流湿,均薪施火,火就燥[4]。山云草莽,水云鱼鳞,旱云烟火,雨云水波,无不皆类其所生以示人[5]。故以龙致雨,以形逐影。师之所处,必生棘楚[6]。祸福之所自来,众人以为命,安知其所[7]。

注释:

[1]这一句说,天道自有规律,不特意助农于下。
[2]固:同。召:召致。应:和。
[3]这一句言以类相感。
[4]湿:低湿处。火就燥:言火先燃干燥之薪。
[5]云:比喻多。类:比类,相似。言同类相聚。

[6]师:军队。棘楚:荆棘。这一句说,军队杀伐,所到之处,荆棘一片。
[7]命:天命。

夫覆巢毁卵,则凤凰不至,刳兽食胎,则麒麟不来,干泽涸渔,则龟龙不往[1]。物之从同,不可为记。子不遮乎亲,臣不遮乎君[2]。君同则来,异则去。故君虽尊,以白为黑,臣不能听。父虽亲,以黑为白,子不能从。黄帝曰:"芒芒昧昧,因天之威,与元同气[3]。"故曰同气贤于同义,同义贤于同力,同力贤于同居,同居贤于同名。帝者同气,王者同义,霸者同力,勤者同居则薄矣,亡者同名则觕矣[4]。其智弥觕者其所同弥觕,其智弥精者其所同弥精,故凡用意不可不精[5]。夫精,五帝三王之所以成也。成齐类同皆有合,故尧为善而众善至,桀为非而众非来。《商箴》云[6]:"天降灾布祥,并有其职。"以言祸福,人或召之也。故国乱非独乱也,又必召寇。独乱未必亡也,召寇则无以存矣。

注释:

[1]刳(kū):割。渔:捕鱼。
[2]遮:挡,遏止。亲:父母。
[3]芒芒昧昧:广大的样子。因:顺。威:德,法则。元:即天。
[4]勤者:勤劳之君主。同居:同处。薄:德薄。亡者:亡国之君。觕(cū):同"粗",低劣。
[5]精:精微。
[6]《商箴》:古书名,记载训诫类文字。

凡兵之用也,用于利,用于义。攻乱则脆,脆则攻者利[1]。攻乱则义,义则攻者荣。荣且利,中主犹且为之,况于贤主乎?故割地宝器卑辞屈服不足以止攻,惟治为足。治则为利者不攻矣,为名者不伐矣。凡人之攻伐也,非为利则因为名也。名实不得,国虽强大者,曷为攻矣?解在乎史墨来而辍不袭卫,赵简子可谓知动静矣[2]!

注释:

[1]脆:容易攻破。

[2]解:解释,这里指事例。史墨:春秋时晋国史官。辍:搁置,放下。赵简子:晋国正卿。知动静:知道该动还是该静。赵简子听取史墨报告而停止袭击卫国,言赵简子知道用兵之利害。

察 今

"察今"就是考察当今现实。文章认为,治理国家,"法先王"是不可取的,因为"先王之法,有要于时也,时不与法俱至",所以,有为的君主,要"释先王之成法,而法其所以为法","举事必循法以动,变法者因时而化"。文章观点合于先秦法家"与时俱进"之历史观。

上胡不法先王之法[1]?非不贤也,为其不可得而法。先王之法,经乎上世而来者也,人或益之,人或损之,胡可得而法[2]?虽人弗损益,犹若不可得而法。东夏之命,古今之法,言异而典殊,故古之命多不通乎今之言者,今之法多不合乎古之法者[3]。殊俗之民,有似于此。其所为欲同,其所为异。口惽之命不愉,若舟车衣冠滋味声色之不同,人以自是,反以相诽[4]。天下之学者多辩,言利辞倒,不求其实,务以相毁,以胜为故[5]。先王之法,胡可得而法?虽可得,犹若不可法。凡先王之法,有要于时也[6]。时不与法俱至,法虽今而至,犹若不可法。故释先王之成法，而法其所以为法。先王之所以为法者何也？先王之所以为法者，人也。而己亦人也，故察己则可以知人，察今则可以知古，古今一也，人与我同耳。有道之士，贵以近知远，以今知古，以益所见，知所不见。故审堂下之阴，而知日月之行、阴阳之变；见瓶水之冰，而知天下之寒、鱼鳖之藏也；尝一脟肉，而知一镬之味，一鼎之调[7]。

注释：

[1] 上：君主。胡：何。
[2] 益：增加。损：减少。
[3] 东夏：东夷与华夏。命：命名，名称。典殊：典籍不同。
[4] 口惛之命：口音，方音。愉：同"渝"，改变。诽：非议。
[5] 言利辞倒：言辞锋利颠倒，意思是能言善辩。故：事。
[6] 要：通"徼（jiǎo）"，求取。
[7] 脟：同"脔"，切成块的肉。镬、鼎：大锅。

荆人欲袭宋，使人先表澭水[1]。澭水暴益，荆人弗知，循表而夜涉，溺死者千有余人，军惊而坏都舍[2]。向其先表之时可导也，今水已变而益多矣，荆人尚犹循表而导之，此其所以败也[3]。今世之主法先王之法也，有似于此。其时已与先王之法亏矣，而曰此先王之法也，而法之以为治，岂不悲哉[4]！故治国无法则乱，守法而弗变则悖，悖乱不可以持国。世易时移，变法宜矣。譬之若良医，病万变，药亦万变。病变而药不变，向之寿民，今为殇子矣。故凡举事必循法以动，变法者因时而化。若此论则无过务矣。

注释：

[1] 表：测量。澭水：河名，约在今中国山东省菏泽市、河南省商丘市一带。

[2]暴益:暴涨。而:如同,好像。都舍:房舍。
[3]导:引导。
[4]亏:不同。

夫不敢议法者,众庶也;以死守者,有司也;因时变法者,贤主也。是故有天下七十一圣,其法皆不同[1];非务相反也,时势异也。故曰:良剑期乎断,不期乎镆铘;良马期乎千里,不期乎骥骜[2]。夫成功名者,此先王之千里也。楚人有涉江者,其剑自舟中坠于水,遽契其舟[3],曰:"是吾剑之所从坠。"舟止,从其所契者入水求之。舟已行矣,而剑不行,求剑若此,不亦惑乎?以此故法为其国与此同。时已徙矣而法不徙。以此为治,岂不难哉!有过于江上者,见人方引婴儿而欲投之江中,婴儿啼,人问其故,曰:"此其父善游。"其父虽善游,其子岂遽善游哉?以此任物,亦必悖矣[4]。荆国之为政,有似于此。

注释:

[1]七十一圣:七十一位君主。
[2]镆铘:即"莫邪",古代名剑。骥骜:千里马。
[3]遽:马上。契:刻。
[4]任物:用物,待物。

知　度

"知度"就是知法度,这里指用人之法度。

文章认为,君主治理天下,要"用虚无为本",凡事"非一自行之也,知百官之要也";发挥百官的作用,才能去除奸臣,才能"事省而国治也"。文章的观点,是道、法家思想的体现。

明君者,非遍见万物也,明于人主之所执也。有术之主者,非一自行之也,知百官之要也。知百官之要,故事省而国治也[1]。明于人主之所执,故权专而奸止。奸止则说者不来,而情谕矣[2]。情者不饰,而事实见矣[3]。此谓之至治[4]。

注释:

[1]故事:两个词要分开理解。故,所以。事,事情。
[2]说者:游说者。谕:明白,使人知道。
[3]见:通"现",显露。
[4]至治:最完美的政治。

至治之世,其民不好空言虚辞,不好淫学流说,贤不肖各反其质,行其情不雕其素,蒙厚纯朴以事其上[1]。若此,则工拙愚智勇惧可得以故易官,易官则各当其任矣[2]。故有职者安其职不听其议,无职者责其实以验其辞。此二者审,则无用之言不入于朝矣。君服性命之情,去爱恶之心,用虚无为本,以听有用之言,谓之朝。凡朝也者,相与召理义也,相与植法则也[3]。上服性命之情,则理义之士至矣,法则之用植矣,枉辟邪挠之人退矣,贪得伪诈之曹远矣[4]。故治天下之要存乎除奸,除奸之要存乎治官,治官之要存乎治道,治道之要存乎治性命。故子华子曰:"厚而不博,敬守一事,正性是喜。群众不周,而务成一能[5]。尽能既成,四夷乃平。唯彼天符,不周而周[6]。此神农之所以长,而尧、舜之所以章也[7]。"

注释:

[1]质:本质,本性。雕:雕饰。蒙厚:敦厚。

[2]易:调换,调整。

[3]植:制定。

[4]曹:众人,一类人。

[5]子华子:春秋末期思想家,重视养生,为道家先驱人物。周:周到,指全才。一能:专才。

[6]天符:符合天性,即"治性命"。不周而周:不周于万事而周于一事,言才有所专。

[7]章:通"彰",显赫。

人主自智而愚人,自巧而拙人,若此则愚拙者请矣,巧智者诏矣[1]。诏多则请者愈多矣,请者愈多,且无不请也。主虽巧智,未无不知也。以未无不知应无不请,其道固穷。为人主而数穷于其下,将何以君人乎?穷而不知其穷,其患又将反以自多,是之谓重塞之主,无存国矣[2]。故有道之主,因而不为,责而不诏,去想去意,静虚以待,不伐之言,不夺之事,督名审实,官使自司,以不知为道,以奈何为实[3]。尧曰:"若何而为及日月之所烛[4]?"舜曰:"若何而服四荒之外[5]?"禹曰:"若何而治青丘、九阳、奇肱之所际[6]?"

注释:

[1]愚人:以为别人愚昧。拙人:以为别人笨拙。请:请示。巧智者:指君主。诏:诏告,告诉。

[2]重塞:严重壅塞。

[3]去想去意:放弃自己的想法,意思是君主不要显示自己的智慧,监督百官即可。伐:自我夸耀。督名审实:审核名实是否相符。奈何:怎么办。意思是询问官员如何做。

[4]烛：照耀。

[5]服：臣服。四荒：四方，指边境四方。

[6]青丘、九阳、奇肱：禹时四夷之远国。际：边际，范围。

赵襄子之时，以任登为中牟令[1]，上计言于襄子曰[2]："中牟有士曰胆胥己，请见之[3]。"襄子见而以为中大夫。相国曰："意者君耳而未之目邪？为中大夫若此其易也，非晋国之故[4]。"襄子曰："吾举登也，已耳而目之矣。登所举，吾又耳而目之，是耳目人终无已也[5]。"遂不复问，而以为中大夫。襄子何为？任人则贤者毕力[6]。

注释：

[1]任登：赵国大臣。中牟：战国赵地，在今河南鹤壁鹿楼乡。

[2]上计：地方官年终向君主汇报政事，这里省略主语"任登"。

[3]胆胥己：人名，姓胆，名胥己。见：通"显"，显耀，非"召见"意，与后文相国说赵襄子"未之目"一致。下一句"襄子见"之"见"用法同。

[4]意者：我认为，这是相国自谦之词。故："故法"的省略。

[5]无已：无法停下来。

[6]何为：即为何，做了什么？毕：尽。

人主之患，必在任人而不能用之，用之而与不知者议之也。绝江者托于船，致远者托于骥，霸王者托于贤。伊尹、吕尚、管夷吾、百里奚，此霸王者之船骥也[1]。释父兄与子弟，非疏之也，任庖人钓者与仇人仆虏，非阿之也，持社稷立功名之道，不得不然也。犹大匠之为宫室也，量小大而知材木矣，訾功丈而知人数矣[2]。故小臣、吕尚听而天下知殷、周之王也[3]；管夷吾、百里奚听而天下知齐、秦之霸也，岂特船骥之绝江致远哉？

注释：

[1]伊尹：伊姓名挚，助商汤灭夏建立商朝。吕尚：即姜尚，助周武王灭商建立周朝。管夷吾：名夷吾，字仲，齐桓公相。百里奚：百里氏，名奚，春秋时候秦穆公的贤相。

[2]訾：量度。功：数量。丈：长度。

[3]小臣：即伊尹，甲骨卜辞中称他为伊，金文则称为伊小臣。

夫成王霸者固有人，亡国者亦有人。桀用羊辛，纣用恶来，宋用唐鞅，齐用苏秦，而天下知其亡[1]。非其人而欲有功，譬之若夏至之日而欲夜之长也，射鱼指天而欲发之当也，舜、禹犹若困，而况俗主乎[2]？

注释：

[1]羊辛：桀的邪臣。唐鞅：宋康王的臣。苏秦：战国纵横家，为齐国的相。

[2]非其人：不是成就功业的人。射鱼指天：向天射鱼，言虽劳而必无所获。

参考书目

1. 朱谦之:《老子校释》,北京:中华书局,1984
2. 黎翔凤:《管子校注》,北京:中华书局,2004
3. 杨丙安:《十一家注孙子校理》,北京:中华书局,2012
4. 郭化若译注:《孙子兵法》,上海:上海古籍出版社,2006
5. (宋)朱熹:《四书章句集注》,北京:中华书局,2012
6. (清)刘宝楠:《论语正义》,北京:中华书局,2012
7. 杨伯峻:《论语译注》,北京:中华书局,1984
8. (清)孙诒让:《墨子闲诂》,北京:中华书局,2012
9. 吴毓江:《墨子校注》,北京:中华书局,2012
10. 蒋礼鸿:《商君书锥指》,北京:中华书局,2012
11. (清)焦循:《孟子正义》,北京:中华书局,2012
12. 杨伯峻:《孟子译注》,北京:中华书局,1984
13. (清)郭庆藩:《庄子集释》,北京:中华书局,2012
14. (清)王先谦:《庄子集解》,北京:中华书局,2012
15. 陈鼓应:《庄子今注今译》,北京:中华书局,2015
16. (清)王先谦:《荀子集解》,北京:中华书局,2013
17. 梁启雄:《荀子简释》,北京:中华书局,1983
18. 王先慎:《韩非子集解》,北京:中华书局,2013

19. 陈琦猷:《韩非子新校注》,上海:上海古籍出版社,2000
20. 南京大学《韩非子》校注组:《韩非子校注》,南京:江苏人民出版社,1982
21. 许维遹:《吕氏春秋集释》,北京:中华书局,2012
22. 何宁:《淮南子集释》,北京:中华书局,1998
23. (汉)司马迁:《史记》,北京:中华书局,1982

附录一

本书各章节思考题

《论语》
1. 你如何评价孔子的"仁学"思想?
2. 《颜渊季路侍》中,孔子、颜渊和子路三人的志向有何不同,你如何评价他们的观点。
3. 《长沮、桀溺耦而耕》中,孔子为什么不愿意做隐士?孔子的这种选择有什么意义?

《大学》
1. 大学之道的"三纲八目"具体指什么?请分别加以解释。
2. 为什么说"自天子以至于庶人,壹是皆以修身为本"?
3. 君子为什么要慎其独?
4. 什么是君子絜矩之道?

《中庸》
1. "中庸"的含义是什么?
2. "诚之者,人之道",致诚之道是什么?
3. "诚"的价值和意义有哪些?

《孟子》
1. 孟子说人之"性善",你赞同孟子的主张吗,为什么?孟子所说的人之"性善"包含哪些含义?
2. 《孟子见梁惠王》章中,孟子的义利观是什么?
3. 《齐桓晋文之事》章中,孟子对齐王说"保民而王",孟子"保民"的主张是什么?文中提到"推恩"是什么意思?
4. 《四十不动心》中,孟子说他四十而不动心的原因是什么?如何涵养浩然之气?

5.《有为神农之言者许行》章中,孟子和农家的根本分歧是什么?你赞同孟子"劳心者治人,劳力者治于人"这种观点吗?

6.《外人皆称夫子好辩》章中,孟子批判了墨子、杨朱的哪些观点?为什么孟子说他们的观点不对,你是否同意孟子的看法?

7.《离娄之明》章中,孟子说治理国家要"遵先王之法",你赞成吗,为什么?

8.《桀纣之失天下也》章中,孟子认为如何才能得民心?

9.《民为贵》章中,为什么孟子认为百姓、社稷和国君三者中百姓最重要?

10.《孔子在陈》章中,为什么"乡愿"之人,受到孔孟的强烈批判?

《荀子》

1.《荣辱》篇中,荀子提出如何才能取荣避辱?

2.《议兵》篇中,荀子的军事思想的要点是什么?

3.《天论》篇中,荀子如何看待天、人之间关系,你如何评价荀子的这种观点?

4.《解蔽》篇中,为什么说人的认识有片面性?荀子认为应该如何做,才能消除内心被"壅蔽"的现象?

《墨子》

1.《尚贤上》篇中,墨子尚贤的主要观点是什么?"官无常贵民无常贱"在当时的社会背景下有什么意义?

2.《兼爱上》篇中,墨子认为天下动乱的根源是什么,解决的方法是什么?

3.《兼爱中》篇中,墨子提出的兼爱的含义,与儒家的仁爱有何不同?墨子提出兼爱的理由是什么?

4.《非攻上》篇中,墨子为何反对一切战争?

5.《非命上》篇中,墨子非命主张有什么历史意义?你如何评价墨子的非命观和儒家的有命观?

《老子》

老子的"道"和今天的"真理"是一回事吗,为什么?

《庄子》

1."逍遥游"是神仙一样的人物才能达到的境界,普通人能达到吗,如何做才能达到?

2.《养生主》篇中,庄子认为养生的关键是什么?文末提到"薪火相传",庄子说的含义和我们今天的含义一样吗?

3.《骈拇》篇的主旨是什么?

4.《胠箧》篇中,庄子对儒家的礼义进行了批判,你是否赞同庄子的看法?

5.《秋水》篇中,庄子说的"以道观物"和"以人观物"有什么不同?说说你理解的顺其自然的含义。

6.《山木》篇中,庄子认为如何做才能免除人世之祸患?

7.《外物》篇的主旨是什么?

《管子》

1.《牧民》篇体现了管仲的哪些治国理念?

2.《重令》篇中,文章认为重视法令在治理国家方面有哪些作用?

《商君书》

1.《更法》篇记录了商鞅、秦孝公及大臣甘龙等有关变法之必要性的讨论,商鞅的主要观点是什么,如何评价商鞅的观点?

2.《农战》篇中,商鞅提出要"壹民"于农战,禁止谈说、商贾、技艺等,你认为这样合理吗?结合历史与现实,简要评价商鞅的观点。

3.《开塞》篇中,商鞅认为治理国家要"不法古,不修今",他的治国理念是什么?

4.《赏刑》篇中,商鞅认为治理国家在于"壹赏,壹刑,壹教",其具体含义是什么,如何评价这些措施?

《韩非子》

1.韩非子的"法"的含义和今天的"法"有何不同?他的"法治"主张有什么借鉴意义?

2.《主道》篇中韩非提出的"人主之道"的核心内容是什么?

3.《有度》篇中,韩非提出了哪些执法原则?试评价这些原则的历史和现实意义。

4.《说难》篇中,韩非认为游说的难点在哪里?该如何做才好?

5.《历山之农者侵畔》篇中,韩非为什么说儒家的德治不足取?

6.《堂谿公谓韩子》篇中,韩非认为法家不顾个人安危进行变法的根本原因是什么?

7.《定法》篇中,韩非是如何分析评价申不害的"术治"和商鞅的"法治"的?

8.《五蠹》篇中,韩非为什么说文中所指的五种人是社会的蛀虫?如何评价韩非的历史观?

9.《显学》中,儒墨两家的主张是什么,韩非反对的理由是什么?韩非的主张是什么?

《孙子兵法》

1.《计篇》主旨是出兵前的"庙堂"上的算计,这些算计有哪些主要方面?

2.《谋攻》的主要思想是什么?

3.《形篇》主旨是对可见的军事条件的论述,这些军事条件的要素有哪些?

4.《势篇》主要论述战场上各种变化的情势,这些情势主要包括哪些方面?

5.《虚实》阐述的孙武的战术思想,其核心要点是什么?

《吕氏春秋》

1.《贵公》篇的主要观点是什么?

2.《荡兵》篇的主旨是反对一切战争吗?

3.《应同》篇是如何剖析朝代兴替的原因的?

4.《察今》篇的主旨是什么?

5.《知度》篇主旨是论述用人的法度,文章对君主用人提出了哪些建议?

附录二

本书选文中的成语、典故、名言

《孔子论"仁"》

克己复礼;天下归仁;仁者爱人;己所不欲,勿施于人;巧言令色;杀身成仁;知者乐水,仁者乐山;知者不惑,仁者不忧,勇者不惧;己欲立而立人,己欲达而达人

《颜渊季路侍》

老者安之,朋友信之,少者怀之

《长沮桀溺耦而耕》

鸟兽不可与同群

《大学》六章

大学之道,在明明德,在亲民,在止于至善;格物,致知,诚意,正心,修身,齐家,治国,平天下;如恶恶臭,如好好色;慎独;富润屋,德润身,心广体胖;心不在焉,视而不见,听而不闻,食而不知其味;絜矩之道

《中庸》十四章

中和;天地位焉,万物育焉;隐恶扬善;拳拳服膺;和而不流;宽柔以教,不报无道;诚者,天之道也;博学之,审问之,慎思之,明辨之,笃行之;国家将兴,必有祯祥;国家将亡,必有妖孽;至诚如神;尊德性而道问学,致广大而尽精微,极高明而道中庸

《孟子论"性善"》

人无有不善,水无有不下;恻隐之心,仁之端也;仁,人心也,义,人路也;尽心知性则知天,存心养性以事天

《孟子见梁惠王》

上下交征利；万乘之国；万取千焉,千取百焉

《齐桓晋文之事》

保民而王；君子远庖厨；心有戚戚；明察秋毫；挟太山以超北海；推恩；缘木求鱼；寡不敌众

《四十不动心》

四十不动心；不肤桡,不目逃；虽千万人,吾往矣；夫志,气之帅也；知言；浩然之气；至大至刚；揠苗助长；生于其心,害于其政,发于其政,害于其事；具体而微；阿其所好；出于其类,拔乎其萃

《有为神农之言者许行》

劳心者治人,劳力者治于人；三过其门而不入；父子有亲,君臣有义,夫妇有别,长幼有序,朋友有信；无所其心；分人以财谓之惠,教人以善谓之忠,为天下得人者谓之仁；出于幽谷迁于乔木；市贾不贰

《外人皆称夫子好辩》

无父无君；率兽食人

《离娄之明》

不以规矩,不能成方圆；不以六律,不能正五音；徒善不足以为政,徒法不能以自行；为高必因丘陵,为下必因川泽；君子犯义,小人犯刑；殷鉴不远,在夏后之世

《桀纣之失天下也》

得天下有道,得其民,斯得天下矣；民之归仁也,犹水之就下、兽之走圹；为渊驱鱼；为丛驱爵；七年之病,三年之艾

《民为贵》

民为贵,社稷次之,君为轻

《孔子在陈》

狂狷；不忘其初；乡愿；言不顾行,行不顾言；踽踽凉凉；同流合污

《荣辱》

与人善言,暖于布帛；伤人以言,深于矛戟；自以为是；自知者不怨人,知

命者不怨天；先义而后利者荣，先利而后义者辱；荣者常通，辱者常穷；群居和一

《议兵》
弓矢不调，则羿不能以中微；六马不和，则造父不能以致远；士民不亲附，则汤、武不能以必胜也；以卵投石；以指挠沸；四海一家；慎终如始；终始如一；敬胜怠则吉，怠胜敬则灭；兵不血刃；坚甲利兵；以德兼人者王，以力兼人者弱，以富兼人者贫；知莫大乎弃疑，行莫大乎无过，事莫大乎无悔

《天论》
天行有常，不为尧存，不为桀亡；强本节用；倍道妄行；明于天人之分；啜菽饮水；制天命而用之

《解蔽》
天下无二道，圣人无两心；虚壹而静；人心之危，道心之微

《尚贤》
官无常贵而民无终贱；有能则举之，无能则下之

《兼爱上》
兴利除害；兼相爱、交相利

《非攻上》
亏人自利

《非命》
绝长继短；坐处有度，出入有节

《老子论"道"》
独立不改；周行而不殆；三生万物；道法自然；无为而无不为

《天下皆知美之为美》
天下皆知美之为美，斯恶已；有无相生，难易相成，音声相和，前后相随；不言之教；功成而弗居

《曲则全》
曲则全，枉则直，洼则盈，敝则新，少则多，多则惑；不争之争

《庄子论"道"》

可传而不可受，可得而不可见；神鬼神帝，生天生地；心斋；坐忘；离形去知

《逍遥游》

鲲鹏展翅；垂天之云；扶摇而上；御风而行；至人无己，神人无功，圣人无名；越俎代庖；大而无当；大有径庭；吸风饮露；淖约若处子；陶铸尧舜；断发文身；大而无用；东西跳梁；无有之乡

《养生主》

生也有涯，知也无涯；庖丁解牛；以无厚入有间；游刃有余；新发于硎；怵然为戒；如土委地；踌躇满志；遁天倍情；安时处顺；薪火相传

《骈拇》

骈拇枝指；附赘县疣；累瓦结绳；坚白同异；凫胫虽短，续之则忧；鹤胫虽长，断之则悲；小惑易方，大惑易性；小人则以身殉利，士则以身殉名，大夫则以身殉家，圣人则以身殉天下

《胠箧》

盗亦有道；唇竭齿寒；圣人不死，大盗不止；窃钩者诛，窃国者侯；国之利器不可以示人；延颈举踵

《秋水》

欣然自喜；望洋而叹；大方之家；井鼃不可以语于海；夏虫不可以语于冰；太仓稊米；逡巡而退；量无穷，时无止，分无常，终始无故；得而不喜，失而不忧；以道观之，物无贵贱；一日千里；谨于去就；无以人灭天，无以故灭命，无以得殉名；临大难而不惧；埳井之蛙；蚊虻负山；用管窥天，用锥指地；邯郸学步；曳尾途中；非梧桐不止，非练实不食，非醴泉不饮；子非鱼，安知鱼之乐

《山木》

无誉无訾；一龙一蛇；与时俱化；物物而不物于物；刳形去皮；去国捐俗；猖狂妄行；送来迎往；盼盼秩秩；直木先伐，甘井先竭；削迹捐势；君子之交淡若水，小人之交甘若醴；螳螂捕蝉，黄雀在后；得意忘形

《外物》

忿然作色；斗升之水；枯鱼之肆；知有所困；无用之用；得意忘言

《牧民》

仓廪实则知礼节,衣食足则知荣辱；四维不张,国乃灭亡；政之所兴,在顺民心；政之所废,在逆民心；予之为取者,政之宝也；以家为家,以乡为乡,以国为国,以天下为天下；天下不患无臣,患无君以使之；天下不患无财,患无人以分之

《更法》

疑行无成,疑事无功；愚者暗于成事,知者见于未萌；民不可与虑始,而可与乐成；论至德者不和于俗,成大功者不谋于众；苟可以强国,不法其故,苟可以利民,不循其礼；常人安于故习,学者溺于所闻；三代不同礼而王,五霸不同法而霸；知者作法,而愚者制焉；贤者更礼,而不肖者拘焉

《开塞》

圣人不法古,不修今,法古则后于时,修今则塞于势

《刑赏》

明赏不费,明刑不戮；有功于前,有败于后,不为损刑；有善于前,有过于后,不为亏法；行如流水

《韩非子论"法"》

法不阿贵,绳不挠曲；刑过不避大臣,赏善不遗匹夫

《主道》

守始以知万物之源,治纪以知善败之端；形名参同；深不可测；暖如时雨,畏如雷霆

《有度》

负薪救火；不游意于法之外,不为惠于法之内；动无非法；凌过外私；以法治国,举措而已；法不阿贵,绳不挠曲；刑过不辟大臣,赏善不遗匹夫

《说难》

事以密成,语以泄败；智子疑邻；龙之逆鳞

《历山之农者侵畔》

自相矛盾；处势骄下

《定法》

因任授官；循名责实

《五蠹》

守株待兔；世异事异；上古竞于道德，中世逐于智谋，当今争于气力；古今异俗，新故异备；赏莫如厚而信，使民利之；罚莫如重而必，使民畏之；法莫如一而固，使民知之；儒以文乱法，侠以武犯禁；国平养儒侠，难至用介士；无书简之文，以法为教；无先王之语，以吏为师；长袖善舞，多钱善贾

《显学》

见侮不辱；冰炭不同器而久，寒暑不兼时而至；不以天下大利易其胫一毛（一毛不拔）；以容取人乎，失之子羽；以言取人乎，失之宰予；宰相必起于州部，猛将必发于卒伍；严家无悍虏，慈母有败子

《计篇》

兵者，国之大事，死生之地，存亡之道；兵者，诡道也；攻其无备，出其不意；多算胜，少算不胜，而况于无算乎

《谋攻》

百战百胜，非善之善者也；不战而屈人之兵，善之善者也；上兵伐谋，其次伐交，其次伐兵，其下攻城；乱军引胜；上下同欲者胜；知彼知己，百战不殆

《形篇》

善守者，藏于九地之下，善攻者，动于九天之上；以镒称铢

《势篇》

治众如治寡，分数是也；斗众如斗寡，形名是也；战者，以正合，以奇胜；善出奇者，无穷如天地，不竭如江河；死而复生；奇正相生；激水之疾，至于漂石；势如彍弩，节如发机；浑浑沌沌；乱生于治，怯生于勇，弱生于强

《虚实》

善战者，致人而不致于人；出其不意；敌佚能劳之，饱能饥之，安能动之；善攻者，敌不知其所守；善守者，敌不知其所攻；攻其所必救；以众击寡；无所

不备；避实击虚；兵无常势

《贵公》

天下非一人之天下也，天下之天下也；阴阳之和，不长一类；甘露时雨，不私一物

《应同》

类固相召，气同则合；以龙致雨

《察今》

以近知远，以今知古；审堂下之阴，而知日月之行、阴阳之变，见瓶水之冰，而知天下之寒、鱼鳖之藏；世易时移；良剑期乎断，不期乎镆铘；良马期乎千里，不期乎骥骜；刻舟求剑

附录三

论六家要旨

司马谈

《易大传》："天下一致而百虑,同归而殊涂。"夫阴阳、儒、墨、名、法、道德,此务为治者也,直所从言之异路,有省不省耳。

尝窃观阴阳之术,大祥而众忌讳,使人拘而多所畏;然其序四时之大顺,不可失也。儒者博而寡要,劳而少功,是以其事难尽从;然其序君臣父子之礼,列夫妇长幼之别,不可易也。墨者俭而难遵,是以其事不可遍循;然其强本节用,不可废也。法家严而少恩;然其正君臣上下之分,不可改矣。名家使人俭而善失真;然其正名实,不可不察也。道家使人精神专一,动合无形,赡足万物。其为术也,因阴阳之大顺,采儒墨之善,撮名法之要,与时迁移,应物变化,立俗施事,无所不宜,指约而易操,事少而功多。儒者则不然。以为人主天下之仪表也,主倡而臣和,主先而臣随。如此则主劳而臣逸。至于大道之要,去健羡,绌聪明,释此而任术。夫神大用则竭,形大劳则敝。形神骚动,欲与天地长久,非所闻也。

夫阴阳四时、八位、十二度、二十四节各有教令,顺之者昌,逆之者不死则亡,未必然也,故曰"使人拘而多畏"。夫春生夏长,秋收冬藏,此天道之大经也,弗顺则无以为天下纲纪,故曰"四时之大顺,不可失也"。

夫儒者以六艺为法。六艺经传以千万数,累世不能通其学,当年不能究其礼,故曰"博而寡要,劳而少功"。若夫列君臣父子之礼,序夫妇长幼之别,虽百家弗能易也。

墨者亦尚尧舜道,言其德行曰:"堂高三尺,土阶三等,茅茨不剪,采椽不刮。食土簋,啜土刑,粝粱之食,藜藿之羹。夏日葛衣,冬日鹿裘。"其送死,桐棺三寸，举音不尽其哀。教丧礼，必以此为万民之率。使天下法若此，则尊卑无别也。夫世异时移，事业不必同，故曰"俭而难遵"。要曰强本节用，则人给家足之道也。此墨子之所长，虽百家弗能废也。

法家不别亲疏，不殊贵贱，一断于法，则亲亲尊尊之恩绝矣。可以行一时之计，而不可长用也，故曰"严而少恩"。若尊主卑臣，明分职不得相逾越，虽百家弗能改也。

名家苛察缴绕，使人不得反其意，专决于名而失人情，故曰"使人俭而善失真"。若夫控名责实，参伍不失，此不可不察也。

道家无为，又曰无不为，其实易行，其辞难知。其术以虚无为本，以因循为用。无成埶，无常形，故能究万物之情。不为物先，不为物后，故能为万物主。有法无法，因时为业，有度无度，因物与合。故曰："圣人不朽，时变是守。虚者道之常也，因者君之纲也。"群臣并至，使各自明也。其实中其声者谓之端，实不中其声者谓之窾。窾言不听，奸乃不生，贤不肖自分，白黑乃形。在所欲用耳，何事不成。乃合大道，混混冥冥。光耀天下，复反无名。凡人所生者神也，所托者形也。神大用则竭，形大劳则敝，形神离则死。死者不可复生，离者不可复反，故圣人重之。由是观之，神者生之本也，形者生之具也。不先定其神形，而曰我有以治天下，何由哉？